步出藩篱的路径探索

杨文明 吴量福 / 著

城管与综合执法的历史、现状与将来

Exploring the Path Forward:
Yesterday, Today & Tomorrow's Code Enforcement

经济管理出版社
ECONOMY & MANAGEMENT PUBLISHING HOUSE

图书在版编目（CIP）数据

步出藩篱的路径探索：城管与综合执法的历史、现状与将来/杨文明，吴量福著 . —北京：经济管理出版社，2019.5
ISBN 978－7－5096－6686－9

Ⅰ.①步… Ⅱ.①杨…②吴… Ⅲ.①城市管理—行政执法—研究—中国 Ⅳ.①D922.297.4

中国版本图书馆 CIP 数据核字（2019）第 123139 号

组稿编辑：杨雅琳
责任编辑：杨雅琳
责任印制：黄章平
责任校对：陈　颖

出版发行：经济管理出版社
（北京市海淀区北蜂窝 8 号中雅大厦 A 座 11 层　100038）
网　　址：www.E-mp.com.cn
电　　话：（010）51915602
印　　刷：三河市延风印装有限公司
经　　销：新华书店
开　　本：720mm×1000mm/16
印　　张：13.5
字　　数：242 千字
版　　次：2019 年 11 月第 1 版　2019 年 11 月第 1 次印刷
书　　号：ISBN 978－7－5096－6686－9
定　　价：58.00 元

·版权所有　翻印必究·

凡购本社图书，如有印装错误，由本社读者服务部负责调换。
联系地址：北京阜外月坛北小街 2 号
电话：（010）68022974　邮编：100836

序

近二十年来,"城管"是个引人瞩目的话题。从城市管理的角度谈城市管理综合执法已有不少研究,但写成专门之作且多卓见,当以杨文明、吴量福著《城管——徘徊于人治与法治之间的困惑》为代表。

当代中国在现代化进程中成就斐然,同时也出现了诸多"现代化病"式的社会问题与困惑。城市综合执法就是其中之一。多年来矛盾突出,几成痼疾。常见冲突事件的报道于网络,往往有图有真相,负面影响很大。究其原因,则论者纷杂,莫衷一是。

事实上,我对城管问题关注已久,也曾思忖何以至此。以为原因主要有二:一是城管执法不能遵守法纪,行为粗暴,实是以违法的方式执法,必然引发冲突与公愤,甚至会引发群体性事件。二是对于违反城市管理规制的街头商贩,政府没有给出相应的管理措施,没有规范市场,也没有予以落实相应的管理制度。简言之,管理制度不完善加上暴力执法,必然导致这种状况。对于街边商贩而言,他们以自食其力的方式获取生活资源,确实情有可原。人们往往会站在弱势的一边,鲜有"两造备具",而深究冲突的深层根源。

然而,杨、吴之作没有停留在事物的表面,而是钩沉发覆,做了深入肌理的分析。通过田野调查,运用案例和数据、图表,向读者展示了另一种思考,从不同的视角将当代中国城管的工作困境一步步揭示出来。

本书作者之一杨文明副教授在天津大学从事教学科研 20 余年,曾有从事学校行政工作的经历,有英美访学和任职天津开发区博士后的丰富经验。另一位作者吴量福博士在美国地方政府工作 20 年之久,积累了丰富的异域行政管理工作经验。同时,吴博士常年在北伊利诺依州立大学做兼职博士,出版学术专著多部,也曾十余次作为应急管理专家应国家外专局邀请来到中国作专题报告,因而具有厚重的学术研究实力。这次,吴、杨二人不辞辛苦,选用了"随队执法"的调查方式,以获取第一手资料,最终揭示出城管与商贩冲突的具体诱发因素(扳机效应)及相关问题的深层缘由。

作者将国外一些可借鉴的做法与中国社会和政府运作特点相参照,提出诸多具有可操作性的政策建议。例如,作者认为习近平主席提出"一处失信,处处受限"的信用惩戒大格局,让失信者寸步难行。参照国外的成功经验,个人信用体系就是一个很有效的执法工具。

作者认真分析了相关文件,如中央和城建部连续出台的两份文件,结合田野调查的事例与数据,创造性地提出城管的工作目的应该具体化,而不是赋予他们大多的高尚责任,譬如打造和谐社会、肩负社会主义建设重任等,这些其实是立法的责任而非执法者应该承担的。

为什么这样说,这一创新观点的价值为何?

作者认为,"将具有历史责任和社会责任的理念带到行政执法的运作中,每一个城管队员的执法任务就变得非常沉重……北京城管局编写的那本《城管执法操作实务》,将一线城管队员的任务描绘为具有高度的政治责任。他们在执法中还必须时时考虑执法的社会效果和领导与政府的形象",这就使得城管队员在执法过程中面对复杂状况难以做出准确和适宜的判断。作者强调指出,城管执法的唯一性只是体现在"依法纠正违章行为",至于"创建和谐社会,创造舒适、干净、安全的居住环境,这些都应该是立法(或者行政规制制定)的责任,由立法机构成员考虑"。作者通过城管执法这个窗口,指出在执法操作中目标和责任过于宽泛,致使行政规制不完整也不配套,城市综合执法实际处于法治与人治的夹缝之中,十分尴尬,而"无所措手足"矣。

改革开放几十年来,法制已经有了长足的进步,但是在实际操作中,又往往捉襟见肘,这与立法不能达成系统化、执法目标宽泛、自由裁量权过大有着直接的关联。本书作者用丰满的案例和数据论证了这一问题,为读者揭开城管现象的内核,"缺乏'法'在执法与执法受众之间的连接,是问题的根源",从而为立法及决策者开阔了思路,提供了参照。

作者认为,"国家的前途、一代人的历史任务都应该通过立法体现。如果法律执行成本太高或者实施执行上有困难,那就应该由立法机构修改法律,而不是由基层城管队员来决定是否还按现行的法律条款执行"。

法制是构建现代化国家的前提,也是中华民族崛起的必要条件。本书为当代中国法制的进步提供了一个新颖的视角,让我们对于这一问题的认知更为贴切和深刻。

是为序。

葛荃于威海巢舍
2018/8/28

目 录

第一章 导言 ………………………………………………………………… 1
  一、城市管理综合执法阐释及研究意义 ……………………………… 1
  二、本书缘起和研究方法 ……………………………………………… 8
    （一）本书的缘起 ………………………………………………… 8
    （二）本书的研究方法 …………………………………………… 10
  三、本书的主要内容 …………………………………………………… 11

第二章 城市管理执法的实践演化 ……………………………………… 16
  一、古代中国的城市管理执法 ………………………………………… 16
  二、新中国的城市管理执法 …………………………………………… 19
    （一）萌芽期（1949～1977年）：城市管理执法的计划经济
         阶段 ………………………………………………………… 20
    （二）草创期（1978～1996年）：城市管理执法的九龙治水
         阶段 ………………………………………………………… 21
    （三）探索期（1996～2015年）：城市管理综合执法改革阶段 …… 26
    （四）提升期（2016年至今）：城市管理综合执法整合提升
         阶段 ………………………………………………………… 32

第三章 城管的工作范围与执法依据 …………………………………… 34
  一、城管的工作范围 …………………………………………………… 34
  二、城管的执法依据 …………………………………………………… 38
    （一）国家法律 …………………………………………………… 39

（二）地方政府行政规章和规定 …………………………………… 40
　　　（三）评价：法律可执行性和执行成本 ……………………………… 41

第四章　城管的执法主体与执法对象 …………………………………………… 44
　一、城市管理中的执法主体——城管 ……………………………………… 44
　　　（一）城管的编制问题 ………………………………………………… 44
　　　（二）城管类别及其特点 ……………………………………………… 46
　　　（三）城管的工作和生活 ……………………………………………… 49
　　　（四）一个职业利益集团的形成 ……………………………………… 52
　二、城管的执法对象 ………………………………………………………… 55
　　　（一）小商贩 …………………………………………………………… 56
　　　（二）其他个体违章者 ………………………………………………… 57
　　　（三）组织法人 ………………………………………………………… 57

第五章　城管执法调查与分析之一："猫鼠之争"的无尽博弈 ………………… 59
　一、治理烧烤 ………………………………………………………………… 60
　　　（一）治理烧烤的重要性 ……………………………………………… 60
　　　（二）联合清理——看似"有效"的无效行动（微案例研究
　　　　　　之一） ………………………………………………………………… 61
　　　（三）无奈的创新——不在册的"下策"（微案例研究之二） …… 65
　二、钉子户 …………………………………………………………………… 69
　　　（一）"30号"和"40号" …………………………………………… 69
　　　（二）ZZ道上的残疾人 ………………………………………………… 75
　三、"猫鼠之争"的化解关键 ……………………………………………… 77
　　　（一）案例的启发：执法统一性 ……………………………………… 77
　　　（二）发挥市场的作用 ………………………………………………… 79
　四、执法中的暴力行为分析 ………………………………………………… 83

第六章　城管执法调查与分析之二：被违章建筑压垮的法规 ………………… 88
　一、建筑违章 ………………………………………………………………… 88
　二、城市高级住宅建筑违章 ………………………………………………… 90
　　　（一）四幢无证别墅 …………………………………………………… 90

（二）T市"最牛违建" ……………………………………… 91
　　　（三）最牛的开发商 …………………………………………… 93
　　　（四）案例总结 ………………………………………………… 96
　三、违章建筑的来源探索 …………………………………………… 96
　　　（一）建筑法规的重要性 ……………………………………… 96
　　　（二）绕过建筑规章的开发商 ………………………………… 98
　四、借鉴：为什么在美国少见违章建筑 ………………………… 100

第七章　中美城管立法与执法比较 …………………………… 104

　一、中美差异：概念和理念 ……………………………………… 104
　二、美国地方政府所执之法 ……………………………………… 106
　　　（一）地方政府的立法和规章 ……………………………… 106
　　　（二）地方政府立法范围与内容 …………………………… 107
　　　（三）地方执法运作的案例 ………………………………… 110
　三、美国的城管及其执法 ………………………………………… 112
　　　（一）美国城管与中国城管的比较 ………………………… 112
　　　（二）美国城管的执法运作 ………………………………… 115
　四、小结：中美城管执法的差异 ………………………………… 120

第八章　城管执法的运作机制 …………………………………… 122

　一、国家层面的功能缺失 ………………………………………… 122
　　　（一）城管在中国政府机构体系中的位置 ………………… 122
　　　（二）无效处方：机构改革 ………………………………… 125
　二、综合执法却无综合支持 ……………………………………… 127
　三、公务保障和司法救济 ………………………………………… 130
　四、评估激励的制度缺失 ………………………………………… 134

第九章　城管执法的决策机制 …………………………………… 136

　一、公共政策的决策体制 ………………………………………… 136
　　　（一）不同决策体制的比较 ………………………………… 136
　　　（二）我国政府的决策问题 ………………………………… 138
　　　（三）对城管决策的评价 …………………………………… 142

二、中共中央国务院《意见》评述 ································· 143
 （一）相关文件摘要 ··· 143
 （二）评估 ··· 144
 （三）《意见》与执法前景 ··································· 149

第十章　城管执法的目的与手段 ··· 151

一、立法目标与执法手段的矛盾 ····································· 151
 （一）实例：交通法规与管理实践 ····························· 151
 （二）法规的目的与执行的现实 ······························· 156
二、政府组织运行目的的模糊性 ····································· 157
 （一）政府机构运作的"紧箍咒" ······························· 157
 （二）"紧箍咒"控制下的行政执法 ···························· 161
 （三）模糊的执法目的 ······································· 162
三、缺乏有效的执法手段 ··· 166

第十一章　城管执法的未来走向 ··· 168

一、发挥行业协会作用，界定政府与市场、社会的边界 ··············· 168
二、明确法是治理的唯一标准 ······································· 170
三、破除以行政规章代法的习惯 ····································· 172
四、强化法和程序的作用，淡化领导主观意志 ······················· 173
五、明确城管"执法者"的责任定位 ·································· 174
六、将城管队伍职业化 ··· 175
七、限制自由裁量权 ··· 176
八、创新执法手段 ··· 177
 （一）建立信用制度，将违法行为个人化，使每一个人对自己的
    行为负责 ··· 178
 （二）发挥人大和法庭作用，以法为工具执法 ··················· 179
 （三）以房产记录作为治理违章建筑的主要工具 ················· 179
 （四）以人大监督和公开制度治理众多的违章开发商 ············· 180

结束语 ··· 181

参考文献 …………………………………………………………… 183

附件　中共中央、国务院关于深入推进城市执法体制改革　改进城市管理
　　　工作的指导意见 …………………………………………… 190

后记 ………………………………………………………………… 201

第一章 导言

一、城市管理综合执法阐释及研究意义

什么是城市管理综合执法？在今天仍有很多人以为综合执法就是在大街上管理小商贩。更有不少人对城市管理综合执法有着很多误解。就此来说，有一个令人颇感无奈的旁证：由于中国大众对"城管"（民众对城市管理综合执法人员的俗称）一词的负面印象，连外国媒体也跟着如此报道。美国著名的《大西洋》杂志在报道有关中国的城管队员与小商贩冲突事件时，称城管为"暴力而又遭人恨的地方警察"（China's Violent, Hated Local Cops）。[①] 城管在西方记者笔下成了警察。这种现状使得本书的研究颇具意义。

在实践中，城市管理综合执法是地方政府各项管理和服务工作的一种，也是很令各级政府和领导"头疼"的一项工作。城管担负了城市环境和秩序治理的职责，事务繁杂而又艰巨。一方面他们要保障城市秩序，维系城市形象，给城市居民打造有序、整洁、方便的生活和工作环境；另一方面他们也要面对街头上层出不穷的流动摊贩、乱贴乱放、私搭乱改、占道经营等问题。他们的工作往往处于城市形象与民众生计的矛盾焦点。虽然他们是为维护城市的整体利益和全体居民的便利而执法，但执法对象却往往因为其弱势群体地位而博得广泛同情，城市管理综合执法也成为近年来社会大众和新闻媒体广泛关注的热门话题。城管"砸

[①] Schiavenza M.. Meet the "Chengguan": China's Violent, Hated Local Cops [EB/OL]. The Atlantics, http://www.theatlantic.com/china/archive/2013/07/meet-the-chengguan-chinas-violent-hated-local-cops/277975/.

摊子""抢车子""拆房子"等粗暴执法行为频繁见诸报端,甚至在一些不理性、不客观的媒体舆论煽动下,"城管"转变为一个贬义词,成为"行政暴力""野蛮执法""欺压弱势群体""扰民"和"腐败"的代名词(王仰文,2014)。陈柏峰(2013)在对纪实作品——《城管来了》进行评述的一篇学术文章中,列举了大量的实例,描述出城管在公众中的"刻板印象"。

在本书前期开展的调查中,我们深切地感受到,城市管理综合执法至少具有五个极端属性:

(1) 最具有"火药味"。由于城市管理综合执法接触的是民生的底线,执法人员和执法对象之间的关系最具有火药味,这个特点是其他政府部门运作中没有的。例如,当一个小商贩的水果摊被没收时,双方关系便立刻上升到冲突一触即发的程度。同时,事发现场的围观群众非常有可能因为同情心理参加到冲突之中,帮助小商贩,从而形成群体事件。

(2) 最"广"的管辖范围。中国政府的功能覆盖面非常广,因此被称为"大政府"。但政府的整体功能是由非常庞大的各个职能部门来共同完成的。每个职能部门或条或块,只担负政府整体功能中的一小部分,各自管辖的职责范围是有限的。各地城管承担的是多个地方政府部门转让的末端权力,也就是直接与百姓打交道并进行行政处罚的权力,范围极广。这种情况本身就隐含了较多的矛盾冲突,进而难以保证其运作效果。

(3) 最被"广泛"报道。在官媒和自媒体的报道中,最吸引读者的似乎莫过于那些城管与小商贩发生冲突的照片。虽然替那些没有话语权的人发声是媒体的职责,但媒体对城管事件的单向关注也将这类冲突高密度地推到了全社会眼前。

(4) 最有"争议"的执法效果。中华人民共和国成立后,政府包管的项目涉及老百姓生活的方方面面。改革开放后,政府将一些社会功能交给私营企业,但保留城市综合执法的责任,这个决策是正确的,因为任何执法运作必须由社会权威承担。自1982年各个城市开始整顿市容至今,城市综合执法范围越来越广,冲突性反而越来越高,各类违法现象有增无减,民众对综合执法抱有的埋怨情绪也不断加剧,这些现象直接表明了城管的执法效果具有争议性。

(5) 最差的职业形象。如果对政府各个部门进行职业形象排名,城管的排名无疑处于靠后位置,地方政府各部门开展的群众满意度调查也可以提供这方面

第一章 导言

的佐证。① 由于媒体有意无意的倾向性报道以及互联网自媒体在中国的"爆发式"崛起，社会舆论总是一边倒地支持综合执法的对象，而忽视对执法主体的换位思考。在城市管理综合执法过程中，群众往往倾向于与小商贩站在一起，除了在场的群众，成千上万的网民也都站在小商贩一边。久而久之，城管的职业形象已经失去了国家和政府机关的威严、公正、严肃，反而成为了"矛盾的制造者"。

实际上，"城市管理综合执法"是我国特有的一个名词。是指在我国城市化进程中，为了维持城市管理秩序而进行的制度设计和体制创新。回顾新中国城市管理发展的历史，综合执法在城市的建设中取得的成绩不容忽视。例如，北京市的城管综合执法队伍，自1997年至2012年的15年时间里，很好地完成了抗击非典，奥运城市环境治理，十六大、十七大、国庆55周年、国庆60周年、建党90周年等重大活动的保障工作，累计拆除违法建设1822万平方米，查出无照经营253万余起、黑车7.2万起、违法建设及施工现场11.3万余起……开展各类主题宣传活动2000余次，公益广告61万次，动员社会力量3560万余人，等等，保障了城市的秩序和稳定。②

在经济高速发展、城市化速度不断加快的中国，城市发展景象对比鲜明甚至光怪陆离，令人印象深刻。在车水马龙的中心街道，世界一流高楼大厦比比皆是，从街道的卫生到大街两旁高楼上的广告都整洁漂亮，凸显现代化都市的良好风貌。然而，在同一个城市中的其他地区，甚至在附近不临街的一般居民区内，情况却迥然不同。特别是有菜市场的地方，"脏、乱、差"现象频发，可谓一个城市中的两个"世界"。在前期调研中，T市开封道重点建设的欧式风情区商业街，繁华而又高雅，但进入毗邻的小胡同里，就有一个待拆迁的120年之久的老房产群，这里面促狭混乱、污水横溢，炸果子和卖东西的摊贩拥堵在胡同口招揽生意，过往住户只得侧身出入。这就是我们的城市现实，也是城管日常执法的"老大难"。

为了获得第一手的资料，我们在T市和Z市两个城市对城市管理综合执法进行了两个月的实地调研。在调研中，我们深切感到城管问题之难，难就难在基层执法的重要性和复杂性。当前，城市管理综合执法已成为党和政府与民众之间的

---

① 本书作者采访中得知，在T市历年的政府部门工作绩效评比中，城管总是处于最后一位。虽然他们也曾努力工作力图改变这一状态，但结果最多是数据相对好看一些，或者与其他区域的城管相比成绩好一些，但处于政府各单位总体排名末端的位置没有任何变化。

② 王雅琴，沈俊强著．城市管理监察综合行政执法之理论与实践［M］．北京：法律出版社，2013：15．

"最后一公里连接"。

"最后一公里连接"是一个从信息系统管理领域借用来的概念。在当今中国,绝大部分地区不但有互联网服务,而且各个地区都被光纤覆盖。但一个地区被光纤覆盖不等于这个地区里所有的办公室或者家庭都能上网,只有这个地区的办公室和家庭都被连接到地区网络上才能实现每个个体都能上网的目的。从地区主干网络到办公室和家庭那段连接被称为"最后一公里连接"。

在网络运营的互联网服务中,变数最多、困难最大的地方就在"最后一公里"。因为在"最后一公里"中会遇到很多问题,包括由谁来铺设并管理这"最后一公里"、管道的具体设置、谁来进行入户安装、服务的等级和费用等。在光纤覆盖、网速很快的地区,如果在"最后一公里"出任何问题,将会极大地影响办公室和家庭上网的体验,"最后一公里"中的任何一个环节出现的问题都将导致人们对整个网络系统的不满。

政府运作也面临相同的问题,国家的治国理念(如"三个代表""和谐社会""中国梦")、制度设计、国家机关的运作效率以及政府形象,都取决于政府基层的服务水平。基层政府的服务质量往往代表了国家运作的质量,在普通百姓心里,国家与基层政府是同一个概念,祖国、国家、执政党、政府往往都被人们视为"国家"。因此,一个政府工作人员——警察、城管或者办理许可证的工作人员的工作态度不好甚至产生失误,可能会造成人们对政府或者国家的不满甚至怨恨。

在社会学理论中,怨恨指人类的一种负面情绪。当人们感知到有损自己利益的人、事、环境,往往会产生这种情绪。怨恨往往会导致仇恨,成为仇恨的基础。

"怨恨"情感的形成取决于各自的感知,人们对环境或者某事物的"感知"(Perceived)并不代表是对现实的真实反映,而是经过人们大脑翻译过而认识到的"现实"。面对相同的事物,两个人的感知可能是截然不同的。在一个综合执法事件中,执法人员可能觉得自己在执行公务,应该严格按照条款没收或暂扣违章商贩的物品;小商贩却感到自己的生路被断掉,心中对城管或社会充满怨恨。

社会学家马克斯·韦伯(Max Weber)与布莱恩·特纳(Bryan Turner)曾就社会怨恨进行了研究,韦伯在其理论中指出,在一个社会中,优势群体(Dominate Group)总是寻求本身存在的合法性,而弱势群体(Disprivileged Social Groups)则总是设法寻求一定的补偿。而且,当主导群体对弱势群体进行一些"施舍"的时候,弱势群体往往会产生怨恨情绪。特纳的研究进一步发现了个体的怨恨在某种条件下会发展为群体的怨恨。①

中国学者也已经注意到"怨恨"这种情绪对社会发展的影响。北京大学教授王丽萍（2015）在讨论国家治理中的情绪管理时指出：在中国，怨恨是比较常见但却没有受到关注的一种社会情绪，由怨恨情绪所推动的行为常常是群体性的。怨恨情绪能够使本来毫不相关的个体联系起来，即使是最异质的成分也能迅速凝聚为"同仇敌忾"的群体。②将王丽萍的观点与社会实践相结合，我们就能看到民众的怨恨情绪已经达到了必须高度重视的程度。一个人的怨恨和由怨恨导致的过激行为其影响可能不大，但群体性怨恨的影响就不能忽视了，这种转换将会导致很严重的后果。

从发展的角度来看，群体性事件的形成具有突发性和临时性。通常的临时性问题多是临时发生，几小时、最多几天后事件就会消失。但是突发群体性事件往往肇始于普遍存在的不满和怨恨情绪，在人群社会里，怨恨具有传导性和放大性。如果单个个体心中对某事充满怨恨，在怨恨还未疏解的时段内，他就会变成一个心中充满仇恨的人。他身边的其他群体，如他的朋友、家属、邻居，会基于同情或共同的忧虑而形成类似的立场。也就是说，当一个人对社会有怨恨情绪时，他身边往往会形成一个更大的怨恨圈子。这个群体不会很快消失，持续的时间比个人更久。更糟糕的是，在今天的互联网时代，一旦一个群体性事件的消息（包括文字描述和照片）被传到网上，会使大范围的怨恨情绪在网上传播，并会造成广泛的同情，这样会导致事件的持续发酵。

根据中国社会科学院2013年《社会蓝皮书》提供的数据，近年来，每年在中国发生的群体性事件高达数万起甚至十余万起。③无论这些群体事件的起因是什么，如此之高的发生率的确不容忽视。更严重的问题在于，群体性事件当事人的怨恨对象，往往是由具体的办事机构和具体的人员导向的政府和国家。将祖国、国家、执政党、政府合为一体的权力组合，在宣传上很有效果，但在群体事件中，它会将一件不大的事件转化为百姓和国家之间的矛盾。南京师范大学的两位学者指出，以"井喷式"的信访活动和群体性事件为外在表现形式的政治情

---

① Turner B. S.. Max Weber and the spirit of resentment: The Nietzsche legacy [J]. *Journal of Classical Sociology*, 2011, 11 (1): 75-92.

② 王丽萍. 应对怨恨情绪——国家治理中的情绪管理 [EB/OL]. 中国共产党新闻网, http://theory.people.com.cn/n/2015/0506/c40531-26956953.html.

③ 常红. 社会蓝皮书：每年各种群体性事件多达数万起 [EB/OL]. 人民网, http://society.people.com.cn/n/2012/1218/c1008-19933666.html.

绪，对政府的治理能力提出了严峻的挑战。①

根据一份《新京报》记者的研究，在中国发生的群体性事件可被分以下十七大类。② 如表1-1所示。

表1-1 群体事件分类

1. 交通肇事导致的群体事件	2. 经营冲突	3. 群众打架斗殴
4. 劳资纠纷	5. 医患纠纷	6. 消费纠纷
7. 资源分配纠纷	8. 学校乱收费、食品问题	9. 村镇矛盾
10. 企业经营矛盾	11. 执法不当	12. 拆迁征地
13. 环境污染	14. 信访维权	15. 暴力抗法
16. 泄愤+官民矛盾激化	17. 其他	

尽管《新京报》的数据与其他研究的结果并不太一致，但它们的分类仍有相当的道理。在这十七类群体事件中，大部分事件中的矛盾双方是群众和国家机关，而其他类的冲突多数最终也能归结到政府的行政能力。以医患矛盾为例，近年来医患矛盾日渐突出，患者对医护人员的暴力行为以及打砸医院的案件屡屡发生。社会舆论将矛盾的根源归结为政府的不作为。另外，这十七类群体事件中，每一类事件还会涉及其他相关领域。例如，医患矛盾涉及的一系列问题，包括药品的购买系统、医护人员的工作质量和医德、患者和患者家属的道德观、患者和患者家属对法律系统的态度等。

群体性事件的发生似乎有其偶然性。社会上的共识是，城管的态度是偶然事件的激发点。如果城管的态度好一些，随之而来的群体性事件有可能不会发生，上级政府在处理综合执法事件的做法也能够体现这个特点。例如，2014年4月，武汉市为了解决城管与小商贩之间的矛盾，邀请商贩给城管打分。③ 这一项措施的决策基础显然是将矛盾的激发点放到城管的态度上。在山东省临沂市发生的"平邑9·14"事件，一个农民为了保护自己的财产自焚身亡。在官方调查组的

---

① 曹帅，许开轶. 社会政治情绪排解与政府治理能力提升[EB/OL]. 中共中央编译局，http://www.cctb.net/llyj/xswtyj/society/201506/t20150612_323220.htm.
② 赵力，朱自洁，吴振鹏，刘海强，李雪莹，李禹潼. 14年间百人以上群体事件发生871起[EB/OL]. 新京报，http://www.bjnews.com.cn/graphic/2014/02/24/306216.html.
③ 武汉城管邀商贩考评队员成绩将对评优绩效工资产生影响[EB/OL]. 京华时报，http://epaper.jinghua.cn/html/2014-04/09/content_78898.htm.

正式结论出台前,几个当事地方干部已经被控制。① 学术界的研究结论似乎也与之相符,多数研究文献中,学者们都将城市管理综合执法过程中城管的态度和行为粗暴当作各类事件的起因。② 李云新和朱嘉赞(2015)以特征指标对2011~2013年130个冲突事件进行评估分析表明,城管和摊贩自身行为失当是冲突的主要诱因。

然而,各种冲突集中于城管也只是因为城市管理综合执法部门承担了很多部门的"最后一公里"的工作,工商、规划、住建、环卫、市政、土管等部门与普通百姓的接触、处罚都集中到城管与群众的交界面上,城管自然也就成为各种矛盾的交汇点。在冲突的背后,是社会矛盾和社会情绪的反映。

从这个角度来说,城管的"最后一公里"工作如果要完成得出色,就需要与上游各个政府管理部门的衔接,以及整个社会治理系统的综合协同。经济的快速发展自然也会形成很多社会问题:贫富差距、通货膨胀、贪污腐化、住房医疗、失业养老、教育卫生、阶层固化、城市化和城镇化、征地拆迁、交通拥堵……在这个宏大的社会进程中泥沙俱下,进而也产生了诸多尖锐的社会矛盾和频发的群体事件。个体情绪被社会情绪裹挟,又反过来影响社会情绪,导致整个社会"燃点低""爆点多",城市管理综合执法人员与执法对象的冲突也成为其中的一个冲突焦点。

群体事件的长远后果非常严重,中国的历史也反复证明了这一点。伴随我国群体性事件的数量的逐年增长,各种报道和研究显示,各个地方政府似乎认为管理群体性事件仅仅意味着事发后的处理,处理手段基本延续以下步骤或逻辑:①平息事态;②控制舆论;③处理几个不作为政府官员或者几个闹事者;④为家属提供一些赔偿(如果需要的话)。如果仅仅采取如上措施,而不是追根溯源寻找治本之策,其实际效果相当于扬汤止沸。

"最后一公里"服务出了问题会导致整个体制、系统运作的坍塌;每发生一次群体事件,就意味着政府服务体制的一次失败。本书从城市管理综合执法这个城市管理的"最后一公里"服务入手,结合田野调查和文献分析的具体案例,回顾城市管理的历史过程,研究城管执法的运作主体、执法依据、运作特点,探索城管执法的决策机理和运作机制,论述城市管理综合执法的目的手段和未来走向。

---

① 火灾系死者自身行为所致,http://news.china.com/zh_cn/domesticgd/10000159/20150921/20431159_1.html.

② 在大约30篇有关综合执法的学术论文中,城管多被认为是执法事件中的起因。

二、本书缘起和研究方法

（一）本书的缘起

本书笔者是在学术探索过程中偶然对综合执法产生强烈的研究兴趣。研究原来的目次是考察政府公务员是否能成为一个利益集团。为了确认这个命题的可研究性，笔者与一位综合执法队的年轻干部张伟（化名）进行了面谈。

张伟是T市某区综合执法局的一个基层干部，已有7年的工作经验。他负责的小队一共有11名队员，其中8名是协勤人员，外加包括他在内的3名正式的公务员。张伟在工作之余还在党校读硕士，他的谈话是比较有条理性和概括性的。两个小时的谈话涉及了综合执法的运作情况和过程中的问题，就是这次谈话引起了笔者对综合执法运作的兴趣。

在谈到综合执法的困难时，张伟几乎是眼含热泪地说，这是第一次有人来研究他们的工作。他觉得自己的工作很难，城管的工作在社会上被人看不起。在某些场合，他都不愿意主动提及自己的工作。

我们问："这些年来，媒体经常报道城管粗暴执法，打人砸物的案子和随后发生的群体性事件。你怎么看待这个问题？"

张伟回答："在一些案子中，可能存在执法队员粗暴执法的现象。但要说城管比'伪军'还坏，这不公平。难道城管队员都是暴徒，或者脑子有病，每天上班出勤的目的就是去打人吗？"

张伟反问式的回答使我们觉得背后的复杂问题值得研究，媒体并没有在大量与群众和城管冲突的相关新闻报道中回答张伟提出的这些问题。当然，媒体的任务是报道，不是解释；解释是决策者和学者的任务。查阅与综合执法这个领域相关的文献显示，无论从研究生的论文（如张辉，2010；刘珍，2012），或是质量较高的学术探讨（如王锡，2005；张步峰、熊文钊，2014；王敬波，2015；等等），还有案例分析（如莫于川、雷振，2013；李云新、朱嘉赞，2015），学者们对行政执法结果有非议或者说执法不成功的原因是有一些共识的，行政执法运作不成功的原因大致可以分为以下几个：

第一，城市管理综合执法没有自己的专门的法律条款，而是借助其他法规执法（刘明厚，2011；江国华、韩玉亭，2014）。

第二，执法范围不清晰。一些针对行政执法的研究发现，行政执法的对象几乎包罗万象，导致执法的效率低下（曹淑芹、贾晋，2009；张步峰、熊文钊，2014）。另外，从全国范围内看，行政执法不仅是一个包罗万象的万花筒，而且各地方政府分配给城管队伍的权责和任务也迥然不同。但在指出执法范围过宽的问题时，几乎没有学者进一步探究背后的原因。

第三，执法人员素质不高。这是一个普遍被媒体、学者以及全社会接受的原因（衡霞，2007；王菲，2011；潘淑岩，2013）。我们也认为，在许多暴力事件中，城管的素质的确是矛盾激化的因素。但是，我们发现，城管职业素质的高低是一系列其他因素作用的结果。如果说执法人员的素质是引发暴力抗法事件的扳机，那更重要的是发现扣动扳机的手指。

第四，执法对象。城市管理综合执法包括执法方与执法对象两个方面。虽然一份研究不能包罗万象，但在诸多有关城市管理综合执法的研究中，仅有几篇涉及执法对象。例如，李云新和朱嘉赞（2015）认为小贩进城是非正式经济，其存在是对城市体制的挑战，但他们没有看到小贩存在的必要性。张辉（2010）认为执法难度大与执法对象有紧密的关联。卢洪峰在他的研究中指出，民族问题对行政执法有重要的影响。[①] 长期以来，我国对少数民族实行一系列民族性特殊政策，反映到行政执法上，对执法效果可能有比较大的影响。

相关文献还显示，一些研究的确接触到行政执法的深层问题。例如，王锡锌（2005）指出，行政法规本身不是造成目前执法困境的原因。因为执法权威和社会双方都认同法规，只是执法方由于不同的原因，自身利益或者执法资源不足而造成目前的状况。刘明厚（2011）的研究则从伦理学的角度考察执法困境，他指出，执法人员本是按照领导的交代执行公务，但却遇到不懂法甚至想方设法抗法的小摊贩，其效果甚微，导致有的执法人员选择粗暴的方式执法。可以说，其研究直击行政执法困境的核心。

需要指出的是，尽管公共行政管理是一个实践性非常强的研究领域，但理论与实践的脱节现象非常严重。虽然前文介绍的王锡锌的研究发表于10多年前，但其研究中指出的问题至今依然存在。面对一个实践性如此强的研究领域，学者多采取了文献研究方式，造成大量研究雷同的状况。有些学者尝试着就一些具体

---

① 资料来源于《浅淡城市管理综合执法中对少数民族违法人员的执法》，网址为：《百度文库》，http://wenku.baidu.com/link?url=dndsLYmDeg4DxcGJXXy3hAFTSs5OFLIw1eAHW9hhKjV8dR8V_4sQdrTtrvh7clyWVA7-RaDuxzl0xiuk8nKo_hU6DLUmF9-d26ALvy_OuT_，未能找到此文的其他正式出处。

步出藩篱的路径探索

数据进行研究,可是他们忽视了资料数据分析与实证分析的区别。

(二) 本书的研究方法

本书的研究主要建立在前期开展的面对基层城管综合执法单位进行系列实地调查的基础上,研究人员采用田野调查的方法与随队调研的方式,到现场直接观察综合执法的运作,以获得第一手原始资料,并切身体会一线执法者的所思所想,体验到他们执法的具体情境。

经事先联系,有两个城市中的综合执法组织同意我们进行实地调研,跟随执法队伍进行观察。这两个城市中,一个是位于中国北方的重镇 T 市。在 T 市,政府结构分为市、区(县)、街道办事处。我们主要在一个街道所属的基层执法队伍(当时,T 市正在进行综合执法下沉的改革,这支队伍正处于从原体制向新体制过渡中),随队执法包括对街道的巡查、清理、联合行动以及对所属街道的调查。另一个城市是在华北地区的 Z 市。本书笔者分头到 Z 市所属两个区(B 区和 L 区),随基层执法队伍到一线执法巡查。为了体现观察样本的工作广度,我们除了跟随基层执法队伍在城市进行执法外,还到城乡接合处的某镇进行了调研,在 Z 市观察的后期,还考察了另外一个区(ZH 区)的重点区域(火车站区域)基层队员的下沉效果,参与了违章建筑执法中队的执法过程。

挑选两个不同级别、不同地区的城市是为了避免犯过度一般化(Over Generalization)的错误。尽管由于经费和其他方面的原因,没有前往中国南方其他地区的城市调研,但我们希望本书的研究成果还是能够具有"视一斑而窥全豹"的作用。

我们跟随调研的两个城市的单位都是基层执法单位,随队时间分别为一个月和两周。在调研的期间,我们每天早晨站在一旁"参加点名",和城管们一起聆听领导对前一天工作的总结和对本日工作的要求。晴天与城管一同上街巡视,雨天一同在办公室内待勤;遇到特殊晚间任务也跟车巡逻直到深夜。在城管队伍中,有的是有三十多年工作经验的老队员(从 1982 年开始就在搞整顿市容),也有刚刚毕业参加工作才五天的法学硕士;有一直在综合执法队工作的"专业城管",也有从其他政府部门调来"半路出家"的城管。

在 T 市调研期间,我们没有特意与某位领导、正式的城管队员或协勤(协勤是非正式城管队员)进行正式的面谈,但却与大部分人员包括领导有很深入的"聊天"。聊天内容涉及他们的个人生活及爱好、子女教育、对工作和待遇的看法和长远设想。当然,最有意思的是听他们讲在工作中的趣闻。同时,我们与执法组织中的法律科室人员进行交谈,深入了解执法行动背后的法律系统。与执法队员们的近距离接触,使得我们有机会"钻"到执法人员的脑子里来观察执法过程。例如,我们了解到,每当队员们出勤,遇到违章现象时,他们在想什么,是考虑相关的法律条文,还是参照当天领导布置的执法重点;直至调研结束时,我们已经可以在大街上识别违章的小贩、路边违章的建筑和广告牌等;知道哪些违章现象仅仅需要口头教育,哪些适用于简单程序,哪些适用于一般程序。

一年以后,我们又重返T市的街道执法大队,了解他们工作体制、工作范围、工作职责的变动,了解人员的调整情况。在调研期间也建立了与部分城管人员的微信联系,可以就感兴趣的话题进行交流,了解一些他们工作的情况。

在我们开始随队观察前,我们向执法队领导和队员介绍了一些学术研究规则,例如,研究结论中不涉及具体的单位和个人,以保护组织运作的独特性和个人隐私。在这个问题上有一点值得专门指出:从基层领导到队员,都不在意我们在研究中使用他们的真实姓名。他们说,我们的研究与他们的合作都是为了改善综合执法运作的质量。他们的态度令我们感动。尽管如此,我们仍然遵守学术研究的规则,在随队调研期间,我们在执法现场不做笔记、不拍照,以免给围观群众造成误会。

另外,本书的研究还建立在对至今为止的城管历史资料和学术研究资料的汇总、参考和借鉴上。对城管历史资料的汇总(包括网络上各地城管公开的工作总结和经验交流)可以使我们对城管综合执法的由来、历史和现状获得连贯和全面的认知;对已有研究文献的总结,可以使我们梳理已有观点,发现已有研究的观察角度及其"无视"之处,进而提出新的见解和看法。

三、本书的主要内容

本书的研究建立在作者深入城管一线执法的实践调研基础上,力求整合城管研究文献和理论,并结合田野调查的实践,从理论层面发掘并认识中国城市管理综合执法的问题并进行分析。

第一章为导言。本章论证了城市管理综合执法的内涵和研究意义,介绍了本书的写作缘起和研究方法。虽然城市管理综合执法改善了我国城市面貌和城市形象,对城市发展做出了很大贡献,但是各地的城管工作却成为令各级政府和领导最为头疼的工作之一。作为党和政府联系群众的"最后一公里连接",城管工作好坏直接影响党和政府的形象。城管问题在"怨恨机制"的社会化效应作用下被不断放大,如果不探索其作用机制和深层原因,会导致整个城市管理系统的运作坍塌。

第二章为城市管理执法理论与实践的演化。传统公共行政理论对城市管理行政执法的研究注重行政管理机构的功能,属于效率导向研究;20世纪70年代后开展的新公共管理运动,将企业管理理念和手段引入政府管理,扩大了政府执法的"工具菜单";为了消除碎片化,各国借助整体性政府理论,采取协同性治理措施。为了克服政府和市场机制的缺陷,强调"多中心"治理和伙伴关系的公共治理理论也成为发达国家实现"善治"的主流思潮。在我国,由于越来越多地受到国家与民众关系多元化趋势的制约,国家治理模式和机制不断创新。改革开放后,我国先后开展了七次政府改革,总体上朝着限定政府权力与明确政府、市场和社会边界的现代治理方向发展。在实践上,我国从西周出现城市以来,就开始了城市管理的过程,历经春秋战国和汉唐的坊市制度,宋朝的厢坊制、军巡制度,明清的分级管理制度,民国的警察治安制度,虽然历史上我国城市管理方式不断变化,但自上而下的政府管制是始终未变的。新中国成立后,城市管理经历了计划经济时代"无为而治"的萌芽期,改革开放后城市管理"九龙治水"的草创期,1996年后综合执法改革的探索期,一直到2015年末召开史上最高规格的中央城市工作会议后,中共中央、国务院发布《关于深入推进城市执法体制改革 改进城市管理工作的指导意见》(以下简称《意见》),城市管理执法由此进入全面提升时期。本章重点对城市管理综合执法的发展历程进行了研究,将其分为起步阶段、试点规范阶段、全国推广阶段、徘徊求变阶段,并对其进行了具体描述。

第三章为城管的工作范围与执法依据。根据国务院有关文件精神,城管行使相对集中行政处罚权的范围主要包括市容环境卫生、城市规划、城市绿化、市政、环境保护、工商行政、公安交通七个方面的部分行政处罚权,以及省区市人民政府决定调整的行政处罚权,即所谓的"7+1"工作范畴。但实际上,由于国家层面没有统一的指导部门,各地可以自行调整,导致各地的城市管理综合执法工作范围差异很大。本章对T市城管的265项执法工作细目进行了考察,分析了城市管理综合执法的重点和任务来源等内容,将其执法依据分为国家法律(20多部)、国务院规章和规定(30余部)、国家部门规章(20余部)、地方政府规章规定(30余部)四大类进行研究,总结出城市管理综合执法具有多样性、外源性、被动性三个特点，据此分析城市管理综合执法的法律可执行性与执法成本问题。

第四章为城管的执法主体与执法对象。城管是行使相对集中行政处罚权的执法者，但城管的执法权限、机构设置和人员隶属等管理机制处于不断变动的状态。本章考察了我国政府的编制控制和城管的编制配备问题，对正式执法队员与协勤的各自特点进行了归纳和比较，在此基础上总结城管队伍的特点。通过对城管平时工作生活的田野调查，从职业利益集团的角度对城管进行理论归纳。进一步分析了城管的执法对象包括小商贩、其他个体违章者、组织法人等的特点及管理难度，并对执法中所面临的棘手问题——少数民族问题进行探讨，分析执法的一致性问题。

第五章为城市管理综合执法调查与分析之一："猫鼠之争"的无尽博弈。通过描述城管对小商贩执法的田野调查案例，包括治理烧烤、联合清理"钉子户"、对残疾人执法等，再现城市管理综合执法的真实情境，提炼出城管工作的规律性特点。讨论了执法的合法性和效果问题，提出化解"猫鼠之争"的两个关键要素：一是执行法律要有统一性；二是发挥市场机制的作用。本章对执法中的暴力行为进行了理论分析，研究了执法者和相对人的各自立场，对比了双方的行为逻辑，在此基础上建立了城市管理综合执法冲突的策略分析模型，从执法者行为策略和相对人行为策略两个维度，对双方行为展开象限空间分析和状态空间归类分析，归纳出执法者和相对人行为选择的影响因素。

第六章为城市管理综合执法调查与分析之二：被违章建筑"压塌"的法规。在日常生活中，公众以为城管的工作仅仅是在大街上没收小贩的摊位，舆论的聚焦点也放在市容管理上。实际上，违章建筑是一个比违章设摊和小广告要严重得多的问题。本章通过分析田野调查中的违章建筑实例，挖掘违章建筑背后的深层原因。研究发现，违章诉讼往往出于邻里矛盾，或者遭受不公平对待的激愤，而非基于城管的主动发现，更不是民众的守法意识和对法律的信赖。失效的政府检查体制和一些不负责的政府官员，使得严格的建筑审批程序和制度形同虚设；个案违章互相牵扯，陷入违法攀比、法不责众、不可收拾的窘境。本章进一步考察了发达国家——美国的相关案例，发掘了美国少见违章建筑的原因，并希望美国经验能为我国妥善处理违章建筑问题提供参考借鉴。

第七章为中美城管立法与执法比较。虽然中国和美国之间存在着意识形态、价值观念、经济利益等方面的差异，但在经济、社会和文化，甚至政府治理方面，美国与中国也有很多共同之处。在地方政府管理的方法上，美国的一些做法值得我们借鉴和参考。中国和美国对行政执法的理解，从出发点上就有区别。美国的行政执法执行的是地方议会以立法形式通过的法律（Code/Ordinance），而我国城市管理综合执法执行的多为行政规章和行政规定（Regulations/Rules），这种行政规定在美国则为地方政府的内部管理依据，或政府为执行立法而制定的操作规则，不需要议会通过，美国地方政府的法典规定复杂且具体，形成了严密的法律约束之网。中国和美国两国城管面临的执法内容不一样，美国城市管理综合执法完全按照法典进行。在具体执行层面，美国执法人数少，但培训严格，执法水平高。与中国相比，美国城市管理综合执法方式简单但冲突性弱，因为执法者不没收财物，罚款额度固定也没有争吵余地，是否判定违法可以由第三方（法院）裁决。

第八章为城市管理综合执法的运作机制。我国政府是中央主导下由条条块块的机构序列组成的复杂体系，城管却是条块分割的政府机构拼图中的若干不规则图块，既无中央机构的体制性护佑，在地方政府序列里地位也不高，在政府各部门绩效评估中也经常"垫底"。各地政府可以自行支配综合执法功能，导致各地城管在名称、权限、行政级别、服装、评估标准等方面各不相同，成为不受重视的"杂牌军"。各地自行调整城管机构、重心下沉的效果并不显著，加上城管的上游管理部门以及警察、法院机构对其支持很少，城管成为"孤岛"上的运作者。

第九章为城市管理综合执法的决策体制。本章从纵深层次探究导致城管陷入困境的原因，在很多情况下，公共政策制定的过程对政策产出有很大影响。公众政策的制定天生具有一定的盲目性，当这种盲目性被挡在不甚透明的决策过程后面，决策的目标就会变得模糊起来。由于长期缺乏直接的上下信息沟通渠道，政策的制定难免带有盲目性。本章对不同的决策体制进行了理论考察，比较了首长决策制和民主决策制的优劣，我国的民主集中决策方式理论上可以取两种决策方式之长，但也可能得到两种决策方式的短处。我国政策制定目前仍存在决策过程封闭、决策者掌握信息不足、可行性论证不充分、决策随意性强、变化性大等问题，解决以上问题需要从外部的规则、程序、步骤、监督入手，保证决策者真正落实民主集中制。从科学决策的角度，我们发现《意见》将立法和执法原则混为一谈。《意见》提出的机构调整和改革，实际上都有先例；对于队伍建设、司法衔接的对策同样也需要进一步落实细化。

第十章为城市管理综合执法的目的与手段。以交通管理为镜子折射行政执法中的问题，可以发现，我国立法目标和执法手段之间存在矛盾。虽然立法目的明确,但执法却呈现出高度的"选择性",使法律的尊严受到损害。社会成员被要求在某些领域必须遵纪守法,而在其他领域却可能违法而不必承担后果。外部监督和市场信号的缺乏,使得政府的组织目的和结果不清晰甚至矛盾,再加上政府的政治周期和不透明的决策过程,导致其对问题应对相对迟钝,人事管理缺乏激励,充斥其中的"其他原则"模糊了行政执法的目的,削弱了执法效力。

第十一章为城市管理综合执法的未来走向。我国城市管理综合执法走出困境的根本方法是实现一种全新的治理理念变革,而不是具体行政管理手段的革新。在新治理理念下要明确政府的治理边界,发挥市场机制和社会机制的作用;将违法行为个人化,构建个人信用体系;明确"法"是城管治理的唯一标准,要"依法执法",依据法律规范执法,更要"以法执法",把法律作为执法的工具;提高法律的位格,改变以行政规章代法的不规范做法;强化法和法律程序的作用,淡化领导意志;修正城管的责任定位,确立其单纯的依法执法原则,保持任务和责任的一致性;强调执法的职业化和专业化,限制城管的自由裁量权,并与时俱进,不断创新执法手段。

第二章 城市管理执法的实践演化

一、古代中国的城市管理执法

作为一个历史悠久的文明古国,中国城市和城市管理的历史已经相当久远了。西周时期,大国设城,城中已经有市。《周礼·考工记》里有一段非常出名的记载:"匠人营国,方九里,旁三门。国中九经九纬,经涂九轨。左祖右社,面朝后市,市朝一夫。"西周的城市设官员进行管理,负责监督商贩、货物等出入城门,整顿摊肆、货店的排列场所,确定物价,限制违禁品买卖等(张春兰、孟月,2015),实际上已形成了古代城市坊市制管理的萌芽。所谓坊与市,坊为居民居住区,唐人苏鄂在《苏氏演义》中指出:"坊者,方也。言人所在里为方,方者,正也。"市则为商品交换的场所。坊市制主要表现为将住宅区(坊)和交易区(市)严格分开,并用法律和制度对居民居住和交易的时间和地点严加控制。

从春秋战国起,坊市制逐渐形成。到汉代,坊市制进一步完善。汉代长安城内"街衢洞达,闾阎且千,九市开场,货别隧分,人不得顾,车不得旋,阗城溢郭,傍流百廛,红尘四合,烟云相连"[1],形成了比较严格的市场管理制度,官府对市实行封闭式管理,商贾要入"市籍"。这种带有较强封闭性的坊市制度于唐代达到了顶峰,唐代对城市居民生活和商业活动严加限制,对坊实行坊里邻保制。在都城长安,由坊正负责坊门启闭,晚上实行宵禁,将居民固定于封闭的坊

---

[1] 出自汉代学者班固的《西都赋》。

内;对市则设另外一套专门管理制度,安排相应级别的官员负责管理,规定物品的价格和交易时间,"凡市以日午,击鼓三百声而众以会;日入前七刻,击钲三百声而众以散"。

唐朝以后,随着社会变革和商品经济的不断发展,封闭的坊市管理制度受到广泛抵制而趋于消亡。至北宋前期的熙宁年间,政府禁令松弛,坊墙纷纷拆除,市民已经不仅能够当街开设店铺,而且买卖时间也不再受到限制,除白天交易外,夜市已成为城市生活中的新景象。于是新的厢坊制的城市管理代替了坊市管理,建立了军巡制度,又增加了住房、服饰、日用品等方面的等级规定,健全了防火、防盗、环境卫生、排水、交通等公共管理职能,出现了行会,承担了政府对城市商业管理的部分职能,中国城市格局从封闭古典型向开放近代型转化。

至明代以后,我国出现了很多规模大、人口多、工商业繁荣的城市。店铺都是临街开设,而且由集中到逐渐分散,使分布格局变得更为合理,对居民也更加便利。明王朝对城市分等级设立,对都城实行严密管理,在设官驻军的同时,对集中在这里的大量城市居民,根据其所在地区街道,分别按坊厢隅所进行编制。清朝则实行满汉分治,将北京分为内城和外城,内城安置旗人,汉族迁往外城,形成了不同的社区划分与管理。明清两朝商人的自治组织有了进一步发展,行帮、会馆、公所大量出现,显示出城市商业中利益集团的多元化格局。它无疑增加了政府对城市商业进行全面直接管理的难度(林成西,2006)。

在中国历史上大部分时间内,商人的地位不高。一般人不愿意经商,包括去当小贩。传说中的周朝开国大宰相姜子牙就曾经编、卖过笊篱,被诸公耻笑。我国自春秋时齐国管仲起,就把国民分成士、农、工、商四个阶层,实行"四民分业",按各自专业聚居在固定的地区。天津市历史研究所刘海岩(2002)曾就天津市历史上的小贩进行过研究。他认为,小贩的历史与中国商业的历史一样久远,与集市"肩并肩"地出现。从小商贩的人数以及这个群体在社会机构中的地位看,他们是一个独立的社会阶层。虽然管仲时代并没有将商人列为末流,但到周朝,这个阶层却被当作亡国的罪人,是殷商覆亡之源。因此《礼记·王制》规定,工商"出乡不与士齿",要士大夫必须远离商人。自此以后"重农抑商"成为历代对商人的基本态度。

古代城镇中市场上衙门的管理人员称为"监市"。① 随着商业的繁荣,市镇

---

① 古代成语"监市履狶"比喻善于体察事物的做法,来自于《庄子·知北游》,原意是指市场管理人员踩踏猪的小腿便可以了解猪的肥瘦。

中的道路,包括道边的商铺门前的空地往往被各种小贩占据,熙熙攘攘充斥城镇中心的十字街。每逢节日,外加初一、十五的集日,行人几乎无法在大街上通过。许多古代文学作品用"鸣锣开道"或者"士兵用皮鞭开路"来描述官员出行的场面。鸣锣开道虽然可以表明官员身份①,但大街上拥挤不堪也是鸣锣开道的重要原因。到北宋初期,市商发达,衙门还专门成立了"街道司"(城管大队),专门维持市场地区的日常秩序,管理违章搭建、占道经营的商贩(关山远,2013)。

在其他城市管理的项目中,除了集市地区,政府不负责城市中其他地区的公共卫生,② 而是由民间组织自行管理城市公共卫生。由于政府本来就不管,老百姓倒也不埋怨政府。在防火方面,古代政府的管理办法却比较残酷,所谓"以重典而治之"。据《韩非子·内储说上》的记载,商朝的法律规定,凡是把灰倾倒在大街上的人要被砍掉手臂(弃灰于道者断其手)。一种说法认为这条法律是为了防火(灰中易藏暗火),另一种说法认为这是处罚乱倒垃圾的行为(曾繁利,2011)。③

根据王笛(2006)对成都1870~1930年街头文化和公共空间的考察,传统城市社会生活的许多方面主要是由地方精英来承担,而非官方行为。成都的警察机构建立于1902年,成都市政府直到1928年才成立。在此之前成都住户都被纳入保甲制度,以确保地方控制和安全,并没有专门从事城市管理和行政的机构。警察在这段时间里不得不扮演三种角色:负责地方安全、进行城市管理、推行社会改革,实际上为以后的成都市政机构奠定了基础。

警察对街头活动进行限制,给普通民众,尤其是在街头谋生的人的生活带来了极大的不便。例如,警察局制定《整齐舆马及行人往来规则》对街头商业活动进行了限制,具体包括商贩不得在十字路口摆摊设点;沿街的货摊不得超过建筑物的屋檐;四个城门附近的临时蔬菜市场,一般在早上十点钟以前收摊,摊主们必须轮流清理市场,小贩和摊主不得在交通繁忙地带摆摊设点等。

警察局将维护公共秩序视为主要职责,任何行为暴力扰乱公共治安的人,将

---

① 参见沈括《梦溪笔谈》中的《车驾行幸》。
② 杨洪永. 浅析晚清至民国时期成都市公共卫生事业的发展 [J]. 商界论坛,2013(22):239,247.
③ 有人就"弃灰于道者断其手"进行考证。见常纪文. 环保法还是消防法:商代刑弃灰于街及断其手之法学考证 [EB/OL]. 北大法律信息网, http://article.chinalawinfo.com/ArticleFullText.aspx? ArticleId = 89253.

受到警告甚至拘捕。其他的地方政府也都加强对集市管理（孔伟，2008）。1933年的安徽寿县政府为了治理其集市上的"脏、乱、差"问题，贴出如下告示（见图2-1）。①

取缔菜摊规则

一、凡各菜摊须择宽阔地点于交通无碍者方准摆列。
二、凡摆列菜摊须依次序整齐成行不得参差杂乱以免拥挤。
三、凡大道两旁十字街口及各商店门首摆摊者当以檐沟为界不得出沟外致碍交通。
四、凡摆摊地方应报请公安处分所划定以免争端。
五、凡摆设菜摊须注意清洁何人地段即归何人打扫洁净以免污秽堆积致碍卫生。
六、凡所有菜叶菜根皮渣等物不得随手抛弃满街致碍观瞻。
七、凡腐烂菜物有碍卫生者不准贩卖。
八、凡菜贩沿街叫卖者不得停滞街心阻碍行人。
九、凡有违犯本规则者处二以下五角以上之罚金。
十、本规则自公布日施行。

图2-1　安徽寿县政府告示

对照图2-1中的规则，我们不由感叹，近百年的历史变迁，中国面临的城市管理问题和解决方案并没有多大改变。

二、新中国的城市管理执法

新中国成立后，政府一开始并没有设立城市管理的综合执法部门，甚至没有城市管理综合执法这个功能。其原因也很简单：不需要。但是改革开放后，随着进城农民、下岗工人、业主商贩等各种利益主体在城市空间"野蛮生长"，城市管理的各种问题日益凸显。我们可以沿着改革开放的轨迹将新中国的城市管理发

---

① 一筹斋的博客，http://blog.sina.com.cn/yichouzhai（2015）。

展分为两个阶段。下面首先介绍改革开放以前的城市管理（萌芽期），然后再将改革开放至今的40多年间的城市管理划分为草创期、探索期、整合期三个时期并分别进行介绍。

（一）萌芽期（1949~1977年）：城市管理执法的计划经济阶段

改革开放前的中国社会具有当今中国社会所缺乏的重要特点：较高的社会诚信度。虽然我国在近代的诚信度评价并不太高①，但从新中国成立到"文化大革命"前的中国社会中，"撒谎骗人"的现象并不普遍，各类国家政策和法规也基本都能够得到贯彻落实。究其原因，一是与当时领袖的巨大威望有关，二是与人们信仰共产主义前景有关。整个社会有明确的目标，个人的生活工作有目标，人与人的关系比较真诚。在那时的城市中，沿街的墙壁上常常见到一些革命标语，其中包括"爱国卫生，人人有责""人人为我，我为人人"。到了市场经济的初期阶段，那句"人人为我，我为人人"的口号，也仅仅剩下前半截受到人们关注了，这些都是特定历史时期所导致的社会现象。

由于彻底根除了封建社会和殖民地半殖民地留下来的私营和个体经济，"文化大革命"前中国的社会生活处于清贫状态，社会的运作将近百分之百都处在国家的覆盖之下。城市中老百姓的工作、住房到生活的各个层面，全由国家"包办"。城市中大街上小巷里，除了行人、自行车、各类公用车辆之外，基本没有占道的商贩。即便有一些例外，像摆摊卖糖果的，走街串乡的磨剪子、磨菜刀的，修自行车的，但这些个体户对市容以及其他城市建设发展几乎没有负面影响。到了"文化大革命"期间，仍然有一些农民骑着用自来水管焊接的自行车到城市里买菜和其他一些农副产品。

"文化大革命"前的工商企业，不是国营的便是集体所有制的，商铺根本不用占地经营，或者到处乱贴小广告，更无必要装置超标的大型霓虹灯。更重要的是，在计划经济时代的中国，社会生活非常简单，物质生活极度匮乏，供不应求。一切都是计划供给，商铺之间根本没有竞争的存在。从住房的情况看，由于当时住房也是由国家包下来的，虽然居住空间紧张，三世同堂非常普遍，却没有违章建筑的情况。最多是在自己屋门前搭建一个炒菜棚，或者将炒菜做饭的炉子挪到楼道里。人们都还能记得那个年代，一到晚饭时间，全楼弥漫着各家炒菜的

---

① 例如孟德斯鸠曾说："无论在哪一个时代，西班牙人都以信实著称……中国人的性格和西班牙人的性格恰恰相反……所以没有一个经营贸易的国家敢于信任他们。"见（法）孟德斯鸠，张雁深. 论法的精神（上）[M]. 北京：商务印书馆，1959：368-369.

香味。

在那时候的城市空间里，城市的规划和建设刚刚起步，城市管理处于主要内容为市容环境卫生管理的萌芽阶段。警察负责治安和交通，环卫工人负责马路上的卫生[1]，街道居委会的大娘们负责处理居民的生活起居及邻里纠纷问题。政府将公用事业统为一体，每个都是单位体制中的一员，邮电、通信、电力等实行"条条管理"，水、气、热、道路等以"块块管理"为主，"建管一体、养管一体、管修一体"，虽然公营企业存在整体运营成本高、质量水平低、经营管理效率低的问题，但它们自成一体，城市中不再需要另外设立城市综合管理部门。同时，全国实行严格的户籍管制，农村居民进城受到限制，街头上很少有流动摊贩。历经持续十年的"文化大革命"后，城市管理出现停滞甚至中断，市容环境"脏、乱、差"和私搭乱建、违法建筑等严重问题开始出现。但与改革开放后出现的问题相比，这些城市问题属于内生问题，还没有上升到要成立新的城市管理综合执法机构去解决问题的程度，城市管理处于一种萌芽时期。

（二）草创期（1978~1996年）：城市管理执法的九龙治水阶段

"文化大革命"结束后，邓小平于1978年在中国开始了经济改革。随着改革的进行，计划经济时代的社会环境渐渐地发生变化。农村实行了家庭联产承包责任制，农民有了自己的农产品，农村人口逐渐进入城市销售和谋生。城镇的大街上开始出现各类私营小商贩，他们经营包括茶鸡蛋、花生、面包一类的早点和蔬菜、鸡鸭鱼肉一类的副食品。这些小商贩的确帮助解决了城镇居民生活中的一些问题。例如，在中国各个大城市中吃早点是一个大问题，小商贩摆摊卖早点应该是受到欢迎的。这些摊贩虽然无组织，但由于他们解决了市民生活中的实际困难，所以，他们在什么地点摆摊就显得不那么重要了。

1978年3月6日，第三次全国城市工作会议召开，发布《中共中央关于加强城市建设工作的意见》，制定了城市规划和建设的方针，强调城市在国民经济中的重要地位和作用，要求认真编制和修订城市总体规划、近期规划和详细规划等，这标志着我国城市管理开始起步。1979年11月，国家工商局恢复成立；1980年2月，《中华人民共和国治安管理处罚条例》恢复实施；1980年3月，经国务院批准，国家基本建设委员会、中央爱国卫生运动委员会、国家劳动总局、

---

[1] 新中国成立后，各大城市为了突击清理战争废墟，成立城市环卫局（处、所），由公安或卫生部门领导，后将隶属公安的清洁队全部划归卫生系统，但十年动乱期间这类机构多被撤销。

国家城市建设总局发布《关于加强城市环境卫生工作的报告》；1982年12月，城乡建设环境保护部发布《城市市容环境卫生管理条例（试行）》，这是我国第一部关于城市市容环境卫生管理的部门规章。

以上规章条例的出台表明城市管理越来越受到重视，1984年10月20日，党的十二届三中全会出台《中共中央关于经济体制改革的决定》，明确要求"城市政府应该集中力量搞好城市规划、建设和管理，加强各种公用设施的建设，进行环境的综合整治。市长的工作重点也应逐步转移到城市建设管理的轨道上来"。全国各地相继建立城市建设管理临时机构，从整顿市容环境卫生，治理"脏、乱、差"入手，逐步扩大到城市建设综合性管理。1987年2月，中央爱国卫生运动委员会、全国总工会等9部门发出《在全国开展文明礼貌活动的倡议》，提倡"五讲四美"，把每年3月定为全民文明礼貌月。

1. 开展爱国卫生、治理随地吐痰运动

爱国卫生运动由来已久①。20世纪80年代初开始，中国北方的一些城市开始整顿市容、开展爱国卫生运动，着力之处是治理中国老百姓随地吐痰的坏习惯。北方大城市中，北京和T市率先开始整顿随地吐痰的行为，北京重点地区是北京站和王府井地区，T市集中在火车站和中心商业区两个繁华地带。据当时的工作人员回忆，环境卫生管理局的人员（都是正式工作人员）② 开始在商业区一带对随地吐痰的行人开5元的罚单，然而由于许多操作上的困难，这项治理行动便不了了之。

治理随地吐痰这一陋习的行政运作过程有两个在当今城市综合执法的运作中仍然非常突出的特点：第一，违章的人数众多，使得执法对象对法律和相关的处罚没有敬畏感。第二，具体执法运作的不一贯性。同样一部法规，执行起来因人而异、因情况而异。

2. 城市管理的新挑战——街头商贩大量出现

随着改革开放的深入开展，新的挑战逐渐形成。从20世纪80年代中期开

---

① 早在第二次国内革命战争时期，陕甘宁边区开展的军民卫生运动即是群众性爱国卫生运动的开端，以后群众性卫生防疫活动不断开展，至1952年党中央以"爱国卫生运动"名称发布指示成立"爱国卫生运动委员会"。

② 至1979年3月，城市环卫事业划归城市建设部门统一管理，包括道路清扫、垃圾收运、厕所清便、垃圾处理、设备保养等。

始，许多企业开始由国营向私营转型。转型的结果之一是产生大批的失业职工，即下岗工人。大部分下岗工人被原企业买断工龄，之后的生活一下子变得艰苦起来。于是他们开始自谋生路，摆摊做小买卖。这个阶段，下岗工人上街摆摊的人数已经远远超过原来上街卖早点的小贩。据一些年龄较大的执法队员回忆，那时的一些街道上，卖各类服装的小贩（多是下岗工人）在街道边的两棵树之间拉上一根绳子就开始了经营，挂上衣服和其他纺织品向行人兜售。沿街看着花花绿绿，也"别有一番景致"。

稍早于下岗工人上街当小贩的是进城贩菜的菜农。一些城市为了有效地管理菜农，在居民区里设置了"自由市场"，于是集体所有制的蔬菜店便有了竞争对手。从街头的小商贩开始，中国城市大街上的情景渐渐地回到历史上常见的城市街景。例如，在北京市不少人流量较大的路口，商贩随意摆摊设点，小扩音器发出的叫卖声和来来往往车辆的喇叭声震耳发聩；垃圾乱堆乱放；行人车辆通行不畅的状况是常态，四周居民深受其害①。

除此之外，街头商贩的商品质量也是问题重重，假冒伪劣现象日趋严重。街头批发倒卖的小贩销售的商品很多是从沿海较发达地区批发的各种冒牌服装和没有质量保证的电器与日用品；街头食品出现很多掺假、伪造、变质，甚至出售禁售食品的情况。T市1983～1987年的食物中毒案例中，由街头食品引发的中毒率由15.9%上升到64.6%（常改、张兵，1989）。为应对这种"新生事物"对市容和民众生活造成的影响，政府开始加大行政执法力度。

3. 最早的城市管理临时执法队伍

为了加强当地城市管理，从20世纪80年代初开始，各地纷纷自发成立城市管理队伍和执法队伍，这些队伍名称不一，有的叫"市容监察队"，有的叫"城管办"，有的叫"城管大队"。这些队伍没有固定设置的法定机构，多数是为了完成突击性的和临时性的任务，往往统属不一，职能不定。由各个单位临时抽调人员驱赶摊贩、清运垃圾等，任务完成后，对摊贩和垃圾的清理也宣告结束，人员解散回归各单位。从法理上讲，这些执法队伍是地方自发组建的，没有合法地位，没有执法权，更没有罚款权。尤其重要的是，他们没有日常专门的财政经费，人员工资仍由原单位开支，其活动经费或者由当地政府拨付专款或者靠单位摊派。

---

① http://history.sohu.com/20130719/n379139113_1.shtml

这种五花八门、杂乱无章的城管管理方式显然不符合城市统一管理的要求。1988年，国务院明确"由建设部负责归口管理、指导全国城建监察工作"。1990年7月，建设部下发《建设部关于进一步加强城建管理监察工作的通知》，要求各级城市建设行政主管部门加强对城建管理监察工作的领导，城建管理监察队伍由城市的建委或管委、市容委统一归口管理；城建管理监察队伍的工作范围，原则上应当与各地城市人民政府对城市建设行政主管部门及规划、市政、公用、园林、市容环卫等专业行政主管部门规定的职责范围相一致。1991年，建设部设置了城建监察办公室。1992年6月3日，建设部第十次部常务会议通过《城建监察规定》，要求城市成立城建监察队伍，负责城市规划、市政设施、公用事业、市容环境卫生、园林绿化五大行政执法。原来政府设立的各类城市管理队伍都要求归口纳入城建监察队伍，由城市建设主管部门负责。这是管理全国城建监察队伍的重要部门规章，明确规定了全国的城建监察执法主体及其职责范围等，实现了全国城建监察行政执法队伍名称、执法主体、执法内容、执法体制、服装标志、归口管理"六统一"。

4. 城市管理队伍的膨胀

城建监察的行政执法建设在全国如火如荼地进行，伴随着国家和有关部门颁行的城市管理各个法规的实施①，各地在执行三四年之后，全国的城建监察行政执法队伍从最初的少数几个城市扩展到全国600多个城市和2000多个县，人数也从最初的几百人发展到全国20多万人，每个城市的执法队伍数以百计。1996年前后，上海市执法队伍有142支，而杭州市则高达207支，形成了一支城建监察行政执法的"集团军"（王毅，2004）。

城市管理队伍大肆膨胀的原因大致有以下三个方面：

第一是各地政府部门的经济动机。我国20世纪90年代初的财税改革之后，地方政府的财税来源变得拮据。为了挖掘财源，地方政府不少机构成立了很多事业性质但具有政府职能的单位（委托执法），这些事业性质单位拥有处罚权，经济上自负盈亏、自收自支，靠罚款和收费维持运营，这种内在的经济利益冲动成为各地执法机构暴增的主要原因。

---

① 这一时期国家及建设部颁行的法律法规、规章主要有：《中华人民共和国城市规划法》《城市市容和环境卫生管理条例》《城市绿化条例》《市政工程设施管理条例》《城市道路照明设施管理规定》《城市供水条例》《城市燃气安全管理规定》《城市公共交通车船乘坐规则》《风景名胜区管理暂行条例》《中华人民共和国城市房地产管理法》等。

第二是各地政府获得了自由组建执法队伍的权力。1992年的《城建监察规定》对各类城管队伍纳入城建监察队伍的规定非常灵活：各地城建监察队伍的"组织形式、编制、执法内容、执法方式"都可以"由城市人民政府"按照当地城市建设系统管理体制和依法行政的要求确定，这种归口实际上给各地政府的扩张提供了理由。

第三是行政执法部门的权力范围只有延伸没有切割。按照规定，各个行政执法部门下面新成立了专业的执法监察大队，拥有委托执法的处罚权。但是原来行政执法部门的行政执法职能依旧保留，形成了重复交叉的行政执法职能，实际上是变相增加了新的执法机构和人员，形成了新的"多头执法、重复执法"问题。

在没有明确界定行政执法和行政处罚权边界的情况下，城市管理执法队伍扩张的速度很惊人。而上街执法的队伍虽然数量和人数众多，却出现了越多越乱越无效的窘况。每个"条条"部门都覆盖全市，面对全部执法对象，各部门深感经费和人员的捉襟见肘，于是就采用临时工、合同工或者授权事业单位协助执法，用收费和罚款作为收入来源。就拿流动小贩来说，管理他们的除了监察大队，还有公安、交通、卫生、工商、税务、质量监督、园林、环保等部门的执法队伍，于是就出现了"七八个大盖帽围住一个破草帽"（实施处罚）的说法，而且收费越来越高，越来越乱，出现了"乱处罚、乱收费、乱摊派"的"三乱现象"。

这种分散执法、一拥而上的管理模式，一方面影响政府形象和政府信誉；另一方面也在一定程度上改变了政府部门性质，各部门行政权力与经济利益挂钩。如此一来，各部门责任不清，有利共沾，有问题却相互推诿，执法效率低下。为了提高政府执法水平，减少民众意见，各地采取了联合执法[①]、委托执法[②]、集中整治、突击治理等方式，力图解决"七八个大盖帽管不住一个破草帽"的问题，但收效不大。联合执法每次都要临时组织，集中突击的效果难以维持，陷入

---

① 哈尔滨市政府曾探索运用联合执法来解决分散执法问题，从城管、公安、工商等部门分别抽调20名执法人员组成哈尔滨市城市管理联合执法大队，负责清理整顿马路市场、占道经营和无照商贩。但城管联合执法大队本身不是行政机关，不具有行政执法主体资格，所以不能以自己名义实施行政处罚，而只能以委托机关的名义分别依据城管、公安、工商等部门的法律法规和规章实施行政处罚。这实质上并没有解决城管行政执法体制中存在的多头执法问题，所以，城管行政执法效率仍然很低。

② 1996年建设部对1992年发布的《城建监察规定》进行了修订。其中第五条改为：城市应当设置城建监察队伍，在当地行政主管部门的领导下，行使城建监察职能，其组织形式、编制等可以由城市人民政府根据建设系统监察队伍统一管理、综合执法的原则。法律法规规定的行政主管部门在其法定权限内可以委托城建监察队伍实施有关城建行政处罚。法律法规规定授权的，从其规定。

了"治了乱,乱了又治"的循环死结;委托执法的被委托主体不具备执法主体资格,不能承担法律责任,也不符合相关的法律要求。已经委托执法了,罚单还是要由各个行政局发出,行政局作为委托方仍旧享有相应执法权,形成"多头执法"的问题。

5. 解决问题的思路

为了解决城市管理执法机构众多、重复执法、执法扰民、机构膨胀等问题,政府采取了以下三个方面的制度措施:

一是加强财务制度管理。1990年,针对一些地区和部门"三乱"屡禁不止的现象,中央发布了《关于坚决制止乱收费、乱罚款和各种摊派的决定》,首次提出"收支两条线"概念。对行政事业性收费和罚没收入等财政性资金实行"收支两条线"管理改革,规定超量罚款和收费都要全部上缴财政,完成上级指标后再按比例返回下月经费。

二是规范行政行为。1989年4月4日公布的《中华人民共和国行政诉讼法》(以下简称《行政诉讼法》)中,对公务人员行为的规范包括以下几个方面:①行政拘留、暂扣或者吊销许可证和执照、责令停产停业、没收违法所得、没收非法财物、罚款、警告等行政处罚;②限制人身自由或者对财产的查封、扣押、冻结等行政强制措施和行政强制执行;③申请行政许可,行政机关拒绝或者在法定期限内不予答复;④行政机关滥用行政权力排除或者限制竞争;⑤行政机关侵犯其他人身权、财产权等合法权益,等等,对公民、法人提起对行政管理部门和人员的诉讼提供了法律救济的渠道。但《行政诉讼法》只是原则性地针对所有行政程序的一般性程序诉讼规定,并没有规范行政执法行为的实质性内容。

三是改变以往执法机构和权力配置,明确行政管理执法的权力边界,建立新的执法机构,行使相对集中行政处罚权,进行综合执法,并由此进入到了城市管理综合执法的新阶段。

(三)探索期(1996~2015年):城市管理综合执法改革阶段

城市管理的第三个发展时期,是从1996年10月1日《中华人民共和国行政处罚法》(以下简称《行政处罚法》)施行以后开始的。在这段近20年的时间内,我国在各个城市进行了大规模的城市管理综合执法改革试验,期间经历了起步、扩大、全面推进三个阶段①，形成了一般意义上的城管综合执法概念。

1. 城市管理综合执法的起步阶段（1996年10月至2000年8月）

为了解决分散执法、职能交叉的问题，《行政处罚法》第16条做出了以下规定：国务院或者经国务院授权的省、自治区、直辖市人民政府可以决定一个行政机关行使有关行政机关的行政处罚权，但限制人身自由的行政处罚权只能由公安机关行使。

这条规定允许各地可以由一个行政机关行使其他行政机关的行政处罚权，即"相对集中行政处罚权"。给各地建立起一支"独立"的城市管理新机构，来承担起原来七个（或更多）"大盖帽"的执法权（行政处罚权），并提供了法律基础。

在这里要明确一下相对集中行政处罚权下的综合执法与以往城建监察综合执法概念的不同：在原来的城建监察综合执法体制下，成立了新的城建监察大队，受各执法部门委托执法，对违法现象进行行政处罚；然而原先的行政执法部门仍然保留着街头处罚权，依然上街执法。这样导致管理的主体反而更多了，这就违背了城市建设高效有序的初衷。新的相对集中行政处罚权的规定，则是将原来的七个甚至更多部门的相关处罚权切割，完全交给新机构去执行。这个新机构的名称有城管局、城管执法局、城管综合执法局等。在本书中统一称为城市管理综合执法机构，这是新阶段城管综合执法与以往最大的不同。

相对于以前政府职能划分成自上而下的"条条"，各自管各自的领地，相对集中行政处罚权的思路保留了"条条"上端的审批权和管理权在原有的部门，而将一部分"条条"的末端执法权集中在一起，由一支队伍去执行。它不再由建设部归口管理，而是完全由地方政府管理，综合执行此前城市监察队伍的各项执法权。

为了更好地落实这条规定，国务院下发了《关于贯彻实施〈中华人民共和国行政处罚法〉的通知》，提出"要积极探索建立有利于提高行政执法权威和效率的行政执法体制。各省、自治区、直辖市人民政府要认真做好相对集中行政处罚权的试点工作"。1997年3月7日，经国务院批准，国务院法制局（1998年机构改革后改为"国务院法制办"）以《关于在北京市宣武区开展城市管理综合执

---

① 本书这个时期的阶段分割参考了王雅琴、沈俊强（2013）在《城市管理监察综合行政执法之理论与实践》一书中对这个时期各个阶段的划分。

法试点工作的复函》形式，批准了北京市办公厅在宣武区开展试点的申请。于是1997年5月23日，全国第一支城市管理综合执法大队——宣武区"城市管理监察大队"正式成立。南宁市、广州市、深圳市罗湖区也相继其后开展试点。广州的综合执法机构称为"城市管理监察支队"，南宁则称为"城市综合管理监察总队"，而深圳罗湖区则命名为"行政执法检查局"。

如同名称不同一样，各地的组织形式也不尽相同。北京市宣武区的"城市管理监察大队"定编200人，大队长和两名副大队长即由原司法局局长、法制办副主任和工商局副局长调任。大队职能部门和直属队占20%，其余80%的编制分布在8个街道办事处。宣武区结合管理重心下移的改革，赋予街道办事处对城管监察分队的日常指挥权，使街道办事处有了参与城市管理的法律手段和主动权。南宁市的城市综合管理监察总队，与城市综合管理办公室、市容管理局合署办公，为此南宁市制定了《加强城管队伍廉政建设的暂行规定》，颁布了《禁酒令》，并组建了专管执法队伍的机构——城管执法纠察大队，并设立了城市管理服务台，24小时全天提供服务。广州市的城市管理监察支队，后又成立了城市管理监察局，队局合署办公。深圳市罗湖区认为综合执法机构按《行政处罚法》规定应属行政机关，"检查"比"监察"更适合执法性质和执法对象，其综合执法范围也不限于城市管理领域，故定名为"行政执法检查局"。进行城市管理综合执法试点单位的深圳市罗湖区实行综合执法后，执法队伍由原来的7支整编为1支，执法人员由560名缩减为140名，执法效率大大提高。

在这一阶段里，国务院先后批准了T市、黑龙江等省市共16个设区市开展相对集中行政处罚权的试点工作②。

2. 城市管理综合执法试点规范阶段（2000年9月至2002年7月）

2000年9月，国务院办公厅下发了《关于继续做好相对集中行政处罚权试点工作的通知》，改变了以往批复中使用的"城市管理综合执法"的概念，改用"相对集中行政处罚权"来称谓各地的试点工作，要求各地积极稳妥地扩大试点范围，促进政府职能的转变。在这一阶段，国务院先后批准了62个设区的市开展试点工作。至此，试点工作推广到除云南、甘肃、青海、西藏等之外的3个直

---

① 南宁市由于阻力很大而没有真正开展试点工作。
② 在这一阶段，全国共有16个设区的市获得国务院开展试点工作的批准。除前面提到的北京、广州、深圳、南宁外，还包括天津市，黑龙江省的佳木斯市，吉林省的白城市、吉林市，辽宁省的大连市、沈阳市和营口市，河北省的廊坊市和承德市，山东省的青岛市和烟台市，湖南省的长沙市。

辖市和23个省、自治区的79个城市。已经批准的地方也在不断扩大城市管理综合执法的范围，1998年北京市城市管理综合执法试点工作扩大到北京近郊八区，2000年9月北京10个远郊区县组建城管监察大队，城市管理综合执法体制改革开始在北京全面推开。至2002年9月北京市城市管理综合执法局成立，2003年1月正式挂牌。

在这一阶段，国家加强了对试点单位的统一规范，获得批准的城市开始使用"行政管理行政执法局""行政管理综合执法局"的名称。探索实施"两级政府三级管理"体制，即市区两级政府双重领导，市局（支队）—区局（大队）—街道中队三级管理。要求各地制定规章制度，对执法人员参照公务员的标准进行录用和管理。

3. 城市管理综合执法全国推广阶段（2002年8月至2006年）

经过各地六年的试点后，国务院于2002年8月22日发布了《关于进一步推进相对集中行政处罚权工作的决定》，认为"在全国推进相对集中行政处罚权工作的时机基本成熟"，开始向全国推广实施。授权省、自治区、直辖市人民政府"可以决定在本行政区域内有计划、有步骤地开展相对集中行政处罚权工作"。规定了开展相对集中行政处罚权的范围、指导思想和工作要求，明确将多个行政机关的行政处罚权集中由一个行政机关行使，原行政机关不得再行使已集中的行政处罚权，形成了正式的"相对集中行使行政处罚权"制度。据不完全统计，至2006年6月末，全国已有308个城市开展了这项工作。

综观这一时期对城市管理综合执法的研究和报道，总的来说反映是正面的，并对相对集中行政处罚权的综合执法改革给予了肯定（徐蓉，2000；吴金群，2000；官爱玉，2001；袁翀，2002；曾峻，2003；王毅，2004），但也有一些研究对相对集中行政处罚权的法律效力和法理性提出了一定质疑。例如，刘晓京（2001）提出，新组建的综合执法队伍的行政执法主体资格没有从法律意义上予以确认，执法权力过大，监督制约比较难。因此，行政综合执法应该是一种过渡的模式。王毅（2004）在肯定六年试点成效的同时，也提出了一些制度困境和实践难题，例如，从法理上讲，国务院法制办法律力不足以划拨政府职能部门的行政处罚权；行政机关的行政复议管辖权仅限定为本级政府，有违《中华人民共和国行政复议法》（以下简称《行政复议法》）；有关职能部门的行政处罚权部分划转和分割与"精简、统一、效能"的原则相悖；城管有关权力的行使如强制拆除权、城市规划处罚权与相关法律规定相冲突等。宋超（2006）指出，各地的行政处罚权的"相对集中"程度不同，有可能产生新的混乱；吴军飞（2006）认为，除此之外，还存在执法体制不顺的问题，一方面是执法机关内部执法体制没有理顺，存在三级不同的管理模式，另一方面是综合执法部门与业务主管部门产生诸多矛盾。

尽管如此，这一阶段针城市管理综合执法的研究都是着眼于法治、部门关系、权责划分等方面，聚焦于改进现有的综合执法设计。但是2006年8月"崔英杰案件"发生，引发全社会强烈关注，舆论"一边倒"地同情崔英杰，尤其是律师的辩护词，极大地打动了民众的同情之心。社会上对城管的态度开始走向敌视，城管的负面报道此起彼伏，流动摊贩不减反增。对城管队伍的研究更多地着眼于权力冲突（彭顺勇，2007）、暴力抗法（顾海峰，2007），也渐次加大了批评的分量（衡霞，2007）。

4. 城市管理综合执法徘徊求变阶段（2006~2015年）

这一阶段的城市管理综合执法，一方面，按照国务院既定的部署，相对集中行政处罚权改革在各地推广。截至2013年，全国656个城市中已有621个城市开展了相对集中行政处罚权工作，占城市总数近95%，大中城市几乎都开展了此项工作，个别地方已经延伸到乡镇一级①。另一方面，各地在推行综合执法过程中遇到了很多问题，有的是共性问题，有的是个性问题。因为各地综合执法队伍的隶属、权限、范围、层级等各有不同，呈现出五花八门、因地制宜的状态。

建设部《中国城市管理体制及其运行机制研究大纲（征求意见稿）》中，对我国截至2009年的城市综合管理体制现状进行了总结，概括了以下八种城市管理的组织模式：

（1）城市管理行政执法局模式。这种模式的实施范围包括全国大约一半的城市，其名称大体有城市管理行政执法局、城市管理综合行政执法局、综合执法局三种。在这种模式下，行政管理权通常与执法权分离，只有城市综合管理行政执法权，没有或基本没有城市综合管理权（如福建省漳州市），有的还是事业单位（如山东省胶州市），类似于纯粹的执法部门，不像一个政府工作部门，协调成本较大。

（2）建设局或规划局下设城建监察支队或城管执法局模式。这是改革开放

---

① 人民日报. 城管尴尬凸显城市成长烦恼 [EB/OL]. http://opinion.people.com.cn/n/2013/0710/c241347-22141138.html.

以来城市管理最初的模式之一，截至2009年仍有将近一半的城市保留这种模式。有的挂靠在建设局（如河南省济源市），有的挂靠在规划局（如广东省清远市），也有的城市成立了城管执法局，但挂靠建设局（委）（如山东省青岛市）。建设局或规划局下设的城建监察支队或城管执法局，都是事业编制，经费和人员编制基本上没有保证，一般不具备行政执法主体资格。

（3）市政市容管理委员会模式。如北京市市政市容管理委员会从行政管理职能上看，基本上符合本书所提及的城市综合管理职能的要求，实际上就是北京市的城市综合管理局。

（4）市政府直属城市管理办公室模式。如湖北省荆门市、四川省西昌市，实际履行城市综合管理职能，有的还下辖有城管执法支队，职能似乎比较完备，但又未纳入政府工作部门，行政管理职能也比较欠缺。

（5）"市容局（委）+城管执法局"模式。如江苏省的南京市、吉林省的长春市，先设立了市容管理局，后来在相对集中城市管理领域综合行政处罚权的推广过程中，又加挂了城市管理行政执法局的牌子，"多块牌子、一套人马"，履行部分城市综合管理权和城市综合管理行政执法权。在这种模式下，行政管理权范围较窄，行政执法权范围较宽，行政管理权和行政执法权的作用范围不匹配，行政执法权范围远远大于行政管理权范围，工作的协调度较低。

（6）"城市管理局+城管执法局+城管办"模式。如江苏省的泰州市、淮安市，先将市容、环卫、城建监察单位整合成立了城市管理局，后来在相对集中城市管理领域综合行政处罚权的推广中，又加挂了城市管理行政执法局的牌子，"多块牌子、一套人马"，履行部分城市综合管理权和城市综合管理行政执法权。这种模式行政执法权范围远远大于行政管理权范围，工作的协调度较低，于是后来又由城市政府成立以市长为主任的城市管理委员会进行统筹协调，将办公室设在城市管理局，形成"城市管理局+城市执法局+城管办"模式。但是这种模式的问题是协调成本高，市长一旦其他工作较忙无暇顾及，整个工作秩序就难以保证，这就是有的城市其城市管理委员会作用发挥较好（如淮安市、中山市），而有的城市其城市管理委员会作用发挥较差的原因。

（7）城管执法局、市政委员会、市容局（委）多头管理模式。如陕西省的西安市，城管执法局、市政委员会、市容局（委）都是城市政府工作部门，"三驾马车"齐头并进，分别履行城市综合管理权和城市综合行政执法权。这种模式看上去市政府很重视，实际上是机构重叠，浪费行政资源，不符合中央大部制改革精神。

（8）城市综合管理局模式。如广东省的中山市、阳江市、韶关市、江门市等。江西省的宜春市名称叫作城市管理局，事实上也是城市综合管理局模式。

住建部课题组认为，城市综合管理局模式是最佳的管理模式，政府序列的工作部门不应当存在纯粹的执法部门，行政执法职能应当从属于行政管理职能。也就是说，一个政府工作部门应当首先有法定的行政管理职能，相应的行政执法职能自然可以包含其中。因此，统一城市综合管理权和综合行政执法权的城市综合管理局模式，应该是我国城市综合管理体制努力追求的方向。

（四）提升期（2016年至今）：城市管理综合执法整合提升阶段

各地城市管理综合执法机构在现有的法律和体制框架下，面对遇到的各种问题，以解决问题、完成任务为导向。在微观层面，寻求现实的解决方法，力求实现社会安定与城市管理相统一，将防止出事、出格等失控性执法当作底线，将执法效果放到政治层面考量①。但是在宏观层面，城市管理综合执法没有根本的突破。

面对我国城市管理综合执法模式百花齐放，但问题此起彼伏的状态，2015年11月，中央全面深化领导小组召开会议，审议通过了《意见》。2015年12月，召开了史上层级最高的中央城市工作会议，在任的中共中央七大常委全部出席，充分体现了中央对城市管理工作的重视，这也是自1978年以后37年间召开的唯一的一次中央城市工作会议。

可以说，这标志着我国的城市管理进入到了一个新的阶段，这一阶段的突出特点，就是改变了城市管理各行其是、各自为政的状态，重新把各地的城市管理综合执法工作整合起来，顶层规划，加强规范，统筹推进。主要表现为以下几个方面：一是确立指导思想和基本原则。以城市管理现代化为指向，将城市管理执法体制改革，与简政放权、放管结合、转变政府职能、规范行政权力运行等有机结合，推动城市管理走向城市治理；并坚持以人为本、依法治理、责权统一、协调创新的原则。二是明确"条条部门"。由国务院住房和城乡建设主管部门负责对全国城市管理工作的指导，各省、自治区、直辖市政府确立相应的城市管理主管部门，建立了传统意义上的自上而下的"条条机构"。三是"块块机构"进序列。按照大部门改革的思路，实现管理执法机构综合设置，统筹解决好机构性质问题，具备条件的纳入政府机构序列。市政公用、市容环卫、园林绿化等城管

---

① 课题研发组. 城管执法操作实务［M］. 北京：国家行政学院出版社：3.

理相关职能整合进入住房城乡建设序列。四是服装标识统一。到 2017 年底,实现执法制式服装和标志标识统一。五是重新规划了综合执法的范围,从传统的住房城建、环境保护、工商管理、交通管理扩大到水务管理、食品药品监管,以及上述范围以外的需要集中的具体行政处罚权。

这次高规格的城市管理综合规划,将为今后的城市管理工作奠定基础。但是目前的执法统一和改革,虽然给予综合执法类似其他政府序列机构一样的"正常国民待遇",但仍旧面临着传统的执法难和打通"最后一公里"的问题。服装标识的配置问题好解决,只需财政拨款就可以达成。但这是关键吗?下一章我们将就城市管理综合执法的范围和依据的法律进行探索。

第三章 城管的工作范围与执法依据

一、城管的工作范围

随着改革开放的逐渐深入,城市管理面临的新问题越来越多,挑战也越来越大。私营工商企业、私人住房逐渐在都市生活中"登陆",城市综合执法对象越来越复杂,诸如搭建违章建筑的业主和商家、违法兜售盗版CD的商贩、乱贴小广告的地下广告公司、乱倒工程垃圾的承包者。当今的城管,承担了几乎所有城市管理的具体任务(公共安全除外)。用一位城管中层领导的话来说,今天城管的职责囊括了所有地方政府想管而又管不了或者管不好的任务。例如,噪声污染、乱扔废纸、非法烧烤、非法搭建、非法摆摊等,都与城管有关。虽然城管经常遭人非议,但是如果没有城管,中国的城市一定会变得很混乱。这背后有一个主要原因:广大城市居民的自律意识非常低,如果不进行管理,就极为可能发生违规的事情。在做与不做之间,民众的衡量尺度往往只是自己的利益。

根据2000年《国务院办公厅关于继续做好相对集中行政处罚权试点工作的通知》以及《国务院关于进一步推进相对集中行政处罚权工作的决定》,在城市管理领域可以集中行政处罚权的范围主要包括以下几个方面:市容环境卫生管理方面法律法规、规章规定的行政处罚权,强制拆除不符合城市容貌标准、环境卫生标准的建筑物或者设施;城市规划管理方面法律法规、规章规定的全部或者部分行政处罚权;城市绿化管理方面法律法规、规章规定的行政处罚权;市政管理方面法律法规、规章规定的行政处罚权;环境保护管理方面法律法规、规章规定的部分行政处罚权;工商行政管理方面法律法规、规章规定的对无照商贩的行政处罚权;公安交通管理方面法律法规、规章规定的对侵占城市道路行为的行政处罚权;省、自治区、直辖市人民政府决定调整的城市管理领域的其他行政处罚权。也就是常说的"7+1"管理权限,由经过授权成立的城市管理综合执法机关负责,统一行使城市管理领域的行政处罚权,各地可以在此文精神基础上增加相对集中的行政处罚权限。

北京市城管除了上述七项职能之外,还包括城市节水、旅游管理、食品安全、城市河湖、施工现场、城市停车等共计14项执法职能,涉及各种执法案由360余项①。沈阳市城管行使14个方面321项行政处罚权②。执法内容最多的是海南省的三亚市,根据《三亚市人民政府关于推进综合行政执法试点工作的决定》,三亚市综合行政执法局执法范围形成了"17+5"的模式,包括公安局、规划建设局、交通局、文体局等16个部门的17项行政执法职能,以及5项审批权限(临时占用城市道路审批监管、户外广告设施设置审批监管、临时建设工程审批监管、门前"三包"责任制监管等)③,开创了全国行政执法试点工作所划转相对集中行政处罚权最多、合并管理职能最广、管理范围涉及面对大"三个之最"。

以T市为例,各区城管执法项目可以按种类划分,包括了40大类、265个具体执法项目(见表3-1)。

上述T市城管的执法范围尚属于国务院《关于进一步推进相对集中行政处罚权工作的决定》文件规定中的"7+1"相对集中行政处罚权范围,包括市容环境卫生、城市规划、城市绿化、市政、环境保护、工商行政、公安交通七个方面的部分行政处罚权,以及省区市人民政府决定调整的行政处罚权。

根据杨书文对《中国城市管理综合执法体制研究》的归纳,各地城市共同从事的执法事项(7+X)大体可归纳为以下八大基本工作:①清理占道经营和无照经营;②拆除违章建筑;③规范门头牌匾和户外广告;④治理城市"牛皮癣"(乱张贴、乱涂写、乱刻画);⑤保护城市绿化带;⑥治理城区环境污染;⑦查处车辆施工或运输中的"遗撒"(渣土、灰浆、垃圾等);⑧治理车辆乱停乱放。本书整理了若干城市城管综合执法的权限范围比较,如表3-2所示。

---

① 王雅琴、沈俊强.城市管理监察综合行政执法之理论与实践[M].北京:法律出版社,2013:7.
② 董文秋.关于在城市管理领域开展相对集中行政处罚权的实践与探索[C].第二届全国城市管理执法发展论坛论文集,2006.
③ 三亚市综合行政执法局网站, http://xzzf.sanya.gov.cn/publicfiles/business/htmlfiles/zhzfsite/jgzn/201602/188607.html.

表 3-1　T 市行政执法种类

执法种类	项目数量（项）	执法种类	项目数量（项）
违法建设 12	房屋安全 2	广告设施 26	城市照明 10
夜景灯光 5	道路污染 5	占道、经营 5	城市建筑垃圾 9
城市生活垃圾 11	物品堆放 4	废弃物 4	生活废弃物 25
公共厕所 10	公园管理 5	环卫设施 5	街道综合整修 8
城市雕塑管理 1	生活垃圾袋装 11	树木保护 7	绿地管理 8
运输撒漏 8	卫生保洁 20	立面容貌 8	车辆清洗 1
养犬管理 1	禽畜管理 2	门前三包 10	清雪铲冰 10
水务管理 6	非法行医 2	公共场所控烟 6	劳动保障 2
环境保护 5	殡葬管理 4	房屋安全 2	消防通道 4
再生资源 1	文化市场 5	安全监督 2	最低生活保障 2

表 3-2　部分城市综合执法权限范围比较

城市 执法范围	北京	上海	天津	重庆	南昌	苏州	合肥	沈阳	武汉	银川	太原	杭州	青岛	贵阳	成都	海口	广州	深圳	拉萨
市容环卫	√	√	√	√	√	√	√	√	√	√	√	√	√	√	√	√	√	√	√
公安交通	√																		
城市规划	√																		√
工商行政	√	√	√	√	√	√	√	√	√	√	√	√	√	√	√	√	√	√	
环境保护	√	√	√	√	√	√	√	√	√	√	√	√	√	√	√	√	√	√	√
城市绿化	√	√	√	√	√	√	√	√	√	√	√	√	√	√	√	√	√	√	
市政设施	√	√	√	√	√	√	√	√	√	√	√	√	√	√	√	√	√	√	√
建筑施工	√				√							√					√		
公用事业	√						√					√							
土地与房产		√			√												√		
经贸旅游	√								√								√		
水务河道	√	√			√				√			√					√		
黑车营运	√																√		√
医疗卫生																	√	√	
畜禽屠宰																	√		
犬类管理	√													√					

执法范围＼城市	北京	上海	天津	重庆	南昌	苏州	合肥	沈阳	武汉	银川	太原	杭州	青岛	贵阳	成都	海口	广州	深圳	拉萨
文化市场		√															√		
民政					√		√							√					
人民防空					√				√										
煤炭市场							√												
混凝土管理					√														
燃气管理																√			

虽然城管的执法范围名目繁多且类型复杂，但各地城市管理综合执法的大部分事项都不是独立运作的，需要由其他部门支持和配合。如在T市的265项具体执法内容中，"占道、经营"似乎是一个综合大队能够独立执行的项目，但是也要涉及经营者是否取得经营执照以及执照中对其具体经营范围的规范。更多的项目是由具体的运作部门执行，而由综合执法进行配合。如"违法建设"和"房屋安全"，是否违法是由房管部门来判断，由综合大队配合执行。在大多中国城市中，一个区的职能部门包括公安、消防、安检、卫生、房管、环保、教育、民政、人社、商务、文化、旅游等，综合执法部门实际上是这些职能管理部门在行政处罚和规范方面的延伸。

我们来看看两项T市综合执法队员能够独立完成的执法项目。

第一个执法项目是"占道、经营"下面的"违法占用城市道路"。这条法规几乎涵盖了所有在路边经营的小贩，包括有经营执照的小商贩和有实体店的餐馆，都不能在便道或者马路上设摊或者架桌椅板凳招待顾客。发现有违法占道的情况，城管去现场责令限期改正。如果逾期不改，城管可以没收违法物品和工具，同时罚款50~2000元。这个执法项目的法律依据是2003年T市人大正式通过，随后在2005年和2012年T市人大两次修订的《T市市容和环境卫生管理条例》。

第二个执法项目是路边的广告牌。我们常常可以从大街上看到，路边的餐馆、家庭旅店、小商户在自己门前的道边上摆着广告牌。商家总是希望消费者从远处就能看到自己的广告，从而到自己店里消费。但这样的做法是违法的。在《T市市容和环境卫生管理条例》"广告夜景"部分第二十五条规定，未经市容和环境卫生管理部门许可或不按许可内容设置户外广告设施，屡教不改者，其广告牌会被强制拆除、没收，并处以2000元以上、10000元以下的罚款。

那些必须由其他部门执行的法规的情况又如何呢？如"违法建设"和"房屋安全"这两类，都涉及房屋建筑的专业知识。在大街上搭建一个临时厨房，或者支起一顶帐篷，这些比较容易识别，一般的城管队员就可以责令拆除。但在居民房内或者高层建筑顶端私自改造、搭建违章建筑的，必须由房建部门派行政执法人员出面执法。在处理这类问题时，一般城管没有技术方面的执法资质，所以综合执法队的队员只能是辅助执法①，类似的情况在其他执法项目中也非常多见。

由于执法范围非常广泛，每个执法的内容包含着很多可能的违法形式，城管执法任务实际上更为复杂。例如，占道经营有各种表现形式，既有固定店铺在门前摆放展品，也有餐饮商店在门口随便安放桌椅，还有各种流动摊贩在马路上"打游击"等。尽管城管队员每天要定期或不定期出去主动巡查，这也固然是发现问题的最好渠道，然而在所有的执法范围内及时发现问题，几乎是不可能的事情。

城管日常的执法任务一般来自于三个方面：①日常巡查发现。既包括城管队员每天的例行巡逻，也包括上级部门的巡逻车电子拍照（上级城管部门发现的问题会以任务通报的形式每日下发给分属的各街道城管）。②群众举报。包括直接或间接从各个方面发过来的群众申诉或举报。③上级交办。这方面的任务相对复杂。上级交办的任务可以是群众反映的，也可以是上级领导发现的属于城管工作范围的执法问题，还可以是按照"条条"机构统辖权无法归类、只能由城管来解决的问题。这类问题往往是棘手问题或者突发问题，具有突发性、随机性和多变性。

二、城管的执法依据

如上文所言，城市管理综合执法机构的成立来自于国务院的相对集中行政处罚权的地方试点和推广。各地只是在末端的行政执法层面上进行了综合，将多家机构行使的执法处罚权，由一支队伍来行使。在其他层面，如上游管理机构（城

---

① 对于违章建筑的管理，城管部门和城市规划部门有不同的管理权限。在山东Z市调研时发现，一般建筑面积在200平方米以上的由城管大队管理，200平方米以下的由街道自行清理解决。

市规划、工商行政、市政管理、卫生管理、交通管理等）仍旧未变，行政管理仍旧维持原有权力格局。城管综合执法实施处罚的依据，依旧是原来各个职能管理部门制定的规定。

（一）国家法律

国务院关于相对集中行政处罚权的依据来源于全国人大制定的《行政处罚法》和《中华人民共和国行政强制法》（以下简称《行政强制法》），这是对城管执法约束最大也是最直接授权的法律规范。

《行政处罚法》是规范我国各级政府行政处罚的法律，其中第16条为行政处罚权的末端行使做了授权性规定，"除限制人身自由的行政处罚权只能由公安机关行使外，其他有关行政机关的行政处罚权均可经省级人民政府批准后由一个行政机关集中行使"。法律还为省和地方政府限定了一些行政处罚的方式，包括警告、罚款、没收违法所得、非法财物、责令停产停业、暂扣或者吊销许可证、暂扣或者吊销执照。《行政处罚法》不允许政府对人进行行政拘留，没有为地方政府提供没收违章人和单位工具的权力。

由于城管工作范围延伸到城市管理不同领域，国家法律涉及与城管相关的业务，城管都应当遵照执行。本书对T市265项工作范围涉及的具体法律依据进行了归纳，发现在国家法律层面，城管工作要遵循的法律包括《中华人民共和国物权法》《中华人民共和国城乡规划法》《中华人民共和国建筑法》《中华人民共和国道路交通安全法》《中华人民共和国环境保护法》《中华人民共和国固体废弃污染环境防治法》《中华人民共和国环境噪声污染防治法》《中华人民共和国大气污染防治法》《中华人民共和国水污染防治法》《中华人民共和国土地管理法》《中华人民共和国城市房地产管理法》《中华人民共和国治安管理处罚法》《中华人民共和国侵权责任法》《中华人民共和国广告法》《中华人民共和国合同法》《中华人民共和国水法》《中华人民共和国消防法》《中华人民共和国食品安全法》《中华人民共和国药品管理法》《中华人民共和国特种设备安全法》《中华人民共和国教育法》《中华人民共和国防洪法》等。

1. 国务院规章和规定

除了国家法律之外，城管还应遵守国务院制定或颁布（国务院主管部门拟定经国务院批准发布）的各项行政法规，包括《政府信息公开条例》《城市市容和环境卫生管理条例》《城市绿化条例》《城市照明管理规定》《城镇排水与污水处理条例》《无照经营查处取缔办法》《个体工商户条例》《公共场所卫生管理条例实施细则》《广告管理条例》《物业管理条例》《医疗机构管理条例》《再生资源回收管理办法》《水污染防治法实施细则》《城市道路管理条例》《中华人民共和国道路交通安全法实施条例》《国有土地上房屋征收与补偿条例》《劳动保障监察条例》《殡葬管理条例》《娱乐场所管理条例》《互联网上网服务营业场所管理条例》《营业性演出管理条例》《卫星电视广播地面接收设施管理规定》《出版管理条例》《烟花爆竹安全管理条例》《烟花爆竹经营许可实施办法》《无照经营查处取缔办法》《兽药管理条例》《药品管理法实施条例》《药品流通监督管理办法》《医疗器械监督管理条例》等。

另外，国务院发布的各项决定、通知、办法等，也是行政法规的一种表现形式，如《国务院关于进一步推进相对集中行政处罚权工作的决定》《国务院对确需保留的行政审批项目设定行政许可的决定》《国务院关于取消和下放一批行政审批项目等事项的决定》《国务院批转住房城乡建设部等部门关于进一步加强城市生活垃圾处理工作意见的通知》《城市生活无着的流浪乞讨人员救助管理办法》等。

2. 国家部门规章

国务院的有关部门也在制定并发布本部门规章，与城管工作相关的包括《城市生活垃圾管理办法》《城市建筑垃圾管理规定》《城市公厕管理办法》《城市绿线管理办法》《城市紫线管理办法》《城市黄线管理办法》《城市道路占用挖掘收费管理办法》《城市排水许可管理办法》《市政公用设施抗灾设防管理规定》《建设行政处罚程序暂行规定》《国家建设部关于加强户外广告、霓虹灯设置管理的规定》《城市道路照明设施管理规定》《中华人民共和国城市容貌标准》《城乡个体工商户管理暂行条例实施细则》《无照经营查处取缔办法》《关于印发〈生活垃圾处理技术指南〉的通知》《建设部关于发布行业标准〈城市户外广告设施技术规范〉的公告》等。

尽管主管部门制定的规章阶位在国务院法规之下，但往往更为具体，在实际执行中指导意义更强。

（二）地方政府行政规章和规定

在地方政府层次，无论是制定哪种行政条例、由哪个部门执法，执行原则都必须符合国家法律的要求。因为地方政府条例规定属于法律体系中的下位法，必须适合上位法的要求,且不得与上位法相抵触。国家法律和国务院规章或部门规章,在具体实践中还需要因地制宜地具体细化和进一步丰富。

我们对T市综合执法265项工作范围内涉及的本市相关法规进行了汇总,至少包括以下30余部T市政府制定的条例、规定和办法:《T市城乡规划条例》《T市历史风貌建筑保护条例》《T市绿化条例》《T市市容和环境卫生管理条例》《T市房屋安全使用管理条例》《T市公园条例》《T市河道管理条例》《T市城市管理规定》《T市户外广告设施管理规定》《T市城市照明管理规定》《T市生活废弃物管理规定》《T市公共厕所管理办法》《T市城镇街道综合整修管理规定》《T市城市雕塑管理办法》《T市城镇生活垃圾袋装管理办法》《T市古树名木保护管理办法》《T市市容卫生门前"三包"责任制管理办法》《T市市区冬季清雪暂行办法》《T市实施〈中华人民共和国水法〉办法》《T市引黄济津保水护水管理办法》《T市控制吸烟条例》《T市殡葬管理条例》《T市房屋安全使用管理条例》《T市烟花爆竹安全管理办法》《T市最低生活保障办法》《T市电梯安全监督管理办法》《T市城市排水和再生水利用管理条例》《T市河道管理条例》《T市行政执法责任制暂行规定》《T市行政执法监督规定》《T市行政执法监督平台管理暂行办法》《T市行政处罚听证程序》等。

(三)评价:法律可执行性和执行成本

以上与城管工作相关的法律法规以及部门规章,可以看出有三个特点。一是多样性。既有国家根本大法,也有政府各级部门的规章和规范性文件。二是外源性。城管所执行的"法",多数是各个行政管理部门范畴制定的法规,没有一个统一专门关于城市管理执行的法律法规。三是被动性。因为城管所执行的法律多数属于部门法规,这些部门法规,都明确将行政处罚权授予各业务行政主管部门,而不是城市管理综合执法部门,城市管理综合执法行使的行政处罚权则是国务院再授权的结果。如果地方性法规或规章对具体的执法事项撤销或修改,城管执法的具体执法事项也要随之撤销或修改。但是如果授予城管执法的规定和文件没有随之修改,就会出现授权法渊源冲突的问题。

就需要遵循的法律法规而言,城管在具体执法运作过程中要面临法律的可执行性问题如下:

首先,法律是否健全、一致和统一。城管要执行的法律法规有几十部乃至上百部,可谓蔚为大观,按理说应该是包罗万象、事无遗漏了,但实际情况恰恰相反,这些法律法规都是从不同业务角度出发的具体规定,只能是纵向的局部覆盖,由于城市管理工作的复杂性和丰富性,各个纵向规范之间必然存在盲区。哪怕有更多的观察角度和分类方式,都无法由单个角度的机械累加而覆盖全部的城管内容。同时,各个纵向规范之间,也必然存在交叉地带,或者并行规范的现象,因此,必然存在着对同一对象的不同规范之间的不一致或者冲突。

也许这就是城管过去执法中出现重复执法和交叉执法问题的根源,而设置城管并赋予其相对集中行政处罚权的目的也在于解决这些问题。然而,如果城管综合执法遵循的法律法规依据本身的交叉和冲突没有解决,只是从最末端的执法机构来解决交叉和冲突,是否对城管的要求过高,或者对城管给予的权力过大呢?从依法治国的角度,法律法规的体系冲突靠一个末端的执法机构来解释和调整,是否属于"以人释法"甚至是"以人易法"呢?

其次,执法的可行性问题。如此之多的法律法规,还有这些法律法规规定的更多的条文细目,城管是否能够掌握、理解,在实际工作中是否都能顾及到,颇具有挑战性。从具体执行角度看,面对全体执法行为而制定的具体规范,在城管的执法实践中却往往面临操作难题,甚至无法操作。例如,《行政强制法》赋予被执行人更大的权利去进行申诉、行政复议、起诉、上诉等程序,大大延长了执法时间和流程。又如,北京市某高楼顶层违章修盖四合院的案子,从被媒体曝光到最后拆除,前后一共用了近一年的时间①,就是因为执法人员必须按照法律要求走完规定的程序。在一些例子里,政府执法拆除违章建筑的拆除费用高达几十万元乃至上百万元人民币②。而且自《行政强制法》实施后,一些了解法律的被执行人会想方设法、穷尽一切手段拖延处罚程序,以达到他的目的。例如,某位当事人因使用无许可证建筑而被要求拆除,而他一直拖延时间,当到了真正要拆除无许可证建筑时,他的临时使用目的已经达到。执法对象钻法律的空子已到了"尽美尽善"的水平。

还有一些法规可执行度很低。治理随地吐痰的尝试就是一个例子。今天,随地吐痰的现象依旧随处可见。而且,不仅是随地吐痰的行为没能被禁止,成年人在城市中的僻静之处或者高速路边随地大小便的不文明行为,至今也尚未采用有效的方式予以杜绝。因此,人大在立法时或者市政府在制定规定或者条例时,应考虑实施时的具体情况和执法对象的特点。

同时,城管行政执法的条件约束在增强,执法成本也在不断增加。规范城管

---

① 参见http://www.chinadaily.com.cn/micro-reading/dzh/2015-12-31/content_14448930.html 等新闻报道。
② http://news.enorth.com.cn/system/2012/08/09/0097976.

执法行为的《行政处罚法》，将城管执法的处罚程序分为两种：简易程序和一般程序。简易程序适用于比较简单的行政违规行为，如大型车辆车轮带泥污染道路可以按简易程序处理。一般程序则适用于相对比较复杂的行政违规行为，绝大部分行政违规行为都是按照一般程序处理。按照《行政处罚法》的规定，凡是适用于一般程序的违规行为，必须由两个或者两个以上的执法人员（城管）处理，包括当场指出违规行为、没收财产、下达处罚通知书等步骤。这里涉及一个最低执法人员数量的要求（最低为2人），而且这两位执法人员必须是正式的政府工作人员（不能是协勤），① 这个条件在现实中是否能够满足呢？

从2012年1月1日开始生效的《行政强制法》第17条给了城管局以行政强制权："依据《中华人民共和国行政处罚法》的规定行使相对集中行政处罚权的行政机关，可以实施法律法规规定的与行政处罚权有关的行政强制措施。" 从立法宗旨来看，这部法律的目的是更大限度地保护公民的权利，或者对行政强制权力进行约束。这部法律对中国公民社会的发展有非常巨大的推动作用。法律规定在处理停产停业、吊销许可证或者执照、较大数额罚款等大案时，被执行人有要求举行听证的权利。这样的听证会，一方面最大限度地保护了被执行人的权利，但另一方面，这种方式也大大增加了行政执法的成本。

---

① 按照《行政强制法》的规定，行政强制措施应当由两名以上行政机关具备资格的行政执法人员实施，其他人员不得实施。查封、扣押应当由法律法规规定的行政机关实施，其他任何行政机关或者组织不得实施。然而在《行政处罚法》里又规定：行政机关依照法律法规或者规章的规定，可以在其法定权限内委托依法成立的管理公共事务的事业组织实施行政处罚。

第四章 城管的执法主体与执法对象

在2015年中国人民政治协商会议和全国人民代表大会召开期间，中央人民广播电台在北京、上海、广州进行了一次有关城管的民意调查。调查结果显示，大多数参加调查的人对城管有负面的印象，认为需要"出台更多制度规范城管执法行为"。[①] 中央人民广播电台还邀请来三位嘉宾对行政执法的弊病进行了分析。但从嘉宾的谈话判断，他们也对城管这个群体和其具体执行的法律、规章制度缺乏真正的了解。那么，城管究竟是什么样的一个群体呢？

一、城市管理中的执法主体——城管

（一）城管的编制问题

城管一词是一个不易准确界定的概念，本书把城管定义为城市管理综合执法人员。需要指出的是，在城管之外也有一些具有行政执法的人员。他们在各个从事城市管理政府部门中（如工商、卫生、环保、交通、规划等），仍旧保留了相当程度的执法权力，或者说也在行使着城市管理的执法权力。当他们在执法中需要人员支持的时候，综合执法人员就会参与进去。例如，由于需要相关专业知识，拆除违章建筑并不是城管的工作，而是由房管部门负责。但当房管部门没有足够的执法人员时，需要请综合执法人员参加拆除任务。

---

① 中央人民广播电台. 城管改扩权还是该取消［EB/OL］. 央广网全国两会报道，http://news.cnr.cn/special/2015lh/zbj/ztbsg/csgl/index_1.html.

城管的执法权限、机构设置和人员隶属等管理机制也在不断的改革变动之中，例如，很多地方实行城管下沉，城管的执法队员由隶属于区执法局，改变为隶属于街道。于是原来的管理区域就会重新划分，街道的一部分工作也增加到城管权限之中，也会有部分工作人员"非正式"地参与到综合执法的行动中来。

由于城管内涵界定的开放性和机构权限的不断调整，导致城管人员的标准很难统一、数量很难统计。国家对城管数量的人数编制有统一规范，中华人民共和国住房和城乡建设部《城镇市容环境卫生劳动定额》（2008年11月1日执行）中规定："市容环境卫生监察、执法人员的定员数按城市人口的万分之三至万分之五"配备。但是实际情况是，城管综合执法人员普遍面临着人手不够的困境。由于城管工作范围的宽泛性，即使正式队员达到规定的配备额度尚且不足以完成任务，何况有不少地方达不到国家规定的额度标准，如2001~2015年杭州主城区人口增长了100多万人，但执法人员编制仅增加了33人；广州市每万人口配备1.9名执法人员；青海全省只有执法人员1170名，都远远不能满足执法工作需要。为了解决人手不足的问题，各地城管普遍采用聘用大量协管人员作为辅助执法力量的办法。在有的基层机构，协管人员甚至是正式编制人员的数倍（王满传、孙文营、安森东，2017）。从我们调研的两个城市看，T市的正式执法人员多于协勤，但是能够实际外出执法的人员中，仍然以协勤为主[①]；而Z市情况却大不一样，在我们搞随队调研的三个中队中，正式执法人员与协勤的比例分别为3∶37、4∶26、5∶17。正式执法人员与协勤的比例严重失调。由此，我们根据各地数据进行不完全推测：协勤的人数要大大超过正式的城管队员。

在这里我们需要回答一个问题：为什么各地正式城管的数量不能充分增加，而不得不引进协勤？原因可以归结为编制问题。在地方政府的运作中，上级机关对下级机关实施"三定方案"（即定职能、定机构和定编制），由编制委员会（以下简称编制委）负责确定政府机构的人员和级别，财政部门据根据编制委确定的人数发放行政机关的人员费用。在这种预算体制下，运作层的政府部门（如城管）无权增加人员编制，对本单位经费的增加或变动也没有发言权。

2015年国家权威数据公布，公务员总数为716.7万人，而且从2013年起呈

[①] 我们调研的T市某街道管辖人口6.2万人，街道城管大队共有42个员工，其中正式队员26人，协勤16人。正式队员中包括50岁以上的10人、4位女同志和2位长期病假人员，这样能够实际外出执勤人员不过10人，大队分为3个巡查中队和1个违章处理组。每队含队长1名，正式队员1~2名，再加上4个协勤。

现连年微降的趋势①。2006年1月1日开始实施的《中华人民共和国公务员法》对公务员的人数限制得很严格。这也是综合执法的人员数量不足的原因，正式编制的城管难以完成工作，于是协勤应运而生。在正式执法人员与协勤人数比例上，很久以来并没有国家的统一规定。我们曾就正式执法人员与协勤的比例咨询过一个执法局的领导，得到如下答案：据调查，从经费上看，一个正式执法人员的费用（大约）可以用来录用三个协勤队员，经费成本的节约也成为各地大量雇用协勤的原因之一。

按照《行政处罚法》规定，凡是适用于一般程序的违规行为，必须由两个或者两个以上的正式执法人员处理。这就意味着，目前有些地方的城管执法无法满足法律对执法人员的要求。如果协勤没有执法权，将如何展开工作？诸如此类的原因致使各地出现执法不规范，或由没有执法资格的协勤去执行任务成为大概率的事件。

2015年的《意见》，在正式城管和协勤的比例上提出"协管人员数量不得超过在编人员，并应当随城市管理执法体制改革逐步减少"。在这项指导意见之下，各地行政执法机关的必然逻辑就是：第一，增加编制和预算。第二，不增加编制而是优化整合现有的政府执法力量。但是目前看来，实现这两种逻辑的难度较大。增加编制甚至是行政编制不符合目前对公务员编制精简和严格控制的方向。那么还要做到《意见》中所提到的"在核定的行政编制数额内，具备条件的应当使用行政编制"，只能在现有的人员队伍里面调整了。但是这谈何容易？第三，如果前两种逻辑不能实现，一个必然的逻辑就是减少城管的执法力度和范围。然而在城市化飞速发展、各种城市管理事务飞速增加的今天，减少或减弱对城市的管理和执法，会带来什么结果呢？

（二）城管类别及其特点

在政府机构中工作的人包括行政编制和事业编制人员，而正式的执法人员属于公务员，他们就是《行政处罚法》中提到的有执法资质的人员。在城管执法队伍中，实际上分为两类：正式执法人员和协勤，这两者是不同的。

1. 第一类：协勤

协勤，又称协管，是为了弥补执法力量不足而招聘的编制外城市管理协助人

---

① 参见人民网，http://politics.people.com.cn/n1/2016/0531/c1001-28399388.html。

员，一般是合同制用工，不列入正式公务员编制序列，待遇也不同。从工作性质看，协勤似乎属于那种低技术含量的一类。绝大多数协勤都是初中、高中教育程度。执法单位几乎不提供任何培训，更无从顾及其职业发展。协勤人员的工资比较低，而且除了发给冬、夏两套制服之外没有其他的福利。由于是合同工，执行任务时协勤加班加点也没有加班费。

我们随机在网上找到一份招聘协勤的公告①。公告的部分内容如图4-1所示。

三、招聘条件
1. 男性。原则上年龄30~40周岁（1985年6月19日以前出生），有经验者年龄可适当放宽。具有初中及以上文化程度，身体健康，身高165cm以上。
2. 政治素质好，责任心强，能吃苦耐劳，乐于奉献，作风正派，无不良嗜好，有较好的沟通、协调和表达能力，自愿从事城管工作。

四、聘用和管理
……试用期2个月（试用期间工资为每月2000元）。试用期满，考核合格后，签订正式聘用合同，工资实行基本工资+绩效方式，每月2500元左右……

图4-1 协勤招聘公告（部分）

从这个招聘公告中的招聘条件可以看出，协勤这一职位不需要任何特殊的知识技能，30~40岁的人几乎都能胜任。不少年轻人愿意当协勤的主要原因有三个：第一，如果个人期许不高的话，每月2000~2500元的工资也算不错，而且"旱涝保收"，雨天不出勤也能拿工资。第二，这项工作不需要任何特殊技能和专业常识，不用考试就可以报名。对于一个初中毕业又没有其他就业出路的年轻人来说，城管协勤就算不错的工作了。第三，虽然是合同工，但只要自己不犯错误、不辞职，工作就不会丢，在政府机关打工也算是半个"铁饭碗"。

如果将协勤这个职业放到马斯洛的需求层次理论②当中考察，协勤所处的位置大致就在人类基本需求（第一级）和生活安全需求（第二级）之中。因此，

---

① 参见江西：2015年9月江西上犹县营前镇城管人员招聘人员公告，http://www.91exam.org/syd-wxg/286-407/407097.html。
② 马斯洛著名的"需求层次理论"将需求分成生理需求、安全需求、社交需求、尊重需求和自我实现需求五类，依次由较低层次到较高层次排列。

我们很难想象协勤们会对自己的职业产生多大热情,并能够想方设法把工作做好。

2. 第二类:公务员城管

与协勤相比,正式公务员执法队员具有以下特点:①真正的"铁饭碗"。我们在T市的调研中发现,城管执法队员中有许多年过50岁的人员。他们中有第一代市容执法人员,参加过20世纪80年代初的爱国卫生运动,也在闹市区治理过随地吐痰事件。在执法队伍的28名执法队员中,2名队员有25年的工作经验,3名队员有32年的工作经验。队员中约48%的人有15年的行政执法的经验,老队员比例很高,也使我们认识到,行政执法的确可以称得上是一个"铁饭碗"。②工作责任相对大。既然执法人员有执法权,那管的事就比协勤要多。在出勤时,执法人员负责决定如何处理并告知违章的小贩。③福利较好。除了较高的工资外,其他福利也好一些外,还可享受一些其他福利待遇。④跻入相对难。由于执法人员是参公编制,每一位申请人都必须首先通过公务员考试,这是从事这一职业的基本条件。

城市管理综合执法领域中也有许多军队转业干部,2015年底中央颁布的《意见》中提到:"建立符合职业特点的城市管理执法人员管理制度,优化干部任用和人才选拔机制,严格按照公务员法有关规定开展执法人员录用等有关工作,加大接收安置军转干部的力度,加强领导班子和干部队伍建设。"

3. 正式执法队员与协勤的相同之处

第一,社会地位都不高。由于广大老百姓对城管的工作不能完全正确认识和理解,导致执法人员和协勤都感到自己的社会地位不高。

第二,城管职业纵向上升的空间很狭窄。我们在调研中遇到两位中队长,虽然他们两人都有强烈的职业发展愿望,工作之余,获得了MPA或者相当水平的学位,也具有了一定的领导质量(Leadership Quality)。但是他们对未来的职业发展方向却很茫然。工作了25~32年的5位老队员,虽然工资比当年高了,但在职业阶梯上的位置丝毫没有向上挪动一步——仍旧只是科员。这使大部分行政执法人员就和协勤一样,丧失了职业发展的动力。

第三,城管整体文化水平不高。尽管新入的执法人员要参加较严格的公务员考试,进入的门槛越来越高,但这个群体的整体文化水平不高。报考城管的公务员职位,相对比报考其他职位容易。入职后,由于公务员本身就是一个"铁饭碗",只要不犯错误,好好上班,这份工作基本上是不会丢的,因此他们大多数人也没有进一步进修学习的愿望。

4. 对城管队伍的总结

城管队伍总体上有下列特点:

(1) 进入门槛低。不少城管是军队转业干部,并不需要考试;需要参加考试的人员,其入门考试相对于其他执法部门比较容易,社会人员成为协勤的条件则更为宽松。

(2) 综合执法工作基本不需要专业知识和特殊的技能。综合执法人员在工作中很少表现出职业性(Professional),这也与城管队员整体相对较低的教育程度相对应。

(3) 城管队伍老化和固化。在我们调研的城管队伍中,老队员比例很高,很难流动出去;新进的高层次人员则不愿意留下来。例如,某城管大队新进了4个正式人员,拥有本科以上甚至研究生学位,但专业都不对口,对城管工作本身并没有太大兴趣。

(4) 城管队伍缺乏职业认可度和自豪感。与其他类别公务员相比,城管队员缺乏应有的规范和地位,具有较低的职业自豪感。在社会舆论中,城管被大众认可的程度低,所以他们基本上都不愿意主动对别人提起自己的工作。

(5) 缺乏职业动力。上述特点决定了城管队伍的运作本身没有职业动力。在工作中,执法队伍仅仅是被动地执行上级布置的任务,对自身应该做哪些工作以及如何更好地工作缺乏思考。

(6) 形成心理健康问题。由于城管工作内容复杂、难度大、不被理解,也不容易取得很大成效,受到误解或不公正待遇时只能选择克制和忍耐,这些都容易导致城管的心理产生"扭曲"。

(三) 城管的工作和生活

虽然城管工作应该属于民事运作性质,但城管队伍却是在半军事化的方式下进行的。他们每天要进行早点名。我们在T市调研的那个城管队伍每天仅进行一次早点名,而Z市的城管则要进行早上、下午两次点名。点名的过程里,除了点名立正、交代任务之外,队员们还必须整理自己的制服和帽子。如果帽子戴得稍有不正,制服的一个扣子没系上,就会影响城管的执法形象。

在工作日的大部分时间,队员们实地出勤,到自己管辖的地段巡视,完成当

步出藩篱的路径探索

日领导布置的任务，然后回到总部。但回到总部后，大部分队员便会无事可做。在没有具体任务的时期，巡视时间较短。在任务繁重的时期，队员们就会变得异常繁忙，在办公室里的时间就会很少。

除非有特殊任务，一般他们雨、雪天不用出勤。在不用出勤或者出勤回来的闲暇时，他们都做什么呢？一些人听评书、一些人低头玩手机、一些人凑在一起聊天，很少有人读书。待到时间宽裕，一些老队员会和我们闲聊，讲述他们几十年来执法的经历。

在与他们的交谈中，我们也特意了解了一下一些执法队员的个人生活，我们对城管队伍的整体印象就是来自于我们与个别队员的接触。

张晓庆（化名）是T市城管执法大队的一位中队长，他的直属领导是大队长和教导员。张晓庆刚刚30出头的年纪，但从事综合执法已经有七八年了。他很有职业抱负心，工作之余还去区党校读了一个硕士学位。也许因为他读书较多的原因，可以看出张晓庆对行政执法有很多想法，以致我们不得不将他提供的信息进行过滤以保持研究的独立性。

张晓庆和他的妻子有一个可爱的儿子，只要周末不值班，他都要和妻子陪着孩子出去玩。他通过微信与我们分享他家庭的照片。看着那些其乐融融的家庭照片和照片上那个虽然没有穿着城管制服但却属于被人愤恨的城管组织中的城管队员，我们无法将气势汹汹的城管形象与这个人联系起来。

刘师傅（化名）自20世纪80年代初期就开始行政执法，那时还不叫行政执法，叫作市容管理，有关市容整顿的工作是在市容委下面负责。刘师傅说从治理随地吐痰开始，到今天的综合执法，三十年多年来，什么都经历了。刘师傅目睹的执法对象，从近郊进城卖菜的农民，到下岗工人、全民经商之下的各类小摊贩，再到今天的外地摊贩、搭建违章建筑的大小公司等。刘师傅给我们讲述了一个几年前的例子。

A市有两条步行街，贯穿A市中心商业购物区。步行街两旁商厦鳞次栉比，几乎每一座商厦外面都装有大型的霓虹灯招牌。那些招牌是三角形的，装在商厦的外墙上，在大街上从两面都能看到。由于这些招牌的形状，它们有一个俗称——"刀牌"。商家各自将自己的招牌设计得五颜六色，形状各异。到晚间，整条步行街被"刀牌"照耀得光亮无比。由于它们的尺寸较大，"刀牌"的安装需要得到有关方面的批准和许可证。

有一天，某位市领导路过步行街时看到那些"刀牌"，他认为，"刀牌"将步行街搞得眼花缭乱（大意），指示将那些"刀牌"拆掉。这项任务被交给区执法局执行。刘师傅回忆说,他们接到那项任务,但具体执行起来非常困难,因为那些招牌的安装是合法的,商家有许可证,而刘师傅及其同事们让人家拆除的要求却没有法律依据。但上级领导的指示还要落实,执法人员"晓之以理,动之以情",挨家做工作并给钱,说服、动员商家拆除"刀牌",对于少数借机要求给装上内护栏的,他们也不得不想办法给予满足,费用由区政府予以支付。

磨破嘴皮子之后,那次拆除"刀牌"的行动最后还算比较成功,多数"刀牌"拆下来,领导的意志得到实现。但是有两家商厦坚决拒绝拆除,执法队也没有办法,至今那两家商厦的"刀牌"在晚间仍然五颜六色地发光。刘师傅觉得,"领导意志"本身在很大程度上就是行政执法中的需要解决的问题之一。

在T市,执法队伍下沉到街道后便在街道办事处办公。在Z市,由于街道办事处办公楼空间有限,我们访问的三个街道有两个街道的行政执法队伍是租用单独的办公楼。Z市行政执法队伍的平均年龄要小于T市,这主要是因为Z市的执法队伍中,协勤人员占据多数。

Z市行政执法的队伍特别欢迎我们进行调研,他们也是希望有一套完善的办法改进行政执法。他们队伍本身也存在问题,而且是非常奇怪的问题。在与Z市某区的行政执法管理人员聊天的时候,一个中队长突然半开玩笑地说他要"投诉",下面是事情的缘由,我们觉得这件事有些令人感到匪夷所思。

2015年4月4日下午,在山东Z市某村,几名工人在一家水泥厂旧址院内搭建简易库房。但在移动脚手架时,脚手架上端触到院子上方的高压线。三人当时被高压电击致死。据事后官方通报的消息,这件意外事故是在非法搭建简易库房时发生的。

一般来说,触电事件的原因比较容易查明,这一次也不例外。国家有明文规定,禁止在高压线下从事生产、生活活动。但在这个例子中,为何老百姓能在高压线下盖了一个水泥厂,而后旧址又做他用?原因不得而知。不过,我们知道在中国这类事太多了,管不过来。这次要不是人员死亡,那个简易仓库可能早就开始使用了。

由于出现人员伤亡事故,事后处理成为一个棘手但也不得不处理的任务。按照行政责任以及专业知识划分,这类问题是生产安全问题,属于市安全生产监督管理局负责。但先前怎么会在高压线下设有一水泥厂,而后又是如何变成一个简易仓库的呢?问题便比较复杂了。于是,由市政府牵头成立了一个由各方面人员组成的事故调查委员会。因为这次事件是生产安全问题,所以这个委员会的成员中没有综合执法局方面的人员。执法局的领导看到过有关的通报,下面的干部和城管队员也知道有这样一件事。

于是，几个月后的8月中旬，调查委员会的结果出来了。我们并不十分了解具体的处理细节，但我们在调研中知道——这就是那个非常令人费解的地方了：事故发生所在区的区执法局两位中层干部（分管事故区片）各自得到一个处分。两个人顿觉一头雾水，因为那次事故，既不在行政执法单位的管辖之内，两人也没有被分派那次事件的有关任务。

据两位干部介绍，当他们二人到上级机关去询问受处分的缘由时被告知，建议给处分的是那个事故调查委员会，解除或者修改处分的决定还需要事故调查委员会做出。但是那个委员会由于任务已完成，可以解散了。可谓"人去楼空"。这使得他二人申诉的问题被置放到了"四维空间"里。后来他们了解到，那个调查委员会给区执法局事先曾发来一份公函，询问执法局是否有与事件相关的责任。可能如此的调查方式有些令人费解，区执法局没能及时回复这封正式的公函。调查委员会在没得到回复的情况下，就作出了决定，而且还认为给两位负责那个地区的中层干部处分十分适当。

由于我们没有继续跟进两位中队长无故遭受处分的事，本书还未得到最终的结果。希望两位队长的问题最终能得到解决。但在问题得到彻底解决之前，他们工作时的心境可想而知，从这件事可以看出行政执法单位在整个政府机构中的地位如何。

（四）一个职业利益集团的形成

行政执法困难重重，执法效果没有保障，与其在政府体制中的地位有关。城管在政府组织的高层次中并无正式的行政位置①，而且国家级政府很少关注地方政府的这一运作。虽然2015年12月24日中央颁布的《意见》触及了许多行政执法运作中的问题，对今后提高行政执法运作效率会有一定的帮助，但并没有触及该领域中的核心问题。

这个问题是我们开始研究行政执法最原初的动因，虽然我们研究的重点有所转移，但我们目前的研究还是可以为这个学术问题提供很好的答案。西方学术界

---

① 国务院国发〔2002〕17号文件，将城市管理综合执法部门（行使相对集中行政处罚权）的机构编制方案的提出授权给当地城市人民政府，并由其上级省、自治区人民政府审批和决定。也就是说，各地的综合执法部门是自己成立的，在中央层面并没有一个对应部位作为其业务指导部门或隶属部门系列。这也导致了各地城市管理综合执法部门的权限、机构、编制、隶属关系、业务规范、服装标识等都有所不同。

对利益集团的理论研究是比较到位的,在实践中,利益集团的地位也充分地得到政治体制的承认,成为社会管理的一个重要组成部分(Cox、Rosenfeld,2001)。在我国,针对利益集团的研究起步比较晚。1988年,鉴于我国的改革开放导致了社会的深刻变革,不同的社会利益开始分化,形成了利益多元化、群体化的格局,中共十三届二中全会的工作报告首次承认了利益集团的存在:"在社会主义制度下,人民内部仍然存在着不同利益集团的矛盾"(刘彦昌,2007)。在我国,利益集团是一个研究深度不够且带有敏感性的问题。近年来,国内学者在借鉴国外学者关于利益集团研究的基础上,结合我国国情也开始对利益集团问题给予更多的理论关注(邵华,2009)。

众多的中国学者认为,利益集团形成的原因是成员之间存在共同利益或相同的价值认同,这里提到的共同利益可以是处于特定的社会分工领域,有若干相似的劳动特点、谋生手段、经济地位、利益取向和消费层次,并具有相似的政治素质、文化素养、价值判断、职业心理和行为习惯的社会群体(俞宪忠,2000)。

我国的学者还认为,利益集团必须具有组织性。组织性是利益集团的属性之一,只有具备组织性这一基本特征,利益集团内部才能采取统一行动(程浩,2014),我们下面要讨论这个特点。

从利益集团的种类看,利益集团是以多种形式表现的:行业协会、商会、职业组织、宗教组织等。在改革开放后的中国,经济发展的多样化导致社会利益分化,出现了众多利益群体。中国学者在对利益集团分类时便倾向于以经济利益为基础(李强,2000)。杨光斌和李月军在四个利益集团的分类基础上根据经济地位对利益集团进行了划分。研究的不同之处在于,杨光斌和李月军的分类中包括了那些依附于政府的民间组织,诸如工会、环境保护协会等。

我国部分学者发现,利益集团对社会的发展是具有正面作用的,例如,利益集团可以帮助形成综合利益综合和表达(陈尧,2006;王永生,2007)。还有学者指出,利益集团的这种功能可以帮助减少公民们对行贿和暴力对抗等非法的利益表达形式的依赖(杨靖,2010),提供决策信息和决策选择(冯伟林,2008)。另外,利益集团也会就其收集到的信息进行处理和分析并制定出可行的决策提议。

但我们对相关文献浏览显示,学者们在分析利益集团时,多将焦点放在经济利益集团与一些环境保护组织,这就使诸多学者忽视了社会发展中其他类型的利益集团,诸如各个层次的政府机构和一些以职业为枢纽的利益集团。2015年元月2日,哈尔滨大火中五位消防战士殉职,为此引发媒体对消防队员这一职业的反思。一篇标题为《消防员之死背后职业化困境调查》的深度报道揭示了消防队员这一职业的特殊性以及所面临的问题（张永生、翟星理、李晓晋、杨帔、袁勇，2015）。尽管这篇报道没有使用"利益集团"这一理论化的概念，但消防员的职业利益被忽视的事实却十分明显。

2015年8月12日在天津市滨海新区发生了震惊中外的大爆炸。在爆炸中，牺牲的消防队员人数高达98人（公安消防人员23人，T市港消防人员75人）①。虽然与事件相关的领导以及涉嫌犯罪的人都已归案得到处理，但如何改进消防运作规则以保护消防队员的生命利益的反思和措施却未见诸报道。

中国的学者似乎忽视了一些利益集团的"非组织"性，一位中国著名学术期刊的编辑认为，"将公务员群体作为利益集团这一观点很可能容易引起争论和质疑。这些不同单位的公务员可能有一些共同的职业诉求，但进行集体行动的可能性是微乎其微的"，② 这位编辑是针对稿件中有关政府工作人员形成职业利益集团的说法进行的评论。有些学者包括这位编辑认为，"有组织"是利益集团的一个必要属性。他们观点后面暗含着一个支撑点：如果是有组织的话，那就会有"官方认可"。但是实践中的一些利益集团根本没有正式组织，更谈不上得到政府正式认可。在许多事件中，人们基于某一特殊事件走到一起来，就能够形成一个临时的利益集团。我们认为，在我国目前的社会发展过程中，除了以经济利益为存在基础的利益集团外，还存在许多其他类型的有正式组织或无正式组织的利益集团，城管执法人员包括公务员和协勤也可以被算为一个利益集团。

我们在T市进行调研时，恰好碰到执法机构调整，将原来工作于各区执法局的执法队伍按照街道分派下去。这种调整又被称为执法队伍下沉。在下沉的过程中，区执法局领导和执法局财务部门的工作人员忘记将一个中队的工资关系也随着执法队伍转到所下沉的街道，结果是那个中队的40多名工作人员当月没有领到工资。不按时发放职工的工资是一件非常严重的失误，在西方国家的政府机构中几乎是不可想象的事情。

我们在Z市的调研中发现，在一个区的范围内，行政执法队伍，包括队长和队员当时已经至少两个月没有休假，许多周末连续上班。原因是Z市为了"创

---

① 法制晚报.T市港"8·12"爆炸已造成164人遇难失联者9人［EB/OL］.网易新闻，http：//news.163.com/api/15/0910/12/B35CMFVT00014Q4P.html.

② 为了保护他人的隐私，隐去此编辑的名字和他就职的单位。

城"（创建文明城市的评比活动①）强力治理烧烤，而队员们加班也没有加班费，这本身就违反了《中华人民共和国劳动法》（1995）和《中华人民共和国劳动合同法》（2008）。

从利益集团这个角度来看，现有体制中几乎没有人替城管这个群体说话，更无人出来保护这些工作人员的利益。同时，职业发展、心理健康、安全的工作环境等其他方面的用工权利也无人问津。不管官方是否正式承认，执法人员作为一个特殊利益集团的群体存在是很明显的，由于这个群体具有一定的附属性（地方政府机构设置的一个组成部分，机构和人员的设置与保留都由上级决定），他们看似强势（至少在媒体和多数民众看来），实际上却也是弱势集团（从职业权力拥有和保护的角度看）。

但同时，我们也不得不承认，在中国目前特定的政治环境中，将执法人员视为一个利益集团，在学术研究上有些超前嫌疑。但是从世界上其他经济大国的情况看，仅仅在经济福利上给予公务员照顾，除了在公务员与其他社会阶层之间造成隔阂之外，并没有调动这个群体的职业积极性。同时，无视这个群体的存在，在管理上失去了这个群体内存在的自律性，这是很大的损失。我们希望在中国的发展中，社会权威会逐渐认识到政府工作人员作为一个群体在政府服务中的正面作用。

二、城管的执法对象

城管的执法对象，是城管执法行为的作用对象或者接受一方。人们一般考虑综合执法对象的时候，会将注意力集中到街头违法设摊的小商贩。当然，小商贩的确是执法对象的一个重点，但综合执法的对象实际上涉及很多其他人群，诸如大型开发项目的开发商、小区住宅的业主、建筑工程中的"钉子户"、兜售色情CD的商贩、乱贴小广告的广告公司、乱倒建筑垃圾的工程承包商等。原则上，城管的执法对象是违法者。但实际上，由于城管工作范围的宽泛性和执法相对人

---

① 百度百科介绍，全国文明城市是中国大陆所有城市品牌中含金量最高、创建难度最大的一个，是反映城市整体文明水平的综合性荣誉称号，是目前国内城市综合类评比中的最高荣誉，也是最具价值的城市品牌。因为参加全国文明城市评比的单位无不尽心竭力，花费巨大成本。http://baike.baidu.com/view/1526373.htm。

的不确定性（任何人都有可能违法，成为被执法对象），城管的对象实际上包括了所有的城市固定居民和流动人员。

（一）小商贩

过去40年间，随着改革开放，社会上的私营比例渐渐开始大于集体所有制和国营的单位。在这样的经济和社会背景之下，执法对象的种类和数量发生了巨变。20世纪80～90年代，执法对象基本是各地的下岗工人和自谋生路的当地人，由于在当地有家有业，在经营上比较守法，没有带来严重的占道问题，与执法人员的关系也没有当今这样紧张，不具有较强冲突性。现如今的情况已截然不同，当年的下岗工人渐渐年老，已经开始领取社保养老金，他们正在慢慢地退出街头小商贩的群体。在调研中，我们请执法队员粗略估计一下，T市的小商贩中来自本地和来自外地的比重。他们回答：10%～15%本地人，85%～90%外地人，虽然利用这个方法得到的数字缺乏严谨的科学性，但由于执法队员终年执法并直接接触各类执法对象，他们的经验估算应该具有相当的可信度。

随着小商贩中外地入城者的比例逐渐提高，执法的难度也随之加大。许多小商贩没有固定的居住场所，流动性非常强，会随机出现在不同的街道上。小三轮、小货车类等机动车辆被小商贩们普遍使用，增强了他们行动的机动性，于是，小商贩与执法人员的打起了"游击战"。

小商贩的管理也越来越复杂，首先，他们的经营空间扩大了。现代小商贩所贩卖的物品丰富多样，从吃的、穿的到日常、娱乐用品，应有尽有。在一些大城市，小贩们组成的"跳蚤市场"，物品之丰富，堪比大型超市。由于小商贩的数量大，城市中还出现了专为其供货的物流系统，形成了供、产、销的产业链。因此，小商贩和流动小市场的生存空间比以前扩大，并成为一种特殊的经营业态，管理和监督起来难度也更大。其次，小商贩逐渐成为一种强势的存在。现在许多小商贩很多已经不是收入较低的弱势群体，而是随着收入提高逐渐成为强势群体，他们的经营目的已不再是维持其基本生活。虽然他们经营的摊位小，但利润空间甚大。在我们调研中，T市一个街道干部估算，一个凉粉摊子的年收入可高达二三十万元。这些小摊贩前期投入和经营成本极低，可以称得上是暴利了。对于某些小贩来说，在巨大的利润空间面前，合法还是违法地设摊就显得不那么重要了，即使经营工具被扣也无所谓，这无疑增大了城管执法的难度。

（二）其他个体违章者

由于媒体有倾向和密度较大的报道，公众舆论的焦点往往集中在"街头小贩"方面。但是在前文表3-1所揭示的260多项城管行政执法任务中，涉及街头小贩的比例其实并不大。实际上，城管在其他方面的执法工作更艰巨，如违章建筑。据调查，大量私宅业主违章扩大私产面积，甚至达到竞相私建、法不责众的地步。

类似的违章建筑很难处理：第一，违章很难发现。许多违章建筑具有很大的隐蔽性，有的甚至是在居民家中，房管部门的人员和城管无法进入私宅逐一进行检查。目前，发现和查处违建在很大程度上是靠群众举报的。然而，除非是直接影响到自己的利益，有多少人愿意去举报自己的邻居或者街坊呢？结果自然就是，许多大城市中的违章建筑得不到处理。第二，取证困难。据专管违建查处的城管队员介绍，今天人们的法治意识较之从前有所提高。如果居民不让城管队员入户取证，城管队员也无计可施。第三，拆除违章建筑需要按照一般程序（见上文）进行，程序走完大约需要一年的时间，所以，业主也不在乎。如此，通过正常程序拖延时间的办法被称为"走程序"。"走程序"造成了许多地区违法建筑，特别是别墅区中的违法建筑屡禁不止（沈辉，2013），我们在第六章还要就违章建筑进行具体调查和讨论。

在城市中，这类违章行为人与街头小商贩相比，人数并不少。但由于违章行为比较隐蔽而且是渐次进行，很少引起人们注意。北京市有一位私自挖建地下室的业主，若不是施工时发生坍塌，他的地下室也就不会被发现[①]，而这类违章行为也鲜为媒体所关注。

（三）组织法人

在报道有关综合执法的消息时，媒体的眼睛似乎仅盯着街头小贩、业主、餐馆和其他个体违章行为人，其实许多大大小小的公司和其他组织机构，即组织法人，也都是执法对象。

从表3-1所揭示的行政执法种类中我们就能发现，当执法项目涉及环保、建筑废料时，执法对象是工场和建筑公司一类的组织机构。许多违法、违规行为的主体是组织机构（或法人），一旦这些组织结构不配合的时候，执法的难度将

---

① 参见http://news.xinhuanet.com/local/2015-01/25/c_127416972.htm。

成倍增加。

在一次随队巡查中，我们看到一个修建一半的大仓库，其业主是一家物流公司。执法队员告诉我们，他们是偶然发现这个无许可证的建筑的，他们要求业主停工，并立刻补办许可证，但是并没有起到什么作用。当他们来的时候工程马上停止，一旦他们离开，工程就马上恢复作业。他们将封条贴在设备和工地门上，第二天早晨却发现封条已被撕破。这种对抗执法的行为属于施工队违法施工吗？我们发现，这个项目根本没有施工队，工人的来源是每天早晨在路边等着工作的散工。早晨谈好工钱，然后他们就跟着工头进入场地干活，而当前法律尚无法约束这样的"散工"。一般来说，建筑设施领取施工许可证的总费用约为工程款的10%~15%。这是很高的比例了。一边是高额的费用，另一边是有机可乘的法规，面对如此的情况，很多组织法人选择了突击违建。

在对Z市城郊接合部的一个大型违法建筑执法中，执法队员遇到了业主的强烈反对。业主提出：你们不要只针对我，旁边村委会的办公楼也是在没有建筑许可证的情况下强行突击建成的，你先把那个违建拆了，我马上就拆。但是执法队员对此却无能为力。他们当时也曾对村委会大楼下达违建拆除通知，并把这件事情报告给上级和城市规划部门，但是一直没有正式批复。

在一些涉及大型企业的例子中（如环境污染），执法人员根本无法进入对方的厂区，执法就更无从说起了。类似的例子常被媒体曝光，但在地方GDP的催动下，地方政府也是"睁一只眼，闭一只眼"。

第五章 城管执法调查与分析之一："猫鼠之争"的无尽博弈

用"猫捉老鼠"的关系来形容执法运作并没有对城管和违法民众的任何不恭之意,这个词最初来源于我们在实际调研中遇到的现象。我们在Z市B区随队执法时,碰到一个骑着电动三轮小货车的小贩,车后面拉着一个铝制的平框,上面盖着一块脏兮兮的布,下面装着一筐热腾腾、黄澄澄的玉米。城管队员介绍说,这是一位执法"老客户"了。

我们从车里远远看到他时,城管执法人员就将车朝其方向开过去。当他看到城管执法车过来,伸手盖上框盖,骑上就跑。我们车上的执法队员知道那个单位大院的后门,说他一定是准备从后门出来,到另外一条街去卖。当执法车转到另一条街上时,果然又见到他在那里卖。他看到车,又立刻跑开。他的那部电动三轮车,体积不大,可以穿进小院子里,然后从其他地方出来。几个如此的来回之后,一位城管只好下车在一个商业广场口上进行"静态执法"。所谓静态执法就是站在小贩最容易聚集的地方守株待兔。因为那是一个买卖商品的最佳地段,执法车离开后,那个小贩很可能会回来。

我们脑子里"猫捉老鼠"这一描述的出现就是那个时候,实际上,小贩不但和城管捉迷藏,他还与城管打"擦边球"。城管过来了,若不是当场抓住,他将他后面的车盖盖上,便属于违章停车,那就归交警管了。城管走了以后,他在路边停车,打开车盖卖熟玉米,交警也不管他,因为他的行为是乱摆摊违章销售,当属城管负责。

我们在这一章里会介绍几个随队执法观察到的例子,其中包括许多细节,目的在于让读者认识到什么才是一线城管的真实状态。了解他们每天如何执法、遇到哪些挑战以及如何处理。在媒体的笔下,绝大多数的报道都聚焦在有暴力行为发生的执法例子中,报道多了,民众心目自然就形成了"城管=暴力"的刻板印象，但实际上这样的新闻导向对解决行政执法中的问题基本毫无帮助，甚至可能激化已有矛盾。通过一些实际例子的描述，行政执法的真实情景会变得更加清楚。

一、治理烧烤

（一）治理烧烤的重要性

随着烧烤食品从烧烤摊走上许多餐馆的餐桌，各个城市 PM2.5 指数增加了"新生力量"，烧烤的烟雾是中国大大小小城市上空那灰色雾霾的主要成分之一。特别是夏天，更是"霾上加烟"。

进行烧烤的小商贩分为两类：一类是移动性的、专门用车拉着一个烧烤炉子到处转的小贩。这类烧烤小贩专门到商业区边上的街道经营。他们的主要顾客都是逛街、逛商店的徒步游客。这类违章商贩游走性非常强，执法人员一到，他们就转移，到另一个地方继续。另一类是那些规模较小的餐馆，这些小餐馆一般不具备室内烤炉和其他烧烤所需的设备，为此他们都将烤炉建在户外的便道上。在烧烤季节，每到16：00左右，他们便将餐桌和椅子摆到餐馆门前的便道上开始准备（这实际上涉及违法占道）。由于这类餐馆大多聚集在一起，几家、几十家的烧烤烟雾会将整个街区都笼罩起来。违规烧烤已成为一个国家级问题，中国大江南北的城市都想方设法驱赶雾霾。雾霾的形成是多年来无视环保的结果，治理雾霾并非一朝一夕之举，但烧烤带来的油烟雾可以被有效地被治理。

我们在网上查找各地治理烧烤的情况，如中国著名滨海城市青岛，2014年媒体报道了2014年4月11日夜间，青岛行政法执法机构联合行动，清理流动烧烤摊点280处。① 这么大的行动，效果如何呢？2015年4月9日，媒体报道，青岛城管再次出击，拉开了2015年治理烧烤的"第一枪"。② 看来，违章烧烤是一场打不完的"持久战"。

---

① 赵健鹏（记者），周欣（通讯员）．整治违法扰民先掐烤肉"狼烟"［EB/OL］．青岛早报，http://qingdao.iqilu.com/qdyaowen/2014/0412/1948918.shtml.

② 青岛城管夜查烧烤摊 打响今年"第一枪"［EB/OL］．青岛晚报，http://www.qdxin.cn/html/qingdao/2015/04/25067.html.

在青岛执法机构与烧烤小贩进行持久战的时候，T 市和 Z 市的执法人员也被在治理烧烤上的低效运作而困扰。调研恰好在夏季，正值烧烤旺季，我们跟随执法小组进行日常执法任务，有机会目睹了联合清理行动。

（二）联合清理——看似"有效"的无效行动（微案例研究之一）

1. "联合行动"的过程

2015 年 6 月 17 日晚上 8 点，T 市 H 区 6 个街的执法队集合到某个地点，准备针对全区的烧烤行为进行一次晚间大清理，执法队使用的词汇是"联合行动"。在集合地点，我们看到人群聚集，其中有区干部、各个街道委会的领导和工作人员、各个街执法大队的领导、各个大队的执法人员（公务员和协勤）、警察、身穿灰色制服的保安人员、两辆救护车和医疗急救人员。除了这么多人员之外，还有很多执法车辆，其作用是装载暂扣的物品。

从执法角度看，除了正式的行政执法人员（公务员）之外，所有其他人员都属于支持人员。协勤提供运作支持，各位领导提供精神与行政支持；警察提供警务支持，保安提供保护服务。警察和保安属于"保险"措施；救护车属于"以防万一"的措施。但若是从美国地方政府运作的角度看，事先准备好救护车就意味着行动前就预见到暴力和伤情。万一发生意外，如此的事先准备对政府一方会很不利，因为"有准备"与"预谋"就差一层纸。不过，救护车也许能够在可能发生的冲突中为执法队员或者执法对象提供医疗救助。

此次行动将全区分为南北两个片区，然后将队伍分成南北两支。一位区领导进行了简短的动员之后，大队人马分成两路奔向分配给自己的区域。一共有 20 多辆各式车辆同行，蔚为壮观。最前面是执法车辆和警车开道，顶灯闪烁，在夏季的大街上行驶非常威武，引起路人的注意。开在前面的指挥车用步话机与后面的车辆联系，以保持前队和后队的联络。这次行动似乎非常有针对性，车队在一些街道上拐来拐去，专门挑着烧烤摊贩、室外设烧烤摊的餐馆集中的地段行走。

整治活动是这样进行的：每当车队遇到露天烧烤小贩或者在户外烧烤的餐馆，所有执法队员都会从各自乘坐的车中出来，无论是哪一个街委会的队员，在这次清理中他们一起工作像一个团组。这一次，他们不再对违章的商贩和餐馆老板"晓之以理，动之以情"，而是拥上前去，不由分说就将对方的桌椅板凳和烧烤工具装上卡车，这个场面令人感到执法行为中粗暴的一面。

这样下车就没收桌椅的行为违法吗？城管部门给出的理由是：这些餐馆和烧

步出藩篱的路径探索

烤摊,已经不是第一次违章了,在这之前执法队员屡次的警告性访问都可以被认为是这次清理的前奏。

至于桌椅板凳,执法队员只能没收那些没有顾客使用的;他们不能将顾客赶走,然后没收桌椅板凳。我们在这个问题上感到有些困惑,餐馆的顾客在违章置放在便道上的餐桌上就餐,他们的行为是否也构成违章呢?执法队员只清理餐馆无人使用的桌椅板凳,而允许顾客继续就餐,是不是因为和谐执法的理念在起作用?

我们在此需要解释一下相关的行政条款。在诸多的行政法规中,并没有具体针对烧烤的条款。在T市的行政法规中,"环境保护管理"包括如下有关污染空气的项目:

执法事项:城市饮食服务业的经营者未采取有效污染防治措施,致使排放的油烟对附近居民的居住环境造成污染的

违反条款:《中华人民共和国大气污染防治法》第44条

执法条款:《中华人民共和国大气污染防治法》第56条第4项

执法内容:责令停止违法行为,限期改正,可处5万元以下罚款

执法程序:一般程序

最后这个"一般程序",正如我们在前文中介绍的那样,是来自于《行政处罚法》,也就是这一条要求在执法处罚时执法人员不得少于两人。一般程序还规定了其他在进行行政处罚时,执法人员必须遵守的步骤。由于篇幅所限,我们无法逐一解释法律条款。但仅仅从上述T市的法规中的文字规定看,如此的执法依据过于简单和粗略。这也导致在实践操作中,执法人员按照自己的理解各行其是,没有可遵循的规则,我们正在讲述的案子恰恰体现了这一点。

2. 清理中的冲突

车队在途中经常停下来没收几样东西,每次都会引起一次没收与反没收的冲突。有的冲突很短暂,有的非常有戏剧性。由于穿蓝制服的执法人员人数众多,大多数小贩餐馆仅仅在口头表示不满,之后就眼睁睁看着"扫荡"队伍拉着他们的东西离开。也有不服的。有一家餐馆的老板,40岁左右,几乎与一位搬桌子的执法队员动起手来,场面一度非常紧张。

摊贩与清理队员是否冲突,与他们被没收的财产价值有关。在市场清理中,

执法队员清理外面的水果摊、灯箱、招牌等没有遇到阻挡,但在要将摊贩违章在街上摆放的三个冰柜抬上车的时候,却引起了激烈的冲突。一个小伙子似乎是店老板或其家人,一路高喊着从外面冲进来,死命地拽着冰柜不放,还有个青年妇女带着孩子一块帮着往里拉。混乱之中,店里的几个人将两个冰柜叮叮当当地推进屋里,执法队员则已经将另外一个冰柜抬到了车上,开车就走。店里的那个青年发现后,又大喊着死命挤开人群冲过来,去抢夺冰柜。这时候有经验的执法队长带着几个队员拦住青年,告诉他明天去城管部门去取。

"不行,冰柜里东西会坏的!"男青年大声喊。

"你已经违法了,我们必须把东西暂扣,你一会儿就可以去执法局登记取回,东西还是你的。里面有冰,这一会儿化不了。"队长说。

"别激动,别激动!"旁边有执法队员在劝解和喝阻。男青年眼见取回无望,也只好放弃了强行抢回的打算,口气和情绪慢慢稳定下来。我们在一边观察,也感到执法人员的人数是一个非常重要的"和平因素"。

3. 兰州拉面馆

大清理于8:00开始沿着各个街道依次行进,10:30左右北路军的车队在一家兰州拉面馆面前停了下来。这家兰州拉面的店主年纪大概在60岁以上。他还有三个成年的女儿,其中一个怀里抱着一个婴儿。我们和执法队员在白天时来过几次,每次都敦促他不要在餐馆外违法设桌和烧烤,但基本无效。由于这是一家实体店,无法打游击战。每次他都是应付一下执法队员,但这一次的行动能产生较好的执法效果吗?

车队到达那家面馆时,面馆门前支着冒着浓烟的烤箱。店主正在忙里忙外地招呼着顾客。车队一停下来,许多执法人员一拥而上,往烤箱里倒一些水扑灭炭火,然后将那烤箱抬上一辆卡车。那台烤箱比一般小贩用的烤箱似乎要高级一些,因为下面还带着电风扇。那位店主一看这次执法队动真格的,将自己烤箱没收,便跑上前来欲将自己的东西夺回来。他眼见搬烤箱的执法队员太多,自己无法将东西抢回来,便绕到那辆皮卡的前面,倒头横躺在车前面。

我们在一旁目睹发生的一切,不知道事态会发展到何处。他的三个女儿,包括那个怀抱婴儿的那位,此刻也从店里跑出来支援自己的父亲。那位老店主躺在地下,闭着眼,做出一副誓不罢休的姿态。最引人注目的是,他躺在地上,口中开始高喊"城管打人啦!城管打人啦"!

扫荡中的这一幕短剧给了我们一个了解执法与执法对象之间的关系的好机

会，我们当时就在现场，而且当时有许多群众在围观，加上数量众多的城管，这个路段显得非常拥挤。但有趣的是，围观的群众中没有人对"城管打人啦"的呼吁有任何反应，当时的场面有些近似于闹剧。在他不断地高喊"城管打人啦"的时候，的确是有执法人员在他身边围成一圈，但那个圈子比较大，他的三个女儿也在圈子里，朝着周围的执法人员大喊大叫。其中一个大喊：

"你们平常也不管，而且今天来检查也不事先通知一下……"

我们知道那不是真话，实际上我们和执法人员来过几次。

一个穿便装的街道干部蹲下去与店主交谈；然后一位执法队的队长蹲下去与店主交谈；然后又一个平时经常与他打交道的执法人员蹲下去与他交谈，但这些努力都没有任何效果。

那样的局面延续了将近半个小时，那位店主躺在马路上，喊几句，休息一下，然后接着喊。这样的场面比较枯燥，连围观的群众都渐渐地散去。但僵局仍然在继续。

值得一提的是，在这一切正在发生的时候，一名执法队员一直站在一旁录像。令我们感到奇怪的是，警车里的警察在整个过程中根本没有下车①。按常识来说，如果此次城管执法是合法的话，那个餐馆老板的行为已经构成妨碍公务，至少扰乱交通了。也许随行警察没有从事此次清理的义务，但面对这种局面，似乎应该出面制止了。

僵持一段时间之后，在那辆卡车前面的车辆开始移动，离开现场继续到其他地区开展清理了。后面的车辆则开始倒车，也准备从另一条道路离开现场。同时，那些穿灰色制服的保安人员开始替换原来围成一圈的穿蓝色制服的行政执法队员。当所有的执法队员都离开后，那辆卡车也慢慢地开始倒车，然后离开现场。

接下来发生的一幕非常滑稽，当那辆卡车倒行开始离开现场时，众保安们也迅速撤离，刚刚无比喧闹的场面突然间安静下来。那位躺在地上的店主睁开眼，突然发现除了几个在便道上看热闹的行人之外，马路上就孤零零地剩下他和他的三个女儿。那个怀里抱着婴儿的女儿看到那辆卡车拉着她家的烤箱要离开，她立刻抱着孩子跑着追了上去。她在另一条街上再次将车队截住，店主也起身追过去。在双方大概又僵持了30分钟后，一位执法大队长在店主的耳边说了几句话。那之后，店主与女儿们说了几句话，劝说她们回饭店。他自己却和那位大队长上

---

① 本文笔者之一到警察车前，看到车里的两位警察都在玩手机。

了一辆车,我们不知道那位店主与大队长回到驻地后谈话的具体内容。

大清理活动就此结束。那时的时间是午夜12点。第二天,那位店主来到队里,将他的烤箱领了回去。

4. 大清理的效果

对此次联合清理行动,我们需要阐明几个问题。

第一,这种大扫荡式的联合执法方式是否合法。根据我们的研究,并没有法律与规章禁止这种执法方式,所以这种行动至少是不违法的。

第二,联合清理的行为依据。如我们观察到的,虽然日常的执法没有产生预期效果,但它为联合行动铺平了规则通路和整治理由。因为,如我们将要讲述的,在大清理过程中,一些违章的小贩和餐馆的工具将要被没收,或者用更确切的说法——被暂时扣押。如果对一个初次违规的小贩采取如此的手段,似乎有违规的嫌疑,而"屡教不改"似乎是一个采取终极手段的必要先决条件。

第三,运动式治理的方式是地方政府的常用手段。中国社会似乎非常适应类似的工作方式,1949年新中国成立后,开展了一个又一个的政治运动和经济运动。在当今政府的运作中,当其他办法没有产生预期效果的时候,运动式治理方式便成为地方政府的一个很顺手的选择了。

第四,运动效果。这次运动显然取得了效果,对烧烤摊贩明确宣示了治理的态度,也清理整顿了当晚的市场,取缔了违规烧烤的摊主。但这只是短期效果,历史经验表明,这种运动式工作方法的长期效果是不好的,或者可以说,是无效的。后来我们专门去悄悄探视了此次重点治理的那家面馆,发现烧烤依旧,烟火正旺。

(三)无奈的创新——不在册的"下策"(微案例研究之二)

这个案例是Z市某街道治理烧烤的案例,据我们的观察,也许是由于Z市的人口规模和行政面积小于T市,Z市对烧烤的执法效果似乎要优于T市。在我们进行调研的Z市L区和B区,几乎看不到移动烧烤小贩,但是没有沿街叫卖的烧烤小贩不等于没有烧烤问题。L区中有许多专门的烧烤店,有些烧烤店位于居民楼的底层,烧烤的烟雾招致居民的投诉。

1. "创城"活动

与T市相比,Z市的各级领导肩头还有一种特殊的压力。这个压力在许多中国城市管理中具有特殊的作用,这就是"创城"活动。

创城是"创建文明城市"的简称,"全国文明城市"是一项在中央精神文明建设指导委员会领导下的活动,这项活动根据一些标准来衡量一个城市建设的水平。如果一个城市能被评为全国文明城市的称号,那就意味着这个城市整体文明水平是很高的,全国文明城市是中国大陆所有城市品牌中含金量最高的一个。可以想象,能否获得全国文明城市的称号对于城市声誉和发展的影响非常大,市领导极为关注。在现有体制中,领导重视的项目往往成为全市各个下级机关的超优先的项目。

Z市一共获得过4次全国文明城市称号,按照全国文明城市评审的规则,称号不是"终身制"的。换言之,以前获得这个称号的城市必须重新申请。Z市最后一次获得全国文明城市称号是2014年,下次重新申请将在2017年,所以2015年是新一轮创市努力的开始。

实际上,像Z市这样曾经获得文明城市称号的城市比没有获得过称号的城市压力更大,因为它们需要保住已有的荣誉,也包括领导的业绩。

评选全国文明城市有一系列标准,其中包括市容,而市容包括无烟雾、便道的整洁等。于是,治理烧烤的成功与否成为一个衡量各个执法队伍工作质量的一个重要标准。同时,2015年Z市还要接受国家卫生城市复审,复审的重点就在于市容,而市容的重点为治理烧烤,于是治理烧烤成为城管工作的重中之重。

当然,治理烧烤仅仅是许多"创城"活动中的隐藏在"市容"项目中的一项小内容。衡量全国文明城市的标准可能有上百项,所以在"创城"的目标下,各个政府部门全部行动起来了。当我们在Z市进行调研的时候,全市的政府机构正值为卫生城市复审做准备的关键时刻。从市、区政府,到街道办事处,好多干部和职工已经有两三个月没有歇班了,每一个政府机关都必须有一个值夜班的领导干部。我们去搞调研的3个街道执法大队(与T市不同,Z市的城管执法队伍已经很早就下沉到街道了),从队员到队长也是每天上班,已经好几个月没有歇过周末了。

2. 高压之下的"下策"

Z市L区的某街道为了保证"创城"在2015年再次成功,花了大力气去治理那些屡屡违章沿街烧烤的餐馆。从基层领导的角度看,如果由于自己负责的地区出差错影响了整个城市市容管理的成功,那后果更是不堪设想。

在这里需要解释一下Z市L区执法局在治理烧烤上的法律依据,在一本由L

区执法局编制、印刷的《L区城市管理行政执法指导手册》中,"环境保护方面"的第十四条是专门针对户外烧烤的(第80页):

违法行为:在城区露天烧烤食品
违反条款:《山东省实施〈中华人民共和国大气污染防治法〉》第二十四条
处罚依据:《山东省实施〈中华人民共和国大气污染防治法〉办法》第四十条:责令停止违法行为,限期改正,可处罚五百元以下罚款;情节严重的,可处以五百元以上五万元以下罚款。

执行这一项的程序为一般程序,因为执行难,且处罚后也解决不了根本问题,即便在"创城"运动的高峰期L区也没有启用这个程序。由于常规手段不能彻底治理烧烤问题,就需要另想办法。

2015年6月6日16:00,我们随着L区一个街道执法队伍来到一个烧烤"重灾区",那个地带以烧烤店繁多著称。我们第二天没有随队,而是自行乘出租车去了那个地方。当我们告诉司机目的地时,用那个地方的正式名称(相家生活区),司机似乎不太知道,我们说相家烧烤,司机立刻就明白了。

我们到达那条街时,看到一家家烧烤店都是在居民楼的底层。即便这些烧烤店不在户外烧烤,也会影响楼上的居民。这时,街道执法队伍也就位了。只见执法队员们从几辆卡车上卸下好多铝制宣传牌,支在沿街的便道边上。那么多宣传牌摆在那里,几乎从这条街口延伸到下一个街口。宣传牌上内容丰富,设计得很漂亮很专业。内容大多是有关饮食健康一类的文章和照片,如"十大垃圾食品"等(其中包括烧烤的食品)。执法队员们还利用道边的树木拉起横幅,上书"向烧烤油烟宣战,杜绝空气污染"等标语(照片)。

将宣传牌和横幅布置完毕后,执法队员便拿出带来的折叠凳子在标语牌边坐下来。我们这才明白,他们这次执法的目的原来是要阻止顾客吃烧烤,将违章行为消除在发生之前,我们还是第一次了解到这种创新的执法方式。一位街委会干部对我们说,这种从源头下手的执法方式,要比在末端没收、罚款的执法方式好得多。

17:00,又来了许多街道办事处的工作人员(包括街委会各个科室的领导)。他们下班后来这里替换那些执法队员,以便执法队员可以照常到其他地区进行日常的巡查。18:00左右,街道办事处的车辆将晚饭送来。一直到23:00,执法队员连同办事处的人员才带着宣传牌、横幅撤离。

不得不说，如此执法的效果很好：在执法人员宣传期间，基本没有人到这些餐馆用餐，就更别提室外烧烤了。如此的执法形式已经持续了将近三个月，估计要到"创城"活动结束才会收兵。但几个月下来，那些餐馆的经营受到致命的影响。我们接连两晚上去那里观察执法的效果，在那两个晚上几乎没有顾客光顾那些餐馆。黄焖鸡面——旁边一个不经营烧烤的餐馆也享受了如此的"待遇"，只因这家餐馆与那些烧烤店为邻，可谓"邻居烧烤，殃及鸡面"！

然而，这样的行政执法方式显然严重影响了餐馆的正常营业。我就这个问题问一位下班后赶到这里值班的一位街道干部，他用一句话总结了他们的工作方式：脚踩着红线执法。

3. 如何执法好

违章烧烤虽然仅仅是几百项行政执法任务中的一项，但这一项执法过程中存在的问题却能帮助我们进一步理解行政执法中的问题。本书已经介绍了相关的法律规章和行政执法运作的方式，在此继续聚焦烧烤问题进行分析，为我们后面的讨论搭建一条"窥全豹"的通路。

第一，行政执法的最大阻力是市场需求。我们从市场的角度看，为什么城管治理烧烤摊那么难？因为烧烤的生意好、顾客多，可以赚钱。现实中，烧烤是比较受到大众认可的食物，这就是市场问题。本书没有在市场这个问题上多花篇幅，但是市场需求是形成"猫捉老鼠"似的行政执法窘境的最不可忽视的因素。表面上看，行政执法的对象似乎是个别的违章小贩，但实际上，只要有市场需求、有利润，就会有人提供相关的服务和商品，就会造成执法困境；我们可以清理掉小贩，但却不能消除市场需求。从这个角度，意味着行政执法的对象中近一半是"市场需求"（衡霞，2007）。

第二，打"擦边球"的行政执法只能是权宜之计。Z市L区上述堵截顾客的治理办法，是由末端执法转型为源头执法的体现，当时的效果很好。但是这种采用心理战的方式截堵烧烤的顾客的做法已经不是在治理烧烤了，而是在"消灭"烧烤店。这些烧烤店是有政府有关机构颁发的营业执照的，如果他们不在便道上设置烧烤摊位、摆桌设椅，那它们的营业就是正当的。因此，政府机构妨碍餐饮业正常营业的行为实际上涉嫌违法，脚踩红线执法：红线，实属法律限制之边界也！

第三，长久的解决之道在于以合法的方式满足市场需求。如上做法实施代价过高，很难具有持续性。花费巨大的人力、物力成本连续几个月进行的蹲堵，是为了确保"创城"的成功,不得已而为之,属于"下策"。但是关键是,这种做法只能短期开展,不可持续,更不可复制。实际上,在我们调研后,区政府另辟蹊径,重新修订相关政策,大力宣传,并以政府出资的方法帮助烧烤店、烧烤户更换和改造炉具,加强源头的管理,也取到较好的效果,但由政府出钱帮助烧烤店改造烧烤炉设备的做法是否公平还有待考察。

在本书即将完稿时,由于最近两年在中央环保巡视组拉锯式的复查压力下,各个地方政府加大治理力度,进行无死角杜绝烧烤,中国北方大城市中夏季烧烤的现象几乎绝迹。

二、"钉子户"

虽然下面几个例子没有像治理烧烤那样具有广泛的影响力和紧迫性,但是却能帮助我们了解今天中国行政执法所面临的困境。

(一)"30号"和"40号"

2015年6月19日,星期五。T市的H区,街委会与区执法局、街执法大队有一个联合行动,要一劳永逸地解决两个街委会管界内的摊贩——"30号"和"40号"。参加这次联合行动的人员有区政府、区执法局的领导、街委会的领导、执法大队的领导,以及规模庞大的执法法队员——包括公务员和协勤。整个队伍由好几辆汽车组成,浩浩荡荡开往违章小贩设摊的地方。

SL路是T市的一条主要街道,"主要"不是因为这条道路是交通干线,而是因为道路两旁的高大建筑都是租界时期留下来的。现在的住户都是银行、大公司、会展中心、五星级酒店,SL路上似乎没有适合小贩沿街违章设摊的空间和气氛。"30号"和"40号"是两个例外。"SL路30号"里住着几户人家,其中一户长期在门口摆摊设点。久而久之,"30号"就成为这个老大难居民的非正式代号。同时,"SL路40号"也是一个老大难。"40号"是一条胡同,胡同里一位居民常年在胡同口设摊卖零食,为此得"40号"这一非官方代号。两家的主要违法人员是两个年龄相仿的中老年妇女,家庭收入不高,摆摊卖点矿泉水、冰棍、香烟等贴补生活。

显然,"30号""40号"是否有营业执照并不是城管执法人员的关注重点。

从每次城管去执法的内容看，仅仅是不让他们将小摊摆到街边道路上。这恰恰是这两家摊主的最要紧的利益攸关之处，因为这里涉及一个简单的市场营销的问题。如果限制她们只在胡同里经营，不将摊位推到SL路的便道上，SL路上的游人从远处就看不到她们的摊位（得益于两旁租界时代的建筑风格，SL路上本市和外地来的游客很多）。虽然两个摊主没有接受过什么系统的教育，她们心里却十分清楚如何才能多卖多赚。她们将摊位或者冰柜向SL路探出一两尺，每天的营业额就会高很多。如此一来，"30号"和"40号"摊主却违背了以下法规：

违法行为：非法占道经营

违反条款：T市的《市容和环境卫生管理条例》第十九条

处罚依据：禁止擅自占用道路和公共场所从事摆卖、生产、加工、修配、机动车清洗和餐饮等经营活动。违反规定的，没收其违法所得和非法财物，可以处五千元以下罚款。

为什么这两家成为"钉子户"呢？首先，她们屡教不改，每次当执法队员去执法时，她们就将自己的摊位向里推，一分一寸也不探出到SL路上。执法队员一离开，她们立刻会将摊位和冰柜推到SL路的便道上。"30号"摊主甚至还在胡同口上搭建了一个遮雨的小棚子，舒舒服服地与执法队员打"游击战"。

其次，两家的生活困难。虽然她们的违法行为仅仅限于"一两尺"之内，但这两户人家生活的确很困难。坚决她们的摊位拿掉，她们的生活谁来负责？这是法治与民生之间的矛盾。

既然如此，为什么领导还要下决心解决"30号"和"40号"的问题呢？因为这两户所处的地段，是T市现代化市容与历史建筑融合的干线。T市的领导、北京来的领导、外地来参观的贵宾和各级领导到T市来，几乎都要从SL路过。T市一有重大接待活动，SL路作为重要的"观瞻"要道，一定成为重点"保护"道路。除了交通畅通、道路整洁，没有有碍市容的垃圾杂物和"牛皮癣"之外，道路两边还要杜绝私搭乱盖，没有摆摊设点。这样的标准，使得"30号""40号"的小摊贩必然成为上级领导的重点关注对象。

那天的联合行动，意在彻底解决"30号"和"40号"的问题。联合执法队到达时，"40号"的小贩正将她的烟酒小摊摆在便道上。摊主看到如此大队人马到达，赶紧退回胡同内，坐在货架里头的售货处，对陆续涌入的执法队员怒目而视。

第五章 城管执法调查与分析之一:"猫鼠之争"的无尽博弈

她的货柜两侧是放货物的货架,中间做了一个中空的小房间,可以坐在里面卖货。

街道的主任和执法大队的队长在前面进入胡同,开始与摊主谈判,其余的执法队员们鱼贯而入。胡同空间本来就狭窄,加上摊主的货柜贴墙摆放,还有许多挂壁物品和就地的摆放,两人通行就有困难,队员们就簇拥在胡同口和街道两侧待命。

像我们在历次清理行动中看到的一样,一位执法队员一下车就开始录像。这是城管执法的标配程序,目的是全程摄录,保留证据。

摊主看见这阵势,着实吃了一惊,她坐在自制的货架里头的卖货窗口后面,大声嚷嚷,语气激动,语速很快:"你们干什么,干什么?"

街道主任告诉"40号":"大娘,我们这次开展联合行动,要对您的摆摊行为进行核查,请把您的营业执照拿出来看一下。"李主任的话说得很客气,但语气却十分坚决。

"怎么啦,怎么啦?我有营业执照,你们管这干吗?管这干吗?!""40号"高喊着,不情愿地把营业执照拿了出来。

大队长看过那张用一块旧布包着,已经皱皱巴巴的执照说:"您的执照上的经营地点写的是在自家楼上经营,不是在胡同口这里经营。您的摊位不能在这里摆放,这样摆放不行"。

大队长的口气比较客气,但"40号"态度坚决,答道:"你说怎么行?怎么行?"

大队长说:"你起照起在哪里就在哪里经营"。

"那可能吗!你们爱干吗干吗去。我能经营吧?我能卖吧?我哪里卖去,回我们家?!""40号"的情绪更加激动。

这时候,"40号"的一个邻居,同时也是居委会的人过来劝解道:"别激动,别激动,想想当初这照怎么起的?"

"起到哪里我也要摆摊啊,我没有必要挪走,我又没违法没什么的。""40号"坚持着。

街道主任说:"您已经违法了。"

"我就在这,怎么违法了!我在这20年了,以前怎么没有违法呢!早先还不让我盖这个柜子,早盖早发财了我。""40号"继续解辩。

我们在一边观察,不得不同意"40号"说的也有些道理,这就是我们在行政执法中多次观察到的执法不统一的问题。

大队长说:"你先别矫情这个,这道路不是改造了吗?你这样摆摊就不合理了。"

"我矫情什么了?道路改造就改造我啊?!再说,我怎么不合理了,我偷了抢了怎么的!要改造早改造啊,你们早管啊。我容易吗我,你看我腿,看看!看看!看看!"

"40号"妇女撩起裤腿,看到小腿上一块瘀青,是贴膏药、拔罐子的痕迹,一边说:"你们干吗,我自己挣钱我不违法。"

大队长接茬儿说:"这法多了,你知道吗?你违反了城市管理法,我们要进行规范性管理。不只是你,所有违法的都要管!"

"我告诉你们,我在这里住,住20年了。我是个人,我不能不干,明白吗?!要说不能摆我可以不摆。但你们要这样给我说,门儿也没有。"

街道主任听她的话头有所缓和,就说:"都不容易,如果只管理你一个人就是欺负人了。你这事儿上居委会谈,咱们可以商量,看以后怎么办。这儿肯定要改造,你这样摆摊儿肯定是不行。"

旁边的邻居这时候跟着说合:"别说了,少说点吧。咱多配合配合。"

"40号"语气仍旧激动,但话里已经认可了:"你们说不行就不行吧,我说也不行。我可以不摆,我可以少摆,你们规范就规范吧。"

这时候,旁边的一个执法队员开始在《限期整改通知书》里填写内容。写完给"40号",让她签字认可。

"我不知道,我不认字,你们别蒙我!""40号"找理由拒绝签字。

这名城管队员就开始念:

告摊主:

你因占用道路从事经营买卖行为违反了《T市市容管理条例》第十九条之规定,着令你在6月21日前,自行清除,逾期不改,则实施行政处罚。

×××街道办事处

××××年××月××日

念完后,执法队员将这个通知书递给女摊主:"你听清楚了吗?听清楚了,就在这上面签字。"

"你们干吗,真的不让我摆了?!签嘛字?"

街道主任解释说:"这只是个通知,你签字是说明你已经知道了,有问题有要求再找街道协商。这是个手续,必须要签的。"

这时候,一位常与"40号"打交道的中队长走到前面来说:"就是要您接单子,完成告知。这只是告知书,不是处罚,不要担心。"这位中队长笑眯眯地拍拍女摊主的手说:"听我的没事,没事!"看来由于多次打交道,他们之间还是很熟悉的。

邻居也说:"你别担心,也不是你一个,肯定得管别人,光管你不管别人不可能。"

女摊主再抬头看一看大伙,只好签字。

大队长说:"以后不要再摆出来了,有事找街道,有了结果下礼拜过来通知你。"然后队员们开始收拾东西,烟盒子、摊位,都收进去。

"40号"一案告一段落。城管只给了摊主两天的时间,实际上,当天是周五,摊主需要在周日前清除。

上车后,一位街道的干部对我们说,过去城市管理没现在这么严,允许个体摆摊,那时也显不出来什么。现在SL路治理了,再摆出来就不好看了,也不得不清理。这家也确实不容易,摊主岁数大了,现在想自谋出路也不容易了,但街道想给解决问题也很难。

下一个任务是"30号","30号"情况更复杂。"30号"家里有个孩子,岁数大了没结婚,还有一个患有精神病的妹妹。大家在路上担心,希望不要遇到那位妹妹。万幸那天妹妹没在家,仅仅是"30号"女摊主和她的丈夫在。夫妻看上去有五六十岁,面对如此众多的执法人员的来到,两人没反应,似乎没有看见。

"30号"是一个单独的楼道口,他们利用门洞口摆摊,东西比"40号"的更多。狭小的门内都是各种纸箱子、柜子,更多的东西摆在外面,有各种杂货、箱子、家具、香烟,甚至还有在柱子旁边自建的小岗厅,放着各种陈年的旧东西。的确,如此的摆设在SL路上的确大煞风景。

这一次在检查了营业执照、宣示了执法通知之后,先走上前的是当地派出所的一个民警。这位民警态度和蔼,把女摊主叫到一边,悄悄地说了一番话,看来他们还是比较熟悉的。

出乎意料,这次女摊主没有大吵大闹,便痛痛快快地在《限期整改通知书》上签了字。后来城管队员们猜测,肯定派出所的民警给女摊主许下了什么,或者指点他们找居委会去谈判,争取更好的条件。也许是看到这阵势,不签字也不行,反正签了字也不见得代表什么。

随后，执法队员们开始把摆在街上的东西向楼门里面清理。东西很多，有些破箱子、旧木头很破旧了，队员们当成垃圾扔到一起，打电话给环卫工人拉走。女摊主不干了，又从中捡回。

她一边捡一边数落执法队员："我们穷，哪像你们那么大方，扔我们百姓的东西，我们还得过日子呢！"

清理的难点是靠着门口廊柱修建的小亭子，亭子上着锁。执法队员向女摊主要钥匙，女摊主说钥匙找不着了。执法队员拿来一把半米多长的大剪钳，很轻松地把锁头剪断。

也许是心疼她的那把大锁，也许是嫌队员们搬她的东西，在拆除中间，女摊主开始甩闲话、指桑骂槐。

"你们干吗来呢，不是添堵嘛！以后该干还是干，管得了吗？吓唬谁呢！我这是旧社会留下来的买卖，我问心无愧，怕嘛！我怕你，没杀人没放火，没犯法，我问心无愧。"摊主大喊。

执法队长说："你犯得不是刑法，是城市管理法知道吗？"

摊主："那有嘛！那能怎么着！你敢抓我吗？你管饭吗？你们还录像，录像怕什么？我怕什么？我不怕，我就这样，该干我还干啊，吓唬谁，大队人马来，我还害怕人多吗？向我叫板（T市话，'挑战'的意思），不吃你不喝你，我犯嘛法了！？"

"你这样摆摊出去，影响市容环境，不光违法，也不合理啊！"执法队长解释道。

摊主争辩说："嘛叫合理？哪有那么多合理的？国家规定那么多，专门管我们啊。在座的哪有合理的。你们都是嘛玩意儿，你们当头儿的都贪污，没有好人，从上到下。"

也许是嫌拆亭子弄坏了锁头，女摊主越说越生气，起身上前，居然和队长推搡起来，顺势给了大队长当胸一拳。

大队长感觉到一疼，怒道："你还动手，你这不是作死吗？"

"弄死我？！你敢！你现在就比画吧，我还怕你？！我还做得了生意吗？你不让活我也不让你活！"摊主发狠道。

这时候男摊主一看不好，赶紧过来拉住自己的女人："行了行了，你别闹了！"女人嘴里才停下来。

队长面对女摊主，吃了亏也没有办法。

总算把东西清理完，这期间女摊主一边盯着，不断地从队员扔掉的旧东西里面捡些出来拿回屋中,一边嘴里嘟嘟囔囔,指桑骂槐。

一辆环卫车过来,剩下的事情就交给环卫工人了。执法队员们完成了任务,开始返回队部。由于路上堵车,车开得很慢。刚过了一个路口拐弯的时候,突然感到执法车被重重地敲击。原来女摊主追了出来,拦住了执法车。

"你们把我阳伞的底座给弄丢了,要还给我!"女摊主愤怒地高叫。原来,环卫工人把那个水泥浇筑的阳伞底座拉走了。

那位中队长下车,笑着安抚,答应帮她要回来,女摊主才悻悻离开执法车而去。

一天的联合行动结束了,工作似乎取得了成效,似乎可以告一段落。按照工作流程,下一步"30号"和"40号"摊主需要找街道协商条件了,而且在协商好之前,他们不应该再在街道两侧出摊摆卖。可是前面下达的《限期整改通知书》只给了摊主两天的时间,而且还包括了非工作时间。两天之后,在原则上,"30号"和"40号"如果再出摊摆卖,执法队员就可以依法清除或者采取暂扣措施了。

据我们事后了解,两天后,执法队并没有按照当时说的去采取任何措施。

两周之后,笔者再次回到 SL 路去观察执法效果。在 SL 路上远远地就可看到"30号"和"40号"的小摊。五个月后,也就是 2015 年 11 月,"30号"和"40号"的小摊仍然在 SL 路上坚强地挺立着,夏天那次人多势众的联合行动似乎没有任何实际效果。直到 2016 年 12 月,笔者再次前往×街道调研时了解到,这两家摊贩的问题仍旧没有解决。

(二) ZZ 道上的残疾人

这个违章设摊的案子虽然延续了很多年,但没有受到媒体的关注。通过这个例子,我们看到在行政执法中,法律、人情、民生、领导干预,几个变量博弈的结果,其中,执法人员的无奈更是令我们看到行政执法中的困境之所在。

当事者是一个手臂残疾的中年人,由于生活来源十分有限,他选择自主择业,自己养活自己。对于经商来说,他所有的优势是他家的地理位置。他家位于 T 市 H 区 ZZ 道,离开繁华的 SL 路只有 15 米之遥,几乎位于 ZZ 道与 SL 路的交口处。与前文提到的"30号""40号"的不同之处在于,他家不在 SL 路上。如果他在所住的楼门口设摊,SL 路上的步行人绝对看不到他的摊位,如此的市场营销效果可想而知。

于是,这位残疾人多年来一直在 SL 路和 ZZ 道交口处摆摊。值得一提的是,在 ZZ 道与 SL 路交口处就是中国人民银行，该银行是老百姓个人信用征信中心，来办事的人格外多。排队时间长，人们就要买点小零食、烟、饮料。这就是行政执法中的违章经营中的市场问题：有需求就有供给。

由于 SL 路旁高大的西方古典建筑以及大公司、大银行的气派，这个小摊的确非常显眼，与整条 SL 路的风格格格不入，但这个摊子一摆就是许多年。因为这个违章经营的摊贩，所在的区领导、区行政执法局、执法队多次被上级领导点名，另外，领导多次指示要彻底解决。

这位残疾人一直在和执法队打"游击战"，他的战术是"敌进我退，敌走我进"，如果不灵，索性就正面冲突。有一次，他将自己的小摊摆到 SL 路边上，执法队员去劝他离开，他挥动一把水果刀，要与执法队员动武力。其实当时的情况还没有达到双方暴力冲突的地步，执法队员并没有要没收他的东西。但是他身后中国人民银行的工作人员却出来了，指责城管粗暴执法。

讲到此，这个例子似乎尚无独特之处，就是一个一般的"钉子户"。其实不然，在能直观看到的执法行动后面隐藏着不少问题。

这个残疾人的违章摊子已经延续许多年。但由于他是一个残疾人，法律到他面前戛然止步。正如一位执法队干部对我们讲的，在马路上公开没收一个残疾人的小摊，那将会造成什么样的后果？！如果他跑到区政府，甚至市政府门前去告状（投诉的俗称）、上访，或者以命性相威胁，那后果将更糟糕！在那样的情况下，执法人员，也就是城管，永远是错误方。行政执法人员在处理这个案子时，脑子里总是充满了以上这些后果造成的阴影。

怎么办？执法队采用"晓之以理，动之以晴"的办法，实际上，这么多年来他们所采用的办法可以说是对付——过得去就行。每当有重大会议、领导来访、重要节日，队员们就去告诉他，让他先别摆摊。执法队也去帮助他解决一些他的实际问题，以换取他的支持。

这位残疾人的太太是四川汶川人，当 2008 年四川汶川地震波及她的家人时，执法队的党员们捐款给她，救济她在震区的亲人。这两口子有一个女儿参加高考，执法队员帮助她复印复习资料，逢年过节队员们还会给他送点年货，如此的帮助和关怀，打开了一条沟通的渠道。在一般情况下当事人还是合作的，但是这并不能彻底解决违章摊位的问题。

几年前，执法队领导想出一个办法，就是为那位当事人申请一个报亭，置放在 SL 路与 ZZ 道交口但偏大通道一侧上。虽然摊位不在 SL 路上，但终究是一个正式的报亭。说是报亭实际上是个售货亭，有许多其他小商品在报亭里卖，包括矿泉水、各种饮料、小食品、充手机电服务等。这样既不影响市容，还可以让他有不错的经营场所。当事人表示同意，在新报亭卖货而不是到SL路上设摊。

为了报亭的审批和设置，执法队派队员到邮政办理申请手续，到城建部门申请许可证。最难的还要算为报亭提供电源，SL路和ZZ道没有地上的电线，所有路灯的电源都是地下铺设。执法队想方设法与电力单位联系，费了很大周折，最终解决了电源问题。

殊不知，当所有的技术问题都解决了之后，此方案却被上级领导否决。理由：哪里有在SL路上设报亭的？城管队员对我们说，这位上级领导分管的项目中没有行政执法。领导也不知道，在SL路其他路段上已有报亭存在。

此路不通，于是城管和摊贩双方的"游击战"重新启动。

在诸多的执法项目中，最令城管头疼的是残疾人。在执法队领导向我们介绍这个例子的时候，他们很少提到"依法处理"这个选择。简单地说，在处理残疾人违章行为时，城管人员面对的不仅仅是违章行为，而是违章行为外加和谐社会的概念、民生问题、政府的形象问题、领导的意图等因素，而执法中最重要的依据——相关的法律却很少被考虑。

三、"猫鼠之争"的化解关键

（一）案例的启发：执法统一性

我们详细介绍了几个行政执法的案例，甚至详细到将双方在现场的对话和具体行为都包括进来，是为了更多地体现实际执法过程中的复杂性。在上述案例中，民生、法、上级领导意志交叉起作用。从这些具体的案例中，造成行政执法中问题的原因渐渐浮现出来。

1. 联合清理的优势

在各种涉及行政执法的法律条文中，我们没有找到对执法方式的具体限制和规定，所以"扫荡式"执法方式本身并不违法，而且开展联合清理行动执法队员还必须遵守相关的法律。在"兰州拉面"的例子中，执法单位第二天将没收的烧烤器具又还给了违章的小贩。

步出藩篱的路径探索

但是根据我们在参加扫荡执法后的跟踪观察，扫荡执法的效果没有延续性。上述的大清理——"扫荡式"执法，看起来人多势众，但"大风"刮过以后又如何呢？小摊贩们依然故我，街道上脏乱依旧。这种"扫荡式"执法除了在人数和气势上与平时的执法方式有所不同之外，从执法要求和惩戒性上与往常也没有差别，执法队员只是对违规摆放的货摊等实施暂扣。在"兰州拉面"的例子中，执法单位第二天将没收的烧烤器具又还给了违章的小贩。在一些较小规模的集体式执法行动中（本书未介绍），我们看到执法队员没收违章小贩的东西，一些从事小规模违章占道销售的小贩，对自己一些小物品被没收根本不在乎。哪怕他们不去追回，他们也会很快把损失挣回来。这种情况下，执法清理和没收，实际上成了小摊贩们违章经营所付出的必要成本了。

最后，这种执法方式就只剩下唯一的优点——不太容易引起暴力行为，因为人多似乎有些威慑力，如此而已。

2. 执行法律（Law Enforcement）的不统一性是执法难的原因之一

"30号"和"40号"两个摊主都在她们的抗争中提出一个疑问："摆摊那么多年，为什么以前不管，现在要来管？"她们如此说不仅仅是一种托辞。多年来，我国城管执法的标准、尺度变化很大，原来习以为常的做法可能现在就禁止了。

这两个摊主都有营业执照，虽然没有明确写明营业场所，但她们打"擦边球"，将小摊摆到胡同口很长时间，却没有人管。后来城管执法治理加强了，执法队员开始要求她们将摊子撤离SL路，她们就采用软磨硬泡或者"游击战"的方式对付。当最后矛盾凸显，城管只好限期拆除。女摊主在争执中问这个问题的时候，执法一方的领导似乎在躲避这个问题，确实不好回答。

行政执法的统一性问题不仅仅体现在时间演进的不一致中，在执法的空间范围也同样体现。有时候同一条街道的两侧分属两个街道执法队伍管理，执法的强度就不一样。从T市范围看，这个问题更是严重。在某区或者某街道严格管理违法占道经营的同时，其他区和街道却不管，我们在调研中就发现各区的情况差异很大。例如，在T市的N区的WF街，居然长期设有一家用铁皮、木板、帆布搭建的家具店（显然是违章建筑），并设有一个大招牌，以便主要干道的路人能看到（亦属违章行为）。我们很难想象，如果这个家具店是在SL路上，它是否还能存在。

当然，在某些特殊情势下，城管是一视同仁并严格执法的。例如，当Z市面临"创城"这样的政治性任务时，在"禁止烧烤"这个问题上还是比较有统一性的。

在时间和地点上有选择性地执法确实是一个明显的问题,如此的做法最终将导致法律的尊严(Integrity of the Law)受到损伤。

3. 摊贩抗争的根本动机是利益

以上案例中的摊贩与城管双方表面上是因为具体的摆摊与收摊在博弈与斗法,其背后的根本动机则是利益。烧烤店的老板、"30号"与"40号"的摊主、ZZ道的残疾人,无不是为了获得更多的经营收入,只不过这种追求最大利益的行为与城管的要求相抵触。因此,这种"猫捉老鼠"游戏的解决关键,就在于如何使摊贩在不违背城市管理相关规定,或者不与城管职责相抵触的情况下,合法、合理地实现他们追求利益的目的,这就涉及市场机制的功能问题。

(二) 发挥市场的作用

一些城管干部和队员对我们说过,他们的工作实际上是在与市场做斗争。从小商贩的角度看,他们之所以要坚持违章销售,因为他们的商品有市场。从城市管理的角度看,仅仅把小贩赶走并不是问题的终结。因为他们还会再来,即使不是他们回来,也会有其他的小贩过来满足市场的需求。

在经济学和营销实践中,人类的经济活动几乎都是围绕着市场转的。市场的最基本机制就是需求和供给自动匹配,从而形成交易。引申到综合执法中,我们就看到一个非常简单而有趣的现象:有买的就有卖的,买卖关系自动形成。除了法定的商店、商摊和市场区域之外,任何其他的交易地点都是城管的清理和禁止范围,那个地方就成为令城管非常头疼的地方。而且只要供求关系继续存在,城管的头疼会一直持续,因为他们对于市场交易往往无能为力,心有余而力不足,下面让我们看一些实例。

建筑工地在中国城市中随处可见,最初的时候,T市建筑商都在工地上修建简易食堂,为打工的农民工们提供伙食。后来,工商部门加强了管理,如果工地的食堂不能达到规定的卫生标准,会被工商管理部门要求关闭,除非承包商愿意增加很大的成本把工地的食堂办得像模像样。其结果,建筑商就不再给农民工提供伙食,也有了推脱的理由,农民工只好自行解决伙食问题。农民工工资低而且大多生活节俭,想挣更多的钱带回家,不能也不愿意天天到路边的那些小餐馆里吃饭。那怎么办呢?于是解决问题的方案立刻自动出现,这就是市场。到开饭的时间,各种来路不明的小摊点纷至沓来,工地周围立刻被小商贩包围,但这些小贩卖的饭食不见得比工地食堂的干净，但更加便宜和方便。

理论上，这些小贩立刻会成为城管的治理对象，城管的任务就是将这些无证摊贩、占道经营者赶走。这当然是个棘手的任务，但并不是完全不可能完成。如果城管全力以赴，针对固定工地，加班加点每天值守，坚决将摊贩清理掉，也就是砍掉供应，在一定的时间和空间内也是可以做到的。但是城管的这种行为会导致以下连锁反应：农民工不能买便宜饭吃，就不得不买高价饭；农民工花更多的钱买饭，会降低实际净收入；实际净收入减少，农民工会有抱怨，会要求涨工资；如果不涨工资，就可能到其他能提供饭食的工地去干活，结果会导致被严格管制的建筑工地用工不足。面对这种情况，业主、承包商、包工头等方面，或者是不得不承担农民高价饭的成本，更大的可能性是去政府反映，让政府解决农民工吃饭的问题。

实际上，小贩们也不会甘心放弃赚钱的机会，会在工地周边与城管打"游击战"。农民工会与这些小贩形成默契，他们宁愿走更远的路寻找便宜餐点。这样又会增大城管执法的难度和人力、物力投入，来来往往，农民工的吃饭问题就在小贩与城管的"游击战"中提高了成本。

因此，城管不应该也不能简单地将摊贩供应砍掉，那么面对棘手任务，华新中学的例子提供了一个好的借鉴。

T市华新中学是T市教委直属重点中学、T市示范性高中。可想而知，这所中学周边的环境是城管重点保护对象。华新中学面临的一个问题是，学校为学生提供午餐的能力不能满足全体学生的需求，这就导致了许多学生不得不到校外买午餐。于是就出现了每天午饭前后有很多中学生拥出校门找饭吃的景象，在巨大商机的诱因下，每天中午华新中学两个校门外都会有许多卖快餐的小贩。

学校周边是不允许设点摆摊的，商机为小贩带来的是高额的利润，为城管带来的是无限的头疼！多年来，华新中学周边卖快餐的小贩是一个"轰不走、罚不掉"的群体。问题在于，有时候城管队员工作做得彻底，将小商贩一网打尽，但结果会导致许多华新中学的学生没有午饭吃。T市华新中学的位置距离T市BJ道商业步行街百米之遥，学生们可以到商业街的各类餐馆就餐，但他们可能会因此而迟到，因此他们还是倾向于就近在校门口购买商贩的快餐。多年来，华新中学周边小商贩的问题得不到解决。

城管单位多次找华新中学，以及华新中学的直属上级——市教委，协商解决办法。最终，市教委为华新中学拨款扩建了学生食堂，对学生伙食给予一定补助，并制定了较灵活的学生午餐时间。这样一来，学生们就不用再到校外找饭吃了。市场没有了，小贩也就消失了。一个街道执法队的教导员在总结这个例子事说，这是他见到的最成功的例子。这说明，市场的问题绝对不能用堵的方式解决，要尊重市场规律，顺应市场供求关系的力量，在满足需求基础上，寻求解决之道。

然而有些政府管理部门对市场供应往往是不放心的。我们经常看到某地铁出口早晨上班族买早点的场景。尽管地铁出口的一边就是一个西式快餐店（Subway），但几乎所有的上班族都在地铁口的小商贩那里买早点。小商贩经营方式适合上班族的节奏，即便排队，每个人最多等一两分钟，而且他们的快餐6元一份，很便宜。如果在Subway快餐店买早点，等候时间至少要5分钟，东西还相对较贵。对比之下，人们当然会选择小贩的早点。但问题是，这个地方是不允许设摊的，而且两个小贩很可能没有经营餐饮的许可证。他们销售的食物达到了卫生标准吗？会不会出现食品安全问题？这是一个非常重大的问题，如果食品安全出了事故，后果会相当严重，这成为我们政府加强监管和治理力度的理由。

然而，顾客们似乎并不在意我们的顾虑，我们一连两周都到这个地方观察，看到小摊贩生意兴隆，而且天天如此，也没有听到有人抱怨食品卫生问题，也没有发生食品安全的事件。

这使我们想起郑州馒头办的事情。1998年郑州市、区两级成立了馒头办，对全市馒头生产销售实行执法，对馒头生产实行审批制。要生产馒头，必须到市馒头办或者区馒头办办理"馒头生产许可证"。其理由就是：保护馒头品牌，打击劣质馒头。保障食品安全，维护正常的生产秩序。

其结果馒头办成了"麻烦办"（新华社语），郑州市区两级馒头办为争夺审批处罚权打得不可开交，受到举国关注，不得不尴尬撤销。戏剧性的问题是，没有馒头办的"严格审批"，郑州的馒头也没有出现什么产品安全质量问题。只不过馒头生产厂家不再有数量限制，竞争更加充分，也不用缴纳1100~1600元的许可证费用了（这些钱也会折算到馒头成本里，从而会提高馒头的单价）。在充分竞争的市场里，馒头经营者为了赢得客户，会想方设法改进工艺，提供物美价廉的商品，哪里会出现地方政府担心的"存心害人"的事件呢？

正如前面提到的地铁口买早点的摊贩，他们为了留住顾客，除了早点要便宜、快捷之外，还要尽量好吃、卫生，至少要让大多数顾客能够接受。否则，大家都怀疑他的产品对健康有害，谁还会买呢？顾客的选择，比工商系统的一纸经营许可证、食品安全合格证要管用得多。因为，哪怕商贩获得了许可证，政府也不敢完全保证其会严格按照要求操作。

步出藩篱的路径探索

政府的好多监管工作，看起来是为民着想的，但如果不能顺应市场规律，不发挥市场作用，甚至以行政力量干预市场、代替市场、扭曲市场，其结果都会出现事倍功半的效果，给社会增加无谓的成本，正如政府对兰州牛肉面的做法。

2007年6月底，面对兰州市牛肉面市场上新一轮的涨价风潮，兰州市物价局联合兰州市工商局、质监局、卫生局和兰州牛肉拉面行业协会五个部门联合出台限价令，规定将兰州市的拉面馆（店）根据经营环境、技术力量、服务水平和饭菜质量等，划分为特级、一级、二级、普通级四个级别，并分别限制了每个级别的最高售价。其中，普通级大碗不得超过2.50元，小碗不超过2.30元；二级可在普通级的基础上加价8%；特级、一级由经营企业按当地饮食业关于毛利率和加价率的规定自行确定。

为什么要管理牛肉面的价格？兰州市物价局给出的理由是：虽然牛肉面零售价格不在政府定价的范围之内，但牛肉面作为兰州市民日常生活所必需的食品，情况特殊，价格涨幅与民生息息相关。群众对此意见很大。

初听起来，政府的解释相当有理。但细细思考，会发现以上政府理由根本不能成立：

第一，不是所有的民生问题都需要政府插手。如果说是多数兰州人要吃的东西，关系到民生，那么，蔬菜和衣服也都是老百姓日常应用的，也关系民生，也要限价吗？如果说群众意见大就要限价，那么，肉价、米价、蔬菜价、商品房价、建材和装饰材料的价格是否要进行限制？同样的道理，如果面馆的牛肉面要限价，那么酒楼里成千上万种酒菜要不要限价？

第二，牛肉面涨价是因为材料涨价和上游产品涨价，否则就要亏本了。跟十几年前相比，房租涨了10倍多，水、电、煤、蔬菜等价格也呈数十倍的上涨，牛肉面的价格却只涨了六七倍，利润空间已被挤压得所剩无几了（牛肉店老板的抱怨）。

第三，最重要的是，牛肉面是一种自由竞争的商品，价格问题完全是自由竞争中的市场行为。政府没必要管，实际上也根本管不住。如果政府硬管，牛肉面的价格也许可以控制得住，但政府怎么控制牛肉面的质量呢，牛肉面里牛肉的多少、面条和汤的比例、辅料的多少等具体的细节怎么界定。商家总有办法在不涨价的前提下，减少牛肉面的实际成本。如果政府对成千上万的牛肉面商家逐一检查，且不说能不能实现标准统一，就是检查一遍成本也会高得不可承受。

然而，这些复杂的而且成本高昂监控工作，用市场手段就轻而易举的解决，牛肉面价高质次、偷工减料，消费者就不会光顾，就会到别家去买，商家偷奸耍滑会受到惩罚。这就是市场所谓的"看不见的手"的强大力量,政府用管制的方法永远不能实现同样的效果。政府人力有限,应该去管市场管不了的事情,如社保、医疗、垄断、腐败等,而不应该代替市场。

如果政府与市场对着干,其结果如何呢?最后的失败者只能是政府,哪怕干预初期政府如何强力、如何有效。正如前面的兰州牛肉面限价,五个部门又是发文又是行动,最后呢?据报道,尽管兰州市政府强力出击,严厉限价,2007年10月底,兰州牛肉面的价格再次悄然地涨起来了。但是这次却是面馆悄悄涨,市民反应淡,没有人将之与"串通涨价"联系在一起,政府也偃旗息鼓,不再气势汹汹向着市场宣战了。至此,限价令无疾而终。

回到前面城管的话题,如果城管的工作是封堵市场,追逐小商贩,其结果只能有一个,最终失败。治理市场正如治水,面对广大的市场需求,只能疏不能堵。就像我们提到的对华新中学的治理一样,解决了需求的源头,街头小贩问题就会迎刃而解。城管的作用发挥,应该借助市场的力量,维护市场的秩序,保证市场的公正,绝不能为了所谓的环境整洁,用强制手段来封堵市场。

四、执法中的暴力行为分析

执法过程中的暴力行为是老百姓最痛恨、领导最头疼、中央最不愿意看到的行为。如果违章小贩都是以"老鼠与猫捉迷藏"的方式与城管打交道,发生暴力冲突的可能性就小得多。但是为了根除违章现象,许多地方不得不采取两头堵截的办法,将违章的小贩拦下来。那样一来,冲突的可能性陡增。当违章商贩拥有一个固定的小实体店(拥有或者租用),他们就无法与城管"捉迷藏"了。如果遇到城管暂扣生产工具,暴力冲突就不可避免。

执法过程中的暴力活动具体是怎样发生的呢?

第一,城管的责任?

在前面联合清理的案例中,尽管执法队伍人数众多,有个业主还几乎与城管动起手来。在"40号"例子中事主看到自己的锁被剪断,便给了一位执法队干部一拳。两个例子之间的共性是,违章小贩动手都是因为眼见自己的财产要被没收或者被损坏。换言之,对违章行为涉及的工具和其他财产的处理似乎是由理性转为暴力的一个"扳机"。这里提到的"财产"包括户外摆设的餐桌、椅子、炊具、蔬菜、烟酒摊、违章建筑、简单的运输工具、违章设立的广告牌等。在我们的调研、各类新闻报道以及其他学者的研究中，我们看到大多暴力冲突都是以执法人员没收小贩财产而开始的（李云新、朱嘉赞，2015），行政执法运作的决策者往往低估了违章小贩和其他违章业主保护自己财产的决心。

这其中的关键问题是，法律并没有赋予执法人员没收对方财产的权力。但是在执法现场那种充满火药味的气氛中，违章小贩和执法人员哪里还有时间区分没收和暂扣的不同之处。而且可以想象，如果城管队员高声告诉小贩这是暂扣，那样的执法还有多大意义呢？

在媒体的报道中，暴力执法多发于两个执法领域：一是房屋建筑（违章建筑、拆迁）。二是街头设摊。我们在前文提到，行政执法涉及的项目远远超过这两项，但因为这两个执法项目直接涉及执法对象个人财产的得失，所以将综合执法队员推到冲突的前沿。相比之下，我们很少听到有在其他执法项目涉及暴力执法问题，如卫生检疫、物价、文化市场等，这从另一个侧面证明我们的观察：没收小贩的财产是具有扳机效应的。

我们在调研中发现，城管队员，无论是正式队员还是协勤对工作中的冲突也是有预感的。这里说的预感不是指他们期待暴力冲突，而是指他们自身觉得工作具有一定的危险性。一个老资格的执法队员介绍说，他们在处理违章卖类似于西瓜、切糕的小商贩时，他们中必须有一个人盯着对方的刀子。在没收对方物品的情况下，首先要将对方切西瓜或者切糕的长刀没收。虽然这种情况并不是常态，但小贩动刀的可能性却是存在的，暴力执法还是暴力抗法的区别仅仅在于谁先动手。

如果我们对执法人员的总体面貌（Profile）有一定的认识，那就会同意执法方应该对暴力事件负50%的责任（李云新、朱嘉赞，2015）。年轻、整体受教育水平较低、无职业感、无成就感、工作被人看不起、每天面对非常具有敌意的执法对象。一旦遇到执法对象的敌意攻击（漫骂、威胁或殴打），执法队员很有可能还带有使情况恶化的行为。许多学者也认为城管本身有问题，暴力多是由协勤引起的。北京政法职业学院的高洁如教授（2014）认为，协勤经常参与暴力执法是因为人员素质低下、工作待遇低下、缺少岗位培训和由于其工作的临时性带来的无归属感。

2015年10月12日下午，南京市秦淮区发生了一起城管队员与食客发生冲突的事件。事件的起因是餐馆违章占道经营，但就餐的顾客与城管队员发生了肢体冲突。一名食客首先拿菜刀砍伤了一名城管队员，其他队员上前对那位食客加以拳脚。此事件很快得到处理。① 但从这个例子可以看出来，城管队员很难控制自己的冲动行为。而且，一旦一个队员参与其中，其他队员往往也会参与进来。在一个充满敌意的环境中，队友之间"相互照应"也成了一条不成文的行为准则。

2016年3月4日，兰州市城关区鼓楼巷菜市场又发生一起城管打人事件。那天下午，一群城管队员到一个菜市场清理违章设店。一个小贩的玻璃鱼缸被城管没收，其28岁有智力障碍的女儿看到自家柜子被拉上前阻拦，遭到城管人员的拳打脚踢，城管队员此举引起围观和公愤。有一个看热闹的居民更倒霉，当他看到小贩的东西已被拉走，城管也在撤离现场，他就准备离开。但此刻他的手机响了，便掏出手机接电话。谁知身边有一名城管队员看到后，怀疑他拍了视频，呵斥让他交出手机删掉视频。其他城管人员听到后返身回来，开始追打他。②

这原本是一起普通的城管打人的案子，却横生枝节，殃及池鱼。由于与业主纠缠、打架，怕被录像，于是就将拿手机的人也一起揍了一顿。强抢路人手中的财产（手机）说明两个简单的问题：一是这些城管心中十分明白动手抢那位老人和他女儿的东西尤其是打人是不对的，所以不愿意被录像留下证据，这一条有待进一步考察。在诸多的报道中，媒体没有继续挖掘这方面的内容。当然，事后那些协勤（往往是协勤）会被处罚，甚至受到刑事处罚，但似乎没有人去研究他们在发生冲突时的心理。二是他们可能仅仅是想销毁证据，没想到强抢他人财产已经远远超出执法范围：他们实际上已经违法了。这些城管可能真是不懂法律，且不说这位"打酱油"的居民没有对暴力执法现场进行录像，即便他在录像，城管也没有权力抢夺他人财产。

在我们的调研中，我们也看到执法队员遭受"指桑骂槐"的待遇时一点反应都没有，让人感到奇怪，因为按照常理，我们觉得执法队员的暴力行为可能与执法队员个人的脾气秉性有关。至于为什么每次多是协勤队员参与暴力执法这个问题，可能由于执法队伍中绝大多数队员是协勤，因此协勤的暴力执法参与率自然就高，当然也许有当事领导以此为借口替自己摆脱责任的可能，但我们在这份研究中没有涉及这个问题。

执法队员没有采取暴力行为，还与很多因素相关，我们下一节专门研究这个问题。

---

① 王益. 网曝南京协管员围殴市民　原是食客先动刀［EB/OL］. 人民网，http://js.people.com.cn/n/2015/1013/c360303-26764702.html.

② 兰州晨报. 男子掏手机接电话　被疑拍执法现场遭城管围追殴打［EB/OL］. 佰佰要闻，http://www.bbaqw.com/wz/24401.htm#newart_fx.

步出藩篱的路径探索

第二，执法受众的责任？

2016年1月22日，黑龙江省讷河市城管要求商户改正违章，遭到喝过酒的男性商户持长刀追砍；城管伤势较重已住院，砍人商户被控制。从手边可查找的报道看，当时双方都在气头上。在相互的叫骂中，城管说："你能砍死我么，这家伙给你牛X的"，"我都不带动的，来砍我啊"。结果，火气更大的饺子馆业主手持一把长刀冲出门，对着城管队员砍下去。① 其实，这次违章并不是严重的违章行为，仅仅是饺子馆违规在窗户上打广告。

2016年2月29日，宁波市北仑霞浦街道城管队员递送执法告知书过程中，4名城管队员遭遇暴力抗法，2名城管受重伤不治死亡，另外2位重伤。我们从媒体有限的报道中看出，4位城管送达的执法告知书是有关拆迁的。② 拆迁可以说是各项执法活动中最具有爆发性的一项，因为其涉及的财产数额高，还牵扯到商户和百姓的基本居住权力。在这个例子中，我们不知道当时具体的情况，双方说了什么，什么是导致死亡暴力行为的"扳机"。但从执法对象的反应看，他对送来的执法通知书是不认可的。

我们在网上随手就能找到暴力抗法的新闻报道，在研究这些报道的时候，我们发现，大部分冲突都是双方参与的，结果到底将事件定义为暴力执法还是暴力抗法，多数是以冲突的结果定。暴力执法和暴力抗法之间仅仅有一道非常细小的红线，这条红线的意思是：若双方发生肢体冲突，结果是城管打赢了对方，城管的行为就是暴力执法；如果城管打输了（被打），则对方就是暴力抗法。

几乎在所有城管打赢的，也就是属于暴力执法的案子中，城管的初期行为总是试图没收执法对象的财产，对方拒绝交出财产，开始抢夺后执法行为转向暴力。但在观察中，我们尚未见到城管队员抵达现场后，一言不发就动手打人的例子。

谈到这里，我们很自然地会问两个问题。一是许多执法受众的确有违章行为，但他们并不认为自己违法，也不去寻求法律的救助。为了保卫自己的小商铺、小摊、违章修造的小棚子、自己销售的货物等，他们不惜与城管动武，或攻击或抵抗。在付出巨大成本的同时，他们难道就不知晓其他的解决方式？如法律、法庭？在前面提到的"扫荡式"清理烧烤的例子中，那位老者躺在马路上

---

① 澎湃新闻. 黑龙江讷河城管挑衅商户被砍伤 [EB/OL]. 佰佰要闻, http://www.bbaqw.com/wz/21791.htm.

② 北仑发布. 宁波北仑4名城管队员遭遇暴力抗法2人死亡 已抓获1名嫌疑人 [EB/OL]. 界面, http://www.jiemian.com/article/554958.html.

口中高喊"城管打人啦"的目的也是激化矛盾,希望将简单的执法行动变为一个群体性事件。显然通过法律途径来保护自己的财产并不在他们的选项中,这是为什么呢?二是为什么无论是城管队员还是执法受众,都认为武力是一个解决矛盾的办法?这成为导致人们将暴力与执法联系起来的原因之一。现今在提倡建设和谐社会几十年之后,暴力依旧是一个解决矛盾的手段。在行政执法领域之外,在解决交通、行车矛盾时,在解决排队加塞的问题时,在公交上解决不让座的问题时——在诸多的社会矛盾出现时,参与双方先是污言秽语,而后拳脚相加,动手打人成了家常便饭。

这显示了一个比执法中暴力行为更严重的政治与社会问题,我国知名的民法专家、天津师范大学的韩之红教授认为,暴力抗法的原因之一是执法对象得不到及时的司法救济。因此,当执法对象不想躲避或者无法躲避城管时,他们就会依靠自己和群体事件的力量抵抗城管。当一个社会中的法律不受尊重时,暴力就变成解决问题的方式了。

第六章　城管执法调查与分析之二：被违章建筑压塌的法规

一、建筑违章

2014年，习近平总书记根据中国国情提出了治国之策：全面建成小康社会、全面深化改革、全面推进依法治国。第二年补充提出要全面从严治党，形成了"四个全面"的治国理念。其中，与本书相关的一个"全面"就是全面依法治国。现实中，如果在执法领域中缺乏法治，带来的问题更严重。

中国与建筑物相关的法律和规章制度很多（见表6-1），如《中华人民共和国土地管理法》《中华人民共和国城市规划法》《中华人民共和国建筑法》等，其他相关法律有《中华人民共和国水法》《中华人民共和国农业法》《中华人民共和国森林法》等，都属于国家级的大法。还有许多省市级的法规，诸如《×市土地管理条例》《×市城乡规划条例》《×市城市管理规定》《×市历史风貌建筑保护条例》《×市房屋安全使用管理条例》《×市城镇街道综合整修管理规定》等。另外，为解决相关案件提供依据的文件，如《最高人民法院关于办理申请人民法院强制执行国有土地上房屋征收补偿决定案件若干问题的规定》，如此详细的文件名可能说明最高人民法院不想让地方法院对这份指导性文件有任何误解。

部分与建筑相关的法律如表6-1所示。

虽然有这么多法律条款和地方法规将中国960万平方公里的土地上房屋的建造和维修都管理起来，但是在现实中仍旧存在很多违规的情况。

第六章　城管执法调查与分析之二：被违章建筑压塌的法规

表6-1　部分与建筑有关的法规

《中华人民共和国建筑法》	《建设工程勘察设计企业资质管理规定》
《中华人民共和国城乡规划法》	《中华人民共和国土地管理法》
《建筑工程施工许可管理办法》	《城市园林绿化企业资质管理办法》
《城市房地产开发经营管理条例》	《建设工程勘察质量管理办法》
《房地产开发企业资质管理规定》	《建设工程勘察设计市场管理规定》
《建设工程勘察设计管理条例》	《实施工程建设强制性标准监督规定》
《建设工程质量管理条例》	《建筑工程设计招标投标管理办法》
《建设工程抗御地震灾害管理规定》	《工程建设项目勘察设计招标投标办法》
《房屋建筑工程抗震设防管理规定》	《民用建筑节能管理规定》
《中华人民共和国防震减灾法》	《城市绿化条例》
《建设用地容积率管理办法》	……

在计划本书的研究以及撰写的时候，我们尚未了解到在行政执法运作中问题有多么严重。但随着本研究的展开，发现造成困境的原因远比我们原来推测的要更严重、更复杂。如果我们将视野推开，向市容执法以外的领域看，问题就更突出了。

位于某大城市市郊的一家非常有人气的农家乐餐馆。这家餐馆直接修建在高压线下面。根据《电力设施保护条例》（中华人民共和国国务院令，第239号）的规定，不允许在高压线下面修建任何建筑物。不要说建筑物，连树都不能种，那这家食客盈门的餐馆又是怎么建起来的？如何得到修建许可证的？如何得到卫生部门的许可证？如何得到工商部门颁发的营业证的呢？

我们以市容为重点因为市容治理是暴力执法、暴力抗法的高发区。也正是因为暴力执法、暴力抗法多发于市容执法，媒体和学者的注意力大多也是放在市容执法方面。可是，违章设摊、户外烧烤、随意张贴小广告等这类执法项目仅仅是行政执法中比较外在的运作。实际上，那类违法行为对社会并没有过于严重的影响。相反，可能有许多百姓觉得那些随街设摊的小贩提供了方便。

相比之下，违章建筑是一个更严重的问题。以河北省为例，自2011年到2015年3月，河北省全省一共开工房地产开发项目3386个，存在违法问题的2079个，违法比例为61.4%。其中，河北省重镇保定市的违章建筑率为84.9%，而省会石家庄市违法项目比例高达93.8%,① 这是很惊人的数字。如果我们将这样的数字转用到其他发展领域,如副食零售业,那就意味着从街头的小贩到大型超市,几乎所有的店都得关门整顿,整个社会就会瘫痪。

但由于很多违章建筑比较隐蔽,在许多情况下是在私人业主的住宅内,公众并不知情。在诸多的研究中,我们仅找到一份由同济大学副教授沈晖所著的《治理城市违法建筑的法律机制研究》(2013),但研究者的注意力仍然是在居民违章搭建以及拆迁等城管工作范围内的案例。

下面本书采用田野调查中遇到的实例,结合对其他事例报道的搜集,对违章建筑背后的深层原因进行挖掘,说明我国法规与现实的脱节问题。

二、城市高级住宅建筑违章

(一) 四幢无证别墅②

在此案例中,有四幢违章建筑坐落在某县水库边,这个水库被树林环抱,风景非常优美。该县部分居民的饮用水来自于这个水库,这使得违章建筑的例子非常特殊。另外,该水库防洪水位高程为85.04米,历史上水库的最高水位多次超过80米,而违章别墅的水位高程也是80米。这意味着违章建筑的地基处于设计防洪水位以下,违反了《中华人民共和国防洪法》和《×省水库管理办法》等相关法律法规。

这四幢别墅绝对是违章建筑,这没有争议。但值得深究的是为什么这么明显的违章建筑可以开建并在被勒令停建后还能继续施工?更严重的是,业主居然敢在未取得许可证的情况下就开工,而且包工队也敢在业主未取得许可证的情况下开始干活。当记者就这四幢违章别墅的问题询问有管政府部门时,得到的是那些不能再官僚——已经与"渎职"搭界了——的回答:没有管辖权,或者没有接到举报等。实际上,当地政府是知道的,而且还下达过停工整改通知书,但"不

---

① 震惊!石家庄超过九成房地产开发项目都涉违法 河北省全省这个比例超六成 [EB/OL].新华网,http://news.xinhuanet.com/fortune/2015-03/18/c_1114677772.htm.
② 别墅违建有多少部门在当睁眼瞎.中国地产网,http://house.china.com.cn/villadom/view/836527.htm.

知违建别墅怎么还是建了起来"。

我们认为媒体的报道已经非常客气，仅仅将相关的政府的做法视为"睁眼瞎"。但如果深究的话，我们很有可能会发现，这些违章修建的别墅后面有政府官员的"默许"。

（二）T市"最牛违建"

违章建筑坐落在T市某区居民楼30层的顶楼，该楼盘曾经被拍进T市城市宣传照，在20世纪末期是非常显眼的商品房。违章业主是一个企业家，拥有一家公司，生活状态非常富裕。他在1999年花了200多万元买顶楼的房子，就是想要一个空中别墅。作为购买条件，开发商为他们设计露台，并无偿赠送跃层住宅外露台部分。在这个阶段，该建筑还仅仅是一个没有顶子的露台。但是两年后，不知道是不知道违法，还是明知故犯，业主花了30多万给露台盖了个顶。加了顶子，露台就正式成了一个违章建筑。至少当时的小区物业知道，并曾制止过加建行为。在接下来的10年中风平浪静，直到2012年的一天，一位女士来敲门。那位女士说她住在29楼，30楼的违章业主在30楼搭建屋顶别墅漏水，漏到她的单元里。双方倒还能坐下来谈如何解决问题，但在修理费用上产生分歧，没有谈拢，29楼的房主悻悻而去。

之后不久，城管部门通知业主他的违章顶楼别墅必须拆除。原来，住在29楼的女士是某官员的妹妹。政府的力量一旦调动起来，是很有效的，该违章建筑马上进入相关程序。按规定，政府拆除违章建筑，需要经过一条严格的程序。在这个案例中，拆除程序进行了将近一年，到2013年5月，区法院作出判决，维持区执法局作出的拆除决定。

为了保护自己的"违章权利"，这家业主也搞了一些研究，发现周边有许多违章建筑（他看到的至少有14个），这位业主觉得不公平，便将这些单位和人告到法庭，但他的诉讼并没有使得针对他的违章建筑拆除程序停下来。

2014年7月31日，100多人的拆房队伍开始作业。这次拆除违章建筑的行动，花了40多万元。然而一个月以后，也就是2014年9月，并不服气的业主又重建了他的违章建筑。这次违章建筑规模更大、更招摇，比之前的更"违章"。

这个案例显示了许多公众没有注意到的问题。

第一，在大量建筑违章的案子中，违章群体的类型远比街头摆摊的小贩要多而且复杂。街头违章设摊的小贩大多是生活不太好、到大城市来谋生的乡镇居民，或者是城市中吃低保或下层的居民。建筑违章的业主们包括了从住在低收入区的居民到腰缠万贯的巨贾,从"富二代"到"官二代",从公司的小白领到政府高官等各色人等。这个新空中别墅,其他业主抱怨不断,对其他人造成了影响甚至伤害。在各种诉求和博弈中,最终的输家不只是个体,还有法律!

第二,违章业主对法律的了解很少,他提起诉讼的动机主要基于不公平对待的激愤,而不是基于对法律的信赖和守法的意识。案例中业主为了保护自己的违章建筑,找到其他违章违法的例子为自己的违章行为作解释,法律中有一条被称为"净手原则"(Clean Hands Doctrine)的规则,这条原则的核心是,原告不能利用法庭来达到自己违法的目的。换言之,原告将他人告到法庭的时候,自己不能有相关违法行为。在这个例子中,违章业主觉得政府只管自己,不管其他有门路、有背景的违章行为人,这明显不公平。但他不应该在自己有相同违章行为的情况下,去告市政府不作为。类似的为违章行为的解辩护方式常见于交通违章,可见这位有违章行为的业主法律意识极低,只有对法律的利用,而没有对法律的敬畏。

第三,违章建筑已经不是个案,互相牵扯,已经陷入到违法攀比、法不责众的窘境。尽管这位业主不懂得那条"净手原则",但他的做法却也揭示出一个严重的问题:像他那样的违章业主人数远远超出他能看到的那14个。就在我们研究这个例子的同时,类似的违章行为也被媒体在公众面前曝光。例如,在T市同一个行政区内的另一个高档住宅小区,534户居民中有290户违章建筑,这个小区违章建筑的形式和违章程度远远超过前文所述的空中别墅。例如,有的业主搭建违章除了加高、加宽,占压绿地,圈绿地成自家小院,并且把变电箱圈了进去;有的违章建筑沿湖而建,一位业主干脆把湖边甬道圈进了自家花园,谁也别想到湖边散步,这里已然成了私人领域;更有甚者,有的还干脆把小院延伸至湖上,并盖起了凉亭。①

类似的小区违章建筑,往往是只要有一家占用了公共空间建了违章建筑,周围便群起效仿,违章建筑似雨后春笋般一拥而出,在目前的市场经济社会,"有便宜不占是傻瓜"的观念大概比守法的观念更深入人心。现实中数不胜数的事例表明,一旦某个违法行为成为群体性的行为,成为既成事实,最后的处理往往是不了了之。这种法不责众的做法,成了违法者竞相违法攀比、有恃无恐的内在动因。法律的尊严,在法不责众的规则面前,一点点地被剥去。

---

① 郝颖. 这个小区要上天 534户居民中有290户违章建筑[EB/OL]. 天津网,http://www.tianjinwe.com/tianjin/jsbb/201605/t20160518_1000247.html.

第四，重大违章的业主，基本都是中产阶级和高收入阶层的人。这个群体的人掌握了一定的社会资源，比较有知识、有能力，会"钻空子"、会"打点"，利用各类法律和相关程序保护自己的利益——哪怕是违章利益，这个群体在违章建筑的问题上也具有群体性。有一些业主先是抱怨其他违章业主的行为，未果，于是他们也开始违章建造。尽管颁布了许多法律法规，政府在面对这么多的违章建筑和这个群体的时候，似乎没有任何有效的办法进行事先的预防和事后的修正。

（三）最牛的开发商

当学者、媒体、公众谈及违章建筑的时候，大多聚焦在单独的建筑上。看看这个实例，我们就会意识到，有时候违章建筑的规模会超出我们的想象。

一位名叫赵某的开发商，借着其父、某省委原秘书长的关系圈，在中国几大城市开发高级商品房。赵某成功在T市拿下若干黄金地段，有的已经完成、卖出而不再受到关注。但其中两个项目变成了烂尾楼，从而进入公众视野。

两个烂尾楼盘本应该是高档住宅。其中一个地理位置极好。2011年底，其中一个楼盘开始销售后曾连夺T市同季度的销售冠军的头衔。但是如此绝好的房地产生意，随着赵某于2014年6月被抓戛然而止。到那个时候，1万余套房源中七成已售出。时至本书初稿完结时，官方尚未公布赵某的具体违法行为。但他被抓后，政府处理两个楼盘的方式却也使人们对他的问题有一定的认识。

两个楼盘都有擅自更改规划、"偷面积"等违法行为，购房者们也遭遇了同样的问题。这两个楼盘的问题非常严重，以致到了必须拆除的地步。媒体发现，小区人口密度过高，违反规定。更严重的是，一旦这样的超高层建筑出现火灾等情况，电梯、消防通道无法承受如此多住户带来的疏散压力，带来的结果只能是灾难。

拆除的费用是多少？谁来支付？由于官方在处理这个案子时并没有严格按照规定公开相关信息，我们只能推算拆除的费用可能要高于建造的费用。我们在前文介绍过，拆除一个100多平方米的空中别墅的费用就高达40多万元，则拆除一个高度208米，总面积超过10万平方米的摩天大楼需要6000万~7000万元。①这意味着，开发商的过错最终将由纳税人自己埋单。

这个案例对社会权威的负面影响远远超过前两个案例，我们在人民网网站

---

① 开发商赵某资产未了局：部分购房者不愿退房退款［EB/OL］. 网易财经，http://money.163.com/16/0609/17/BP4RNBB000253B0H.html.

步出藩篱的路径探索

"地方领导留言板"版块上看到如下的群众留言:①

【城建投诉】T市SA银座业主诉求 | 未回复网友:匿名网友2014-11-16 20:17

我们是T市SA银座项目的业主。从这个项目开盘后我们陆续购买这个海河地段的房子。购买的初衷是因为看到地段很好,户型小,一般老百姓可以接受。但是对于购买面积几十平方米产权证只写十几平方米的差异很不理解,在质疑的情况下销售员义正词严地讲,这是新生事物T市刚开始实施,全国各地都有,这是以后发展的趋势,和香港学习的……这并没有打消我们的疑虑,当我们看到五证俱全的时候我们放心了。因为我们相信五证必须要经过政府各个职能机构认证审批层层把关的,为此打消了我们各种疑虑,殊不知这是我们上当受骗的开始,2012年至今漫长的等待,等来今天的结果。

目前面临2号楼到期未能入住情况下,从《法制周报》和央视得知这个项目的老板——赵某违法私改设计规划、篡改容积率、三十几层的改到六十几层等,公摊面积改成房屋销售面积,超高层部分以塔楼面积销售,欺骗国家、坑害老百姓的合法权益。我们不敢相信这是真的,更令人不解的是,他居然好几个项目都如此。幸亏习主席英明决策、反腐倡廉,最终曝出水岸银座项目的黑幕。我们购买水岸银座房屋的业主在得知实情后都震惊了。接着就是水岸银座停止了销售,工作人员撤离,施工缓慢甚至停工,交房遥遥无期,业主们欲哭无泪。

我们相信政府不会对这种坑害国家和老百姓的行为置之不理,我们请求政府维护我们业主的合法权益,还给我们购买水岸银座业主一个合格的家园。为此我们诉求如下:

1. 核实水岸银座项目建设原始设计,对开发商违法修改设计、违法施工的行为予以纠正。
2. 有关消防安全问题我们要求按国家规定执行。
3. 尽快确定接手水岸银座的开发单位,解冻监管资金账号,全面恢复施工建设。
4. 纠正错误,使产权证的面积和实际销售面积一致。
5. 民水、民电、民暖,能迁户口,能办蓝印户口应按承诺兑现,以及配套

---

① 天津市水岸银座业主诉求[EB/OL].人民网,http://liuyan.people.com.cn/thread.php?tid=2757587.

的质量要符合标准。

6. 延期入住问题。如想退房的按国家规定给予补偿退款，如不想退房的延期部分按相关规定给予补偿。

7. 购买婚房已登记待结婚，没房老人等房居住全款交付的群体，在延迟入住期间政府应该给照顾临时予以安排住房或补贴。

从这条留言可以看出，违章建造的楼盘在当时是"五证俱全"（《国有土地使用证》《建设用地规划许可证》《建设工程规划许可证》《建设工程施工许可证》《商品房销售（预售）许可证》），所以才有那么多人购买那里的房产。

值得一提的是，这并不是赵某第一次在T市搞出如此的项目。早在2005年，他就在T市的南津路上开发了一个高层建。这个高层楼盘地段好、便宜，仅仅这两条就吸引了众多的买主。但后来业主们发现，合同规定的1号楼和2号楼住宅自然层为29层，实际变为33层。3号楼规划为47层，实际增加至52层。业主们就安全与是否合法的问题到T市国土资源局进行询问。稍后，国土资源局的官网发布了一则公告，称赵某的公司通过公开挂牌方式于2003年9月取得了津和南（挂）2003-159号地块的国有土地使用权。该地块位于南津路以南，总建筑面积291434平方米，经有关部门批准，总建筑面积调整为340462.6平方米。

土地规划不能说改就改，T市国土资源局曾规定"对于因非市政基础设施和公益性公共设施调整的原因，由开发企业提出增加总建筑面积的地块，原则上不予批准"，但结果却出现了如此的调整。

后来，新的问题又出现了。该楼盘原计划中的星级酒店和大型超市不见了踪影，出现的却是一个个单独的小商铺。等到业主即将入住之时，又惊讶地发现开发商拿不出"准入证"，即新建住宅商品房准许交付使用证。T建委曾出具《行政许可事项不予受理通知书》，称其项目规划用地性质为公共设施用地，不属于住宅商品房项目，没有70年产权。面临业主的申诉、维权，最终，赵某凭借着自己深厚的资源，很快就让T市有关部门确认这楼盘中的商品房具有70年产权，① 这意味着土地使用权由公共设施变为住宅商品。

在本书即将完稿时赵某与他身后的贪腐官员群体都已经消失在司法制裁的大墙后面，但他们留下的烂摊子依然存在。

---

① 李闻莺. 赵某房产帝国调查：一个楼盘"毁了"天津市南京路 [EB/OL]. 搜狐财经新闻，http://business.sohu.com/20150611/n414825821.shtml.

(四)案例总结

在前面的三个案例中,违章规模越来越大。在三个案例的背后,都有政府的过失。

第一个案例中,政府的角色是面对违章行为人和违章建筑不作为。我们没有足够的资料来解释为什么政府不作为,或者是默认如此的违法行为。但默认并允许违章建筑继续存在,就意味着相关的法律规章整体失效。

第二个案例违法、违章的程度要比第一个严重。因为违章在高层的顶楼加盖别墅,将会影响楼房的稳定性。在中国,许多高层建筑的居民似乎不太懂这个道理。就政府执法这个问题看,第二个案例多少有些扭曲的味道。政府开始执法清理违章建筑是因为有贪官在运作。贪官被抓后,业主觉得针对自己的执法行动会随之停止,也就很快开始重建违章别墅。这就是"选择性执法"。

第三个案例中违章现象的严重性,是案例一和案例二集合的数倍。其中的核心问题是,政府某些部门与开发商一起违法、违规,这是一个似乎超出了本书范围但绕不过去的问题。

我们知道,没有人能够在政府监管部门眼皮底下修建几幢违章的大楼而不被发现,空中别墅也许可能;但整幢整幢的大楼就绝对不可能。在"最牛开发商"的例子中,他在几个城市中开发的楼盘都有问题。在 T 市,他已经利用相同的手段,成功地完成了诚基经贸中心、名门广场、卓越浅水湾、君临天下等项目。他被法律"吸"进去,并不是因为他搞违章建筑,而是与他牵连的腐败官员东窗事发。

在城市管理和行政执法的工作中,可能没有再比开发商违章搞开发更严重的问题了。但由于大型建筑违章一般不在公众和一般城管的视线中,开发商就可以为所欲为。大型建筑违章的后果会非常严重,如果从大型建筑违章行为中找执法困境的根源,除了执法不力之外,我们会发现还有其他更重要的原因。

三、违章建筑的来源探索

(一)建筑法规的重要性

各国房屋建筑的质量、式样、抵御各种灾害的能力是逐步发展起来的。1666

第六章 城管执法调查与分析之二：被违章建筑压塌的法规

年，在英国伦敦发生一场大火，几乎摧毁了整个伦敦，其中包括有600年历史的圣保罗大教堂，那次大火使人们认识到防火应该成为房屋和城市建设的一部分。这是人类第一次使用防火标准（Fire Code）。后来随着社会的发展，一些其他有关安全的标准逐渐被加到房屋建筑标准中去，包括抗地震、电线铺设标准、上下水道的铺设等。其实我们今天的房屋建筑法规也是处于一种发展状态，各国都会随着技术的发展修改本国的建筑法规。尤其当人类修建的楼房越来越高的时候，各种安全规章制度也随之而越来越严格。从20世纪60年代开始，美国将环保标准加入到建筑法规中，后来节省能源也成为建筑法规的一部分。

另外，随着城市建设的发展，人们也通过法律和各种规章制度来限制房屋的种类以及各种建筑的区域划分。例如，将工业生产区与居民区分开，将烟熏缭绕的餐饮区与居民分开，将商用房与居民住宅分开。在美国，地方政府还将居民的房屋按照房产价值划区，这就是规划法（Zoning Ordinance）的作用。

违章建筑有两大类：一是违反《中华人民共和国土地管理法》等未取得建设用地使用权而建造的建筑物；二是违反《中华人民共和国城乡规划法》等未获得规划许可或者违反规划许可，擅自在自己享有建设用地使用权的土地上建造的建筑物。① 这样的定义包括了所有的违章建筑，包括在马路边上违章搭建的早点棚到大型建筑。

公众比较熟悉的是沿街搭棚，也就平时城管负责的那些事情。但对重大的违章建筑以及后果，公众却不太知晓。以上文提到的在T市爆出的项目为例，且不论当初不法开发商是如何勾结贪官违法开工的，既然是违法修建成的建筑，那就不能再按照原计划继续销售。政府事后进行的处理工作是正确的，但还有400多户业主给T市领导写信（见前文）要求政府按照原计划售房。这些业主的诉求看来也是正当的，他们不应该为政府和开发商的错误埋单，但也凸显他们对相关法规不熟悉。那么，谁应该为这些问题负责呢？

在上面的第二个例子中，整个楼盘的建造没有问题，但业主与开发商在未领取许可证的情况下，便私自在顶楼加建露台、别墅，就属于违章了。与第一个例子比，他们还侵犯了其他业主的公共财产（顶楼）权，是非法占地。他们一定也知道，即便他们去城建部门申请补加许可证，也是不会得到批准的。这么看，那位家有万贯的企业家就是在知法犯法。他的心理，与街头违章设摊烧烤的小贩的心理是一样的：侥幸！但是建造违章建筑的行为危害比街头小贩更大，对法律

---

① 资料来源于马国立的新浪博客．http://blog.sina.com.cn/s/profile_1651126250.html.

尊严的伤害更大。尤其是这个业主在其违章别墅被拆后，竟然再次修建。如此做法的实质就是公开挑战法律。

违法建筑后面的推手是非法的经济利益，以及与之牵连的其他问题，其后果可能会非常严重。从本质看，违法建筑的社会危害性不亚于盗窃、拦路抢劫那样的治安类犯罪行为。① 在第三个例子中，不法开发商搞的后几个项目被及时叫停（虽然实际处理的经济成本非常巨大，对政府部门的冲击至今余波未了），但以前已建成的项目中如 T 市的那个楼盘，密集住户带来的消防、治安方面的隐患依然存在，不良的社会影响还在持续。监管部门一开始是不批准那个项目再继续搞下去，但经过不法开发商的"公关"后却也同意并背书。

按照我国类似事件发生和事后处理的方式，一旦发生重大生命伤亡事件，以前的问题就会被刨出来，然后一些人员会被严肃处理。在天津港发生的"8·12"事件就是一个很好的注脚。② 换言之，类似的错误只有等着重大事件的爆发才能被纠正。但是我们要追问，为什么非要出事以后才纠正，难道这些问题就不能提前发现并及时处理吗？

（二）绕过建筑规章的开发商

建筑执法方面的法律依据很多，地方政府若想在辖区内搞开发，就必须先从《中华人民共和国土地管理法》《中华人民共和国城乡规划法》等法律开始。开发商投标、中标、项目开工，直到开始售房，每一步也都有严格的法规管理。尤其在开工以后，工程的各个阶段都需要相关部门随着工程的进度开展检查。例如，规划部门的责任之一是负责查核建设用地范围和查处取得《建设工程规划许可证》后，违反城市规划的建设行为，并配合综合执法部门及属地政府对其他违法建设进行查处。又如，电路和供水、下水系统的铺设完成后，都必须由相关部门的检查人员进行检查（Inspection），通过审查符合标准后才能将线路和供水系统封闭在墙内。在建筑物检查方面，中国与世界上其他国家是一样的。

问题出在执行这些法规的人，尽管有这么多法律法规，开发商违章建房的现

---

① 沈辉. 治理城市违法建筑的法律机制研究［M］. 上海：同济大学出版社，2013.
② 在 T 市港区的一个仓库，违章储存高爆炸性的化学物品。与建筑法规相比，中国对化学物品的存放有更加严格的规定。但如此危险的违章行为居然能躲过严格的检查，直到爆炸事件的发生，说明所有相关的监管制度与法规都出现了问题。爆炸造成的经济损失非常严重。整个事故中的死亡人数高达 165 人，以及 8 人失联，包括多位在对火灾的起因以及仓库中货物毫不知情的情况下开始灭火行动，导致当场死亡的消防队员。

象仍然很普遍,而且成为全国范围内的问题。2016年6月14日,又见媒体披露,在中国西南第一大城市——重庆,一个业主在30层高楼上再违章加建三层小楼,而每层都有80平方米左右。这样的例子常见,已无新意。但值得一提的是,当记者联系到开发商就此事进行询问时,开发商说,合同上没有写可以如此加盖。① 业主和开发商的纠结之处似乎在于合同上是否注明可以或者不可以加建楼层,而法律在他们的脑子占有"零空间"。

加盖楼层、缩小绿地面积、缩小公摊面积,如此违规的直接目的无非是提高回迁率、增加开发商自留房等。当然,最终的目的是开发商优化自己的利益。这类违法行为,不在公众视野中,业主也很难发现。预售时,开发商手续齐全,新业主们高高兴兴,但是他们房子买到手却拿不到房产证,因为项目违章而不能通过政府最后的验收。事态发展到那一步,离业主们集体维权的时候就不远了。

各地政府都有一套完整的政策法规来管理和处理开发商加建楼层、缩小绿地等擅自改变原设计方案的违章行为。《T市建设用地容积率调整管理规定》是由T市规划局、T市城乡建设和交通委员会、T市国土资源和房屋管理局、T市监察局这几个相关机构签发的,这份规定对调整土地容积率的过程有一套严格的程序:第一,原则上不批准。

第二,如果开发商申请调整,则有一套严格的标准来处理那些合理的调整申请。审批过程中,要遵守公开的原则、"不得影响国家利益和社会公众合法权益"的原则等。

有意思的是,在审批调整过程中还有这样一个步骤:"土地主管部门应当将有关变更情况公示20天。在公示期内如无竞买申请的,重新签订土地使用权出让合同或者签订补充合同,相应调整土地使用权出让金,建设行政主管部门同步调整配套费收费面积及金额;如有竞买申请的,应当重新进行公开出让。"

这意味着开发商必须在工程开工以前就递交调整申请,但如果开发商明知故犯怎么办?

第三,如果开发商工程开工后,或者已经完工后,再申请调整,或者被发现违规,《T市建设用地容积率调整管理规定》明文如下:超容积率建设行为未经处理的,规划主管部门应当对违规工程进行查处,并不得为其继续办理后续规划手续,相关处罚结果函告建设部门;违规调整建设用地容积率,由上级城乡规划

---

① 业主楼顶违建欲做别墅 [EB/OL]. http://photo.sina.cn/album_1_2841_100107.htm?fromsinago=1&sinawapsharesource=newsapp&vt=4.

主管部门或者同级政府撤销其相关规划许可审批；对违反规定和法定程序调整建设用地容积率以及在规划管理中玩忽职守、权钱交易等违法违纪行为，监察部门按照有关规定追究相关人员责任。

如果严格执行这些法规条款，违章的房产根本就不能出售。但其最终的后果就是受害的业主到政府维权，甚至会演变成群体性事件，影响到执法中的和谐社会因素。另外，整个违章过程中还存在另一个问题。在一个严格按照规章制度办事的过程中，不可能发生开发商违章而相关的政府机构到最后一分钟才知道的情况。一个建筑或建筑群从动工到建成不是一朝一夕的事情，如果相关部门在施工过程中监管到位，随时加以纠正，就不会发生后来的事。长沙市规划局大面积官员腐败坍塌事件是一个很好的注脚，其中仅仅两个官员的案子就有"上百楼盘"因规划报建、用地手续、调整规划等原因行贿。①

但是正因为失效的政府检查体制，部分开发商从一开始就欺骗政府和业主，随意调整容积率。一旦出问题，就开始搞"公关"。在T市不法开发商人赵某的例子中，他擅自变更诚基经贸中心的土地用途，并能很快使政府主管单位改变已经作出的决定，说明在政府内部有级别很高的官员对其进行支持。土地变性的审批程序非常严格，赵某攻克的不是一两名官员，而是一套制度。这种情况下，我们现在再看河北省高达93.8%的违章建筑比例，就不会觉得震惊了。

四、借鉴：为什么在美国少见违章建筑

我们将在下一章中介绍有关美国城管执法的情况，在此先谈谈建筑方面的问题。违章建筑能带来高额利润这一事实是没有国界的，如果能够违章而仍然能攫取利润，同时不用面对严重的后果，美国也会出现许许多多的违章建筑和不法开发商，但美国偏偏没有那么多违法建筑，有以下几个原因：②

第一，体制设计。在美国，土地管理权在地方政府。联邦政府除了在环保上

---

① 谭君. 长沙市容被指因规划局窝案改变，仅两副局长就有百余楼盘送钱 [EB/OL]. 澎湃：The Paper，http://www.thepaper.cn/newsDetail_forward_1489501.

② 为了这一部分的讨论，我们专门面谈了肯·拉斯杰（Ken Rathje）先生。肯·拉斯杰先生在退休前是美国一地方政府负责土地开发的高级主管。他在土地和建筑管理方面有35年的实践经验。他为我们的讨论提供了非常难得的信息。

有要求之外，对地方政府的土地没有任何干涉权。州政府也是通过州宪法将土地管理权交到地方议会手中，州议会对土地的使用也保留有一些环境类法律规定。这是美国三级政府结构的特点，作为最低一级的地方政府，市议会有决定土地使用方式以及城市规划的最高权力，于是各地会就出现一些奇怪的情况。例如，有的城市中没有加油站，因为当地多数市民觉得加油站会导致交通混乱，而且加油站周边的土地会被污染。议会就会修改《土地使用法》，禁止修建加油站。

在建筑标准方面，美国地方政府并不自行制定各种建筑法规，市议会通过正式程序采纳一些由各种相关的行业协会制定的标准变成地方法规。至于土地使用（Land Use）和规划法（Zoning Ordinance），地方议会具有充分的权力通过这两部大法按照他们的意愿来建设他们的城市。在这个问题上，美国地方政府的做法与中国的地方政府没有多大区别，不进行赘述。两国之间的巨大区别在于各类开发项目的申请过程，以及如何处理那些要求偏离法律规定的案例（Variation）。

美国地方政府的议会是地方事务管理的最高决策机构，但在市议会下面有许多小的技术性委员会（Boards & Commissions），如表6-2所示。这些由社区居民义务组成的委员会不仅为美国地方政府的议会提供了决策方面的技术咨询，而且在社区居民与政府之间起到了桥梁的作用，这些委员会的组成和作用都是由各州的法律规定的。虽然市议会有最终的决策权，但市议会一般会听从这些技术委员的建议。

表6-2 美国地方政府技术委员会（部分）

委员会名称	功能
建筑设计审阅委员会	起草市政府建筑设计法规提交议会表决以形成法律
建筑物法典上诉委员会	解决房屋建筑法典违章事宜
电路安装标准委员会	制定电路安装的标准和检查
环保委员会	根据联邦标准制定地方环保标准的制定和执行
规划委员会	审批土地开发项目，其中包括新区划、原地块的分割
规划上诉委员会	就土地变性、重新划分规划区召开公众听会，并向市议会提出决策建议

这些技术委员的责任如下，一是为议会提供技术上的咨询。二是为议会的决策过程加上一层相互制约的机制。三是让居民在技术层面有发言权（技术委员会的成员都是居民）。

这些技术委员会在美国地方政府决策过程中的作用尚未引起国内学者的

注意。

按照美国联邦、州、地方政府的相关法律的规定,这些委员会自身的审批过程、向市议会提出决策建议的过程全部是公开的(当然,议会的决策过程也是公开的),居民、工商企业和它们的代表(地方商会)、媒体都可以参与项目的审批过程。

透明运作对制约这些委员会的行为非常有效,将整个申请、审批、批准(或者拒绝)的过程透明化,也可以将许多违章违法和官私之间的非法关系过滤掉。相比之下,在中国地方政府的运作中,透明度仅仅停留在将决策结果公布的水平上。真正的政府透明运作应该包括决策过程以及决策者审阅过的文件。

在这些与土地和建筑物有关的委员会中,有两个很有意思,也是与本书内容有关的委员会:规划上诉委员会(Zoning Board of Aeal)和建筑物法典上诉委员会(见表6-1)。规划上诉委员会的责任是就土地变性、重新划分规划区的问题召开公众听证会,并向市议会提出决策建议;建筑物法典上诉委员会的责任是解决房屋建筑法典违章事宜,但最终批准或者驳回的权力还是在市议会手中。

这两个委员会的职责具有特殊的意义,由于已经设置了规划委员会和建筑设计审阅委员会进行土地规划和建筑设计审核,为了避免让同一个委员来同时进行审核并修改(或者不修改)自己的决定,美国人就设计出这样一种制约机制:如果有居民或者开发商打算申请土地变性,或者更改建筑物原设计,他们需要到这两个委员会来递交申请。

在这种体制设计中,开发商很难有机会利用手中的关系、金钱来进行违章活动。从政府机构一方,没有哪一个议员能够与不法开发商一起搞违法活动。

第二,政府工作人员的角色。不像中国政府相关机构中的干部和工作人员,美国地方政府中相关部门的工作人员,包括市政最高行政长官、土地和规划部的部长和工作人员、法典执行员、建筑稽查员,都没有决策权,仅仅有建议权。一旦一个开发项目提交到市政府的土地开发部,工作人员的责任是审查项目的设计是否符合各种法规法律,是否达到各种技术要求。工作人员最终会向规划委员会提出建议,建议议会批准或者拒绝。因此,市政府的工作人员几乎没有什么权力,决策权在地方议会手中。

另外,还有中国政府做不到的一点,美国地方政府与土地交易本身无关。土地交易是在私人之间进行的,地方政府并不直接从土地交易中获得任何利益。这样一来,地方政府在进行与土地、房屋建筑有关的项目时,没有自己的利益参与其中。

第三，高额的违法成本。在美国违章建筑的案例并不多，最常见的还要算居民在不申请许可证的情况下重新装修地下室（见下文），绝少见大型建筑违章的情况。这除了制度上比较严格，政府人员工作比较认真之外，起作用的还包括开发商有意违章的成本太高。一旦被发现违章，法庭的判决、罚款、商业行为上的不良记录，对开发商以后的经营有长远的不良影响。

从总体上看，美国社会的法治程度较高，几乎不会出现有意违章，与挑战政府、挑战法律的事。在一个社会中，当遵纪守法成为习惯的时候，事情就好办了。

第七章 中美城管立法与执法比较

由于中国和美国地方政府体制、机构和职能的巨大差异，我们难以将双方的行政执法者完全一一对应。但正如前文所言，美国地方政府的行政执法者（Code Enforcement Officer）类似于中国的城管，下面为了叙述的方便，我们就直接称其为美国的城管。

我们在这里详细谈谈美国的城管，① 需要说明的是，中美两国政治文化、政治制度、法律在社会运作中的作用迥异，此处的比较仅仅为了提供参考和参照。

一、中美差异：概念和理念

关于城管，中美两国首先在概念上就有所不同。在中文里，我们称之为行政执法。很多学术文章对应单词套用，将行政执法翻译为 Enforcement of Administrative Laws。这个翻译非常不清楚。所谓法（Law），是指由立法机构制定的法律，不是政府制定的规则（Regulation）。我们的行政执法是执行有关城市管理方面的法律，而不是行政法（Administrative Laws）的执行（Enforcement）。

所谓"法律"（Law）是一个统称，在美国泛指一切具有法律约束力的国家规范性文件，但英国、美国却几乎不用 Law 为具体的法律命名。最高的宪法为 Constitution，国会制定的成文法，英美通常都以 Act 命名。但也不是不可以用 Law，用 Law 表示国会或者我国人大制定的法律也是适合的。

在美国联邦制三级政府框架中（联邦、州、地方），地方政府和议会也被允

---

① 本书的作者之一曾长期在美国地方政府任职，对美国地方政府的运作非常熟悉。

许自行制定一些地方性法律。由地方政府制定的地方法律的英文是 Ordinance，或者是 Local Ordinance，可译为"条例"。

在联邦政府和州政府两级，国会和州议会制定法规之后，还需要联邦或者州政府的执行机构制定一些运作型的规则。例如，美国国会制定一系列税法，美国税务局（IRS）则需要制定一些如何交税、缴纳时间等操作性规则，政府当局这样的行政法规则可以用 Regulation 表示。

Regulation 可译为"规则""规章"和"法规"，是由政府行政当局颁发的具有法律效力的规则或命令，或是一种具有法律效力的文件，如 Treasury Regulations，表明了美国国内税务局在如何解释国内税收法典方面的立场，其宗旨是为纳税人和国内税务局的工作人员在适用税法的各种规定方面提供通常和具体的规则。另外，Regulation 也指政府机关制定的有关政府机构内部运作的章程（Administrative Rules and Regulations），如员工手册（Employee Menu）或者市政机关车辆使用规则（City Vehicle Usage Policy）等。但需注意的是，这里所指的仅仅是政府部门，并没有明确说明是否为中央政府或者联邦政府。从严格意义上讲，似乎不宜把我国国务院制定的行政法规译为 Regulations①。

美国地方立法，全是由地方立法机构（地方议会，相当于中国的地方人大）以法律的形式制定的。有的市政府有单独的市政法典（Municipal Code）和规划法典（Zoning Code），有的地方政府将所有的城市管理的法律合为一部法典。以美国伊利诺伊州的道纳斯格罗夫（Downers Grove, Illinois）为例，建筑法典是整个市政法典的一部分，地方法典实际上是地方法律的集成。换言之，法典的内容都是一条条单独的法律，一部典型的美国市政法典的篇幅高达几百页。好在由于互联网技术的发展，所有的法典条款都被搬到网上，没有必要将那么厚的法典打印出来。

这里需要注意的是，由于美国地方政府的相对独立性，各个地方政府的法典没有统一性。在城市管理领域中，也有许多法条很具有个性。

下面我们看"执法"的翻译。在中英文的翻译中，应该将行政执法译为 Code Enforcement。但是更值得注意的是，其中包含着我们在这里强调的一个差异：中国的行政执法，依据大多数是行政规章（Regulations/Rules），而美国地方政府的相关人员执行的是法（Code/Ordinance）。

其间的差别是巨大的。在中国，城管们执行的多是由政府行政人员制定的规

---

① http://club.qingdaonews.com/showAnnounce_12_2731571_1_0.htm.

则。如我们在第二章中谈的，中国城管的执法依据不是某某条例，就是某某规定。条例和规定都是政府机构制定的。实际上政府依法执法，还是依规定、条例执法，具有理念上的重大差异，同时也会导致运作方式的不同。在美国的政治文化中，规范和限制居民的行动是非常敏感的一项政府职责。凡是那些涉及限制居民行为、有关居民生活和有关房产（建筑物）的规则，一定是以法律形式制定、执行的。以各项市政收费标准的调整为例，一定是要由地方议会通过才可以。即便像水费上调几毛钱那样的项目，也必须通过全体议会的投票才可以实施。

简单总结如下：①美国地方政府的内部管理的依据叫行政规章、行政规定（Regulations/Rules），不需要议会通过。②美国城管执法的依据是法规（Code/Ordinance），需要议会以立法的形式通过。

以过去十年的发展看，许多美国地方政府纷纷将城管部门的名字进行修改。以道纳斯格罗夫市为例。该市的市议会在 2001 年提议，将法典执行部（Department of Code Enforcement）更名为法典服务部（Department of Code Services），这也反映了美国地方政府由管理机构向服务机构的一种转变。

二、美国地方政府所执之法

（一）地方政府的立法和规章

在美国，地方政府基本上是一个地方事务自治的组织。绝大部分的立法都是地方政府制定，由议会（相当于中国的地方人大）通过，从而形成法律的，也有的法律是直接执行上位法，如在环境保护方面，地方政府直接执行联邦制定的相关法律。

有一些非常专业的立法，实际上是由非政府组织制定的标准，如美国的建筑法。美国并没有一部国家级别的建筑法，在联邦制度下，应该由各州分别制定相

---

① 《中华人民共和国立法法》第七十三条 省、自治区、直辖市和较大的市的人民政府，可以根据法律、行政法规和本省、自治区、直辖市的地方性法规，制定规章。地方政府规章可以就下列事项作出规定：a. 为执行法律、行政法规、地方性法规的规定需要制定规章的事项；b. 属于本行政区域的具体行政管理事项。

关法规。但由于建筑法规制定的工程浩大，技术含量高，立法成本高昂，很少有州政府愿意独立制定建筑法规。联邦政府不管，地方政府也无力制定如此的大法，如何处理？行业组织就承担了制定专业规范的职责。于是，2002年美国的国际建筑法规理事会制定、发布了美国第一部统一的、具有综合性的建筑法规——国际建筑法规系列（International Code Series）。

在美国，行业组织制定出来的规则不是法律，各个地方政府如何依据呢？一般的方式是，美国各个地方政府的议会进行投票，承认并将这部规则转换为地方法律，道纳斯格罗夫市的议会就是这样做的。议会正式投票，采纳那部建筑法规（2006年版）并将其归入《道纳斯格罗夫市政法典》（Chapter 7, Downers Grove Municipal Code）。

这里的核心问题是，法律是美国地方政府执法的依据（Code/Ordinance）。虽然美国政府也可以制定具体的执行性法规（Regulations/Rules），但是在地方政府层面，Code/Ordinance已经非常具有可操作性，地方政府执行就可以了。所以地方政府制定的法规必要性和制定空间就很小了，地方法规实际上只是一些很小的可操作性行政条款，这是中国和美国地方执法差异比较大的地方。

总结一下，美国法律和行政规章具有很大的差别：①从制定程序看，行政规章的制定一般仅仅是政府工作人员（最高行政长官、部长、律师等）的责任，是一个政府机关的内部过程。在美国的政治环境中，这样的条例或规定对公众没有法律约束力，只有经过地方议会或国会通过的才是法律。②法律与行政规章在公开性、严肃性、统一性这些问题上有本质性区别。法律制定过程必须是公开的，而且法律制定过程中的妥协性非常高。相反，在法律的执行中却不应具有妥协性。

（二）地方政府立法范围与内容

美国地方政府的城市管理是属于规划法范畴，有的地方政府单独发布规划法，也有一些地方将规划法纳入市政法典，道纳斯格罗夫市属于后者。《道纳斯格罗夫市政法典》第二十八章即是规划法，将建筑法和规划法规与其他相关的法规统一纳入一部法典，使得执行、解释、修改都比较容易。

美国地方政府的规划法的英文是Zoning Ordinance。地方议会通过这部法规表现自己对城市建设和发展的意愿。例如，多年来，道纳斯格罗夫市议会成员换了又换，但无论哪一届议会都不喜欢高楼。所以，这个城市的规划法限定独户居民住宅的高度不能超过两层。当然，这反映了美国老百姓不喜欢将自己的小区搞成高楼大厦的文化,这种文化就以法律形式体现出来。道纳斯格罗夫市的规划法中还有许多细小的规定。比如,哪里可以建民房、哪里可以开餐馆,哪里的餐馆可以在店铺外面的便道上设桌,哪里可以开设卖烟酒的小店,每一家餐馆必须提供一定数量的车位,餐馆必须有卫生间;夏季每家草地的剪修规则,冬季每家清除自家门前积雪的规则等。简单地说,所有与房产有关的规则都包括在规划法中,规划法是一个非常复杂的议题。在一般的 MPA(公共管理硕士)的学习中,规划法自成一门课。

与我们一般人对美国的自由理解不同的是,美国地方政府的法典非常复杂,形成了地方政府非常严密的法律约束之网。以道纳斯格罗夫市的市政法典为例,其中与城管有关的法规很多,参见表 7-1 列出的《道纳斯格罗夫市政法典》目录。

表 7-1　道纳斯格罗夫市政法典①

第一章	总则	第二章	执行
第三章	酒精制品	第四章	临时集会许可证
第五章	动物与家禽	第六章	自行车
第七章	建筑法规	第八章	经营与经营活动
第九章	应急办公室	第十章	供电
第十一章	电缆宽带服务	第十二章	历史建筑保护
第十三章	健康与卫生	第十四章	机动车与交通
第十五章	轻微违法	第十六章	水管工
第十七章	警察与消防	第十八章	下水道与污水排放
第十九章	街道与便道	第二十章	小区管理法
第二十一章	税法	第二十二章	出租车与其他雇用车辆
第二十三章	(空白)	第二十四章	树与灌木
第二十五章	水、电、煤气、互联网服务	第二十六章	雨水、洪水排泄
第二十七章	公债与押金	第二十八章	规划法

简单浏览一下表 7-1 就会发现,美国地方政府的整个运作都是在法律约束之下的。这个规定既约束了居民的行为,也对政府的责任加以限定。如法典的第十九章"街道与便道"规定了谁可以沿街设摊,在哪里设摊、设摊卖什么;全

---

① www.downers.us.

城哪里必须有便道，便道修建、维护的标准等。也是在这个条款里规定了，如果行人在便道上行走，因为市政府对便道的维护不到位而摔倒造成人身损伤，市政府就要负责那位行人的医药费用。

为了进一步说明这个问题，我们从市政法典第十五章中介绍几个与中国城管任务相关的条款，如表7-2所示。

表7-2　道纳斯格罗夫市政法典，第十五章轻微违法（部分）①

15.2 宵禁	15.3 乱扔垃圾
15.4 恶意捣乱	15.5 不检点行为（包括噪声）
15.6 毁坏他人财产	15. 公共场合饮酒
15.13 赌博	15.15 公开猥亵罪（公开暴露）
15.20 青少年开房住宿限制	15.23 逃学
15.23.1 禁止向青少年销售烟草	15.28 商店里偷盗
15.28.1 非法穿过他人产地	15.28.2 在树木和电线杆上非法张贴
15.33 标准保险要求（承包商）	15.38 非商业性兜售

15.2 宵禁：这一条凸显了美国地方政府宽泛的管辖范围。按照这条法律规定，17岁以下的青少年，无论是独自还是若干同龄人，不能在半夜23：00到次日早晨6：00之间在马路上，或者任何其他公开场合出现。如果家长或者看护人明知故犯，允许孩子违反这条法律，也算违法了。如果这种事情屡次发生，其后果会很严重。

15.3 乱扔垃圾：从具体内容上看，中国的行政规章中没有相应的条文。因为美国的这条包括胡乱扔、抛弃、堆放被遗弃的物品。这些物品包括面很广，从随地乱扔废纸、吐痰、垃圾、旧轮胎、建筑废料等。根据具体乱扔的物品，罚款的数额不等，而中国各地的行政条款中倒还没有管得如此宽的条例。

15.23 逃学：这一条法律禁止18岁以下的学生逃学，这在中国城管的任务菜单中是没有的。无论是家长知道但不管，还是学生背着家长逃学，都是违法的，即使家长不知道也有责任。如果美国城管或者警察在开学期间，白天在大街上看到学龄青少年，就可以将他们叫停进行询问。

15.28.2 在树木和电线杆上非法张贴：中国城管也有这个任务，我们在T市

---

① 由于这一章太长，我们省略了一些与讨论无关的内容。

的调研中观察到,树木和电线杆(还有公交站牌上)上的小广告是一个令城管非常头疼的问题。非法张贴小广告的人,使用的胶水越来越粘,越来越不容易清理。许多城管队员都会在没有重大"保线"① 任务时,拎着小水桶去清理小广告,在中国还有将小广告贴在便道上的例子。美国的小广告尚未发展到多得踩在脚下的水平,实际上很少有随意贴小广告的违法行为,因为这种小广告的方式是一种比较原始而且落后的商业广告形式。如果张贴者违反这条法规,美国城管的处理方式是,第一次警告,随之而来的就是罚款。屡教不改的,生意也就甭想做下去了。

有很多在中国属于城管的重要工作,但在美国并不在城管的工作范围内,如上文提到的烧烤问题。美国人非常喜欢烧烤,喜欢到几乎每家都有烧烤箱。尤其是夏天,家庭聚会、朋友聚会、同事聚会,都会有烧烤。许多公园里甚至还设有烧炭的烤炉,以供游人使用。从烧烤的人数和家庭的数量看,烧烤在美国也应该是一个大问题,但是烧烤不在美国各地执法对象之列。

另外,在以上各项内容中,对于违法者处罚的规定比较明确。《道纳斯格罗夫市政法典》明确制定了经济处罚的额度:根据不同的违章行为,罚款额度由 50 美元到 5000 美元不等。与我们在前文介绍的中国处罚方式不同,《道纳斯格罗夫市政法典》为每一项违章行为规定了具体的罚款数额,每一项违章行为的罚款就是一个具体数值。相比之下,中国地方政府的罚款,对一个违章行为的罚款额度总是一个值域,造成罚款数额的不确定性。《道纳斯格罗夫市政法典》不仅限定了罚款的额度,而且还明文规定了拒交、迟交罚款的处罚。在一些违章条款下,法典规定迟交罚款的后果——增加罚款。如果继续拒绝交纳,那就会由法庭来解决了。

(三) 地方执法运作的案例

2005 年,道纳斯格罗夫市议会打算在全市范围内整顿商业标牌。由于原来没有严格的规定,全市充斥着不同尺寸、不同形状、不同高度的商业标牌。这个项目与我们前文介绍过 T 市整顿"刀牌"的项目(本书第四章中)几乎是一样的,但项目开展的程序和方式却迥异。

市议会提出这项计划后,许多工商企业立刻闹翻了天。因为调整、重新设计、制造、安装新的标牌带来的成本太高,地方的商会和企业协会也出来反对。

---

① 城管用语,指通过巡视清理工作,确保某条街道或线路符合上级对城市市容整洁的要求。

虽然工商企业不高兴，但双方也找到了一个共同点，都认为但也都同意市区内的标牌已经过时，于是大家形成了应该整顿的共识。在这个基础上，议会组成了一个"标牌委员会"（Business Sign Committee）负责这个项目。委员会的成员有市议会的议员、标牌设计的咨询顾问，更重要的是这个委员会的成员中还包括地方商会、小公司的代表。经过近两年的讨价还价，这个委员会的成员终于达成协议，从规格、颜色设计、尺寸、安装的位置、高度做出了各方都可接受的设计。《道纳斯格罗夫规划法》（市政法典第二十八章）的第九条就是"标牌法"。从各方面看，这个标牌法是一个各方妥协的结果，其中最有妥协性的是实施的时间。

为了降低成本，市议会与各方商量后将实施时间设为 7 年。7 年的时间算是比较长的了。也就是说，从 2007 年议会正式通过这项法律算起，7 年内都不执行，给工商企业充足的时间考虑、设计、安装新标牌。

这个项目也有一些花絮，一些大的连锁店的标牌是全世界统一的。比如汉堡王和麦当劳这些店，它们的标牌似乎没有多大调整的余地。但如果市议会给予些商店例外的处理（Exception），法律的公平性就会受到挑战。后来发现，这类商店在全国其他地方也遇到类似的情况；它们总公司有办法满足新的标牌设计上的要求。

几年来，时不时会有地方业主到议会的会议上来提意见。最常见的理由：旧招牌已经好多年了，谁也不影响，为什么现在要我们花钱去改，这个理由在中国的例子中也常见。

虽然有业主提意见，但市议会可以不接受。到 2014 年 9 月，离法规真正实施还有半年的时候，一个企业用一张状纸将道纳斯格罗夫市告到了法庭。① 这家企业是一家搞运输和存货的公司。这个家庭型的公司的业主叫罗伯特·彼得森（Robert Peterson）。彼得森已经在道纳斯格罗夫市经营了 70 多年，由于他公司仓库的一面墙朝着铁路，那面墙就成为最好的广告牌——至少他是这么认为的，但是市政议会新的招牌法将不允许那家公司继续使用那面墙当标牌。彼得森不干了，与议会争辩了几次，未果，只好到法庭上对峙。有意思的是，他状告的理由并不是道纳斯格罗夫市议会的新标牌法影响了他们的生意（实际上是），而是不允许他们使用自己的财产自由表达自己的意见。为此，道纳斯格罗夫市议会侵犯了其由宪法第一修正案规定享有的自由言论（Free Speech）的权利。

彼得森这样做经过了充分的考虑，如果他以增加他经营成本等经营方面的原

---

① 资料来源：a. www.downers.us. b. 本文笔者之一与道纳斯格罗夫市市政府工作人员的电话交谈。

因为诉讼理由，胜算的可能性非常小。那么多受影响的工商企业，就他一家有问题?!但以自由言论为诉讼基础，法庭考虑角度不同。这是律师出的主意，十分"狡猾"。

彼得森在他的诉讼中请求法庭，第一，命令道纳斯格罗夫市停止实施新的标牌法；第二，道纳斯格罗夫市替他支付他雇用律师的费用；第三，他请求法庭勒令市政府赔偿他1美元，因为他们侵犯了他的权利。在他眼里，能继续用那堵墙来做广告比什么都强，那1美元就是象征性的，存心想"恶心"一下政府。

2015年12月4日，美国联邦北伊利诺地区的美国联邦法庭对彼得森的案子进行了宣判：法庭认为道纳斯格罗夫市没有侵犯彼得森由宪法第一修正案赋予的权利，彼得森必须按照道纳斯格罗夫市的标牌法行事。这位彼得森先生不得不将他公司墙外的广告涂掉，他白算计了，同时他还是不肯罢休。2016年2月5日，他正式通知市政府准备上诉。

在美国，这类老百姓告政府的案子很多，双方有输有赢。在这个例子中，业主应该明白他胜算的可能性本来就不高。与发生在中国的类似案子比较，美国的老百姓和受影响的工商企业不会简单地在工地或就地抗法，于是法庭的作用就变得非常重要。

法庭高明的审理方式使得道纳斯格罗夫市赢得这场官司，庭审这个案子的法官非常重视市议会制定那部新标牌法的过程，这意味着法庭审案的焦点的确是在探究原告的自由言论权是否被侵害，以及市政府在制定新标牌法时是否全面考虑工商企业的利益和工商企业在立法过程中的参与程度。换言之，如果美国地方议会严格按照公开程序、充分征求了各界意见，作出的立法决定是受法院支持的。

三、美国的城管及其执法

（一）美国城管与中国城管的比较

1. 城管的人数

美国地方政府机构中，城管的人数不多。虽然说中国和美国的城市人口数量与城市规模大小差异很大，但人口规模并不是行政执法方面差异的主要原因。例如，美国道纳斯格罗夫市的规模（50000人口，17000户）与我们在中国T市搞调研的X街委会差不多（人口62000，19850户家庭），但城管的人数却相差很远。T市X街的综合执法队伍的总人数达到42人，道纳斯格罗夫市的法典执行人员一共有2人（2016年财政年度数据），法典执行人员就相当于中国的城管。另外，在建筑部还有4个建筑物检查员（Building Inspector）。他们是专业的房屋建筑的监察人员，如果将这个职位拿到中国来，应该可以等同于我国房管局的工作人员。如果把他们也加入进来，道纳斯格罗夫市真正意义上的城管有6位。

中国政府在社会管理中覆盖的范围非常广，尽管在过去30多年的改革中，政府渐渐地从一些社会运作领域中退了出去，但政府仍然对社会运作起着主导作用，这就是平时我们说的"大政府"。相比之下，美国政府尤其是地方政府管的事务就少多了。例如，美国地方政府不管就业，不管宣传出版，不管老百姓的菜篮子等。大多数在中国由政府负责的项目在美国是由私营企业、非营利组织、社区组织承担的。这就是与"大政府"相对立的概念——"小政府"。美国地方政府管得少，城管的人数自然就少。

反映到执法内容上，在中国最令执法人员头疼的问题，诸如沿街设摊叫卖、烧烤、沿街设桌、违章建筑，在美国不多见。美国地方政府最多见的是不修剪的草坪、冬天不清积雪、夏天在禁止户外用水的时间段给私人草坪浇水、在公共地段插竞选标语牌。这些都是"鸡毛蒜皮"类的违章，不在我国城管的管理菜单中的。美国城管管理得比较严格的是，在雨天将私人地段上的积水排到他人后院以及未按批准的图纸改造或者修建建筑物。

关于执法人员的界定，《道纳斯格罗夫市政法典》没有明文规定只有法典执行人员才能执法，因此法典也无从提起正式执法人员和协勤的比例。相反，该法典允许市政府将一些执法项目通过合同交给私营公司去做，道纳斯格罗夫市议会也鼓励其他部门的工作人员参与一般的执法活动。例如，在2005年，当时的市长就鼓励所有市政府职工在可能的情况下参与有关市容的执法，如果看到有违法现象立刻报告，或者当场劝说（当然这种做法不是经常的），任何市政府职工都可以进行简单的执法工作。如果将这个办法移植到中国去，那就等于将市政府全体职工都当成协勤了。

在美国，地方政府市政法典中的一些条款是由警察执行的，如"宵禁"。还有一些执法项目由市政工程局的工作人员负责，如查处便道上盲道的设计、使用、阻断等违章行为。即使再扩大一些，扩大到城管运作后面的支持人员，美国城管仍旧不多。道纳斯格罗夫市除了法典服务部的秘书（中国叫内勤）1名之外，法律部还有一位搞市政管理方面的律师。有一些地方政府不设这类职位，而是将这个功能外包给专门打政府官司的律师事务所。在美国的大城市，诸如芝加哥、纽约、休斯顿等，城管人员随人口比例增长，也没有中国比例高。

2. 城管的素质和培训

道纳斯格罗夫市的6位城管的资历如何呢？两位法典执行人员，都有大学学历，干这行已经许多年，也算是"老资格"了。两个人都有检查水电系统的资格，每隔4年都要去更新他们检查水电系统的资格证书。那4位房管，由于他们的工作还包括房屋修、建、改造的审批，他们的大学学历是学城市规划和市政土木工程（Municipal Civil Engineering）。相比之下，道纳斯格罗夫市的城管比我们在中国搞调研的两个城市中的城管，在专业知识和法律水平方面要高得多，并且这几位城管、房管，对市政法典中的具体条款非常熟悉。4名房管中，有一位已经在道纳斯格罗夫市工作了20多年了。经手审核的房屋建筑不知有多少。检查违章建筑，对于他来说易如反掌，老远一看便知。

美国地方政府比较注意提高城管的执法水平，英国的城管经常参加培训和一些职业会议。道纳斯格罗夫市的城管，经常参加的培训计划大概分为技术和法律两方面。技术方面的主要是水电系统安装铺设规则的修改和升级，由于那两个方面的规则是由其他组织（见前文）制定的，美国各个地方政府的城管和检查人员就必须经常随着规则的改变而修改检查的标准，技术上的不断培训非常重要。法律方面的培训涉及各项市政法典的规则。如前文提到的标牌法，就是一部近年来经过重要修改的法规。规划法规也常常被修改，如市内规划区域的变动，规划区的改变几乎年年有。城管人员每半年要参加一次对规划法的培训，这些培训非常必要，因为执法运作必须随着法规的变化而变化。

3. 城管的待遇和着装

美国地方政府的城管工资待遇如何？根据美国某专门搜集地方政府雇员工资的网站提供的数据，在伊利诺伊州，城管和房管工资的平均值域是5.9万~8.4万美元。[①] 因为美国政府雇员的工资福利都比较低，相比之下6万~8万美元的年薪算不错了。另外，美国的城管每周仅仅工作5天，每天工作8小时，比中国的城管工作要轻松多了。

---

① www.publicsalary.com（2015年10月数据）。

道纳斯格罗夫市的城管没有特定的制服，也没有着装的要求。但在执法时，美国城管必须胸前挂着工作人员的标识，清楚显示照片、工作单位、姓名、人员编号。

（二）美国城管的执法运作

制定法律的目的就是要界定、限制人们在社会上的活动以及人与人之间的关系。从这个层次看中美两国的行政法，它们之间的差别不明显。我们对 T 市的一些行政规章和美国《道纳斯格罗夫市政法典》进行了简单的比较，发现两者之间的区别主要体现在一些运作方面的规则。

1. 美国城管的执法方式

中国和美国在经济、政治、社会环境大不相同，导致了城管执法过程的不同。

美国城管执法也与中国城管一样按时巡视，但不采取"蹲点"的方式，或者要重点保护某某地段。虽然其他市政府工作人员可以帮助执法，但是这终究是一些特例，不是常态。

美国城管执法的过程中虽有争议，但不太具有冲突性，更谈不上肢体冲突了。

美国城管的基本执法方式很简单，发现违法的居民，按照程序警告，判定违法后开罚单。如果对方不服，可以到法庭上见高低。在这个过程中，执法者和执法受众双方都知道，他们不用争执。因为执法者只开罚单，不没收财产，也不收取罚款。我们在前文介绍过，中国的行政执法过程转向暴力执法和抗法的"扳机"就是没收小贩的财产。美国城管在执法过程中，法律没有给予他们没收或者暂扣执对方财产的权力，这是中美两国城管运作中最大的区别。

我们举一个简单的执法例子：对居民的草坪过高问题的执法。一般来说，美国居民不会把自己门前的草坪搞得脏乱差，这样自己看着别扭，邻居也不高兴。但也有时候发生居民外出度假，忘记安排请人来割草的情况，而导致违法。在这种情况下，执法人员就要开展以下执法程序：①口头劝告一次，任何市政府工人员均可进行；如果无效的话，开始第二步。②书面警告，发函，市政府法典服务部负责；如果违法者仍然没有采取行动割草，开始第三步。③雇用私营公司割草，法典服务部负责。④征收割草的费用，财政部征收。违法者要自行通过银行去缴费。如果违法者不服，可以到法庭申诉。

如上可见，美国城管在草坪问题上执法的方式非常简单，劝告、警告、开罚单，或者将违法者告上法庭。

但也有个别执法者没收财产的例子，《道纳斯格罗夫市政法典》不允许将政治标语和选举标语牌插在公共地产地带，公共地产地带包括便道、路灯和电线杆、树木、市政府拥有的在火车站一带的停车场。由于这些公共地产所处的地方都是为竞选做广告的最佳选择，经常有人会将候选人的名字或者政治口号牌插在这些地方。每当在地方、联邦、总统选角期间，城管会开着车全城巡视。当看到有选举标语牌，他们就会拔掉，带回市政府。这些标语牌本身不值钱，被拔掉可能会影响候选人得票的票数。如果各路候选人团组需要，他们甚至可以到市政府去把自己的标语牌领回去。

在所有市政府执法运作中，包括执行法典和警察处罚犯罪，能被没收的东西仅仅限于与毒品犯罪有关的工具，交通工具（汽车、摩托、自行车）和通信工具（手机、步谈机）等，这是联邦法规定的。市政府可以将这些东西拍卖，所得资金用于与公共安全运作有关的项目中。

2. 违章建筑的执法

违章建筑在美国地方政府的执法运作中算是最复杂的一个问题。绝大部分美国人都拥有自己的房产，于是房产的修、建、改在美国是一个大生意。至于违章建筑，我们尚未听说过美国有无证就开始施工的情况，没有公司敢在未获得许可证的情况下开工。尤其是大型建筑，无证或者违章修建都要非常严重的后果。大的建筑公司一般不会违章，在美国违章建筑问题很少，下文以道纳斯格罗夫市为例进行说明。

道纳斯格罗夫市位于美国的中西部，该地区的住房都有地下室。许多居民会将地下室装修成游艺室或者正式的住房。如果是专业的承包商负责装修，他们懂得一些工作（电路）是需要领取许可证的。但当居民自己搞装修时，有的的确不知道需要到市政府领取许可证，有的是明知故犯为了省钱不去申请，未经批准（无证）改装电路并躲避了安装后的审查违反了美国的建筑法中"电路安装规则"（Electric Code）。

这类无证装修的违章工程很难被发现。那怎么执法？实际上，市政府市政法典执行部门不太担心这类违章行为。因为在法制、经济、文化大环境下这类违章问题不宜发生。

首先，美国居民装修自己的住所，除了提高生活质量之外，使自己的房产增值也是一个重要的原因。所以房屋增值一定会反映到负责房地产数据的政府部门（一般是负责房产税的部门）。或早或晚，有关部门会了解到无证装修的情况。其次，如果违章装修改变电路和上下水系统，施工时万一出现问题会导致比较严重的经济后果；今后使用中出问题，保险公司不支付保险金。最后，无论多长时间，一旦被发现——如在卖房产的时候，房主除了补交当年的许可证费用，还要加上利息（这一条写在市政府法典中）。

美国的房产交易过程中，买方一般会雇用专门的公司，将意向中的房产仔细检查一遍，而后将发现的问题写在一份正式的报告中。这份报告除了将发现的问题逐一列出来，同时还会将改正、修理的费用也列出来。一旦无证改造、修建被揭出来，虽然业主不遭到罚款，但市政房管是要凿墙开洞进行检查的，而且检查的标准是按最新标准，而后的改造达标的费用也会较高。如此麻烦和高费用，谁还会违章偷偷装修呢？

其实，如果由市政府的房管来检查一下施工质量，还是很好的。尤其是建筑物中被封在墙里的电线线路，如果不是按照标准铺设，今后会出问题的。因此，简单地说，在建筑工程这个问题上，从业主到承包商，违章从事工程的好处不多。

美国政府对于房地产的违法行为有一个很好用的工具：留置权。

留置权（Lien）是一种保护债权人在房地产问题上不受损失的一种办法，当债务人逾期不履行债务时，债权人有权留置债务人的房产并享有对该房产的优先受偿权。这里说的债权人可能是贷款的银行，也许是曾经修理过房屋的工程承包商。银行在发放贷款时，就可以在房产上加上置留权。还有一种留置权是由法庭加的，称为"判决留置权"。在诉讼中，如果输的一方需要支付对方一定数目的钱，需要用房产作为担保，那法官就会在输家的房产上加留置权。

留置权实际上是一纸公文，由银行或者法庭送给负责管理房地产记录的县政府。在房产过户时，留置权是所有房产权文件的一部分。当房产上被加上留置权，房产主在卖房产时，必须将所欠款项还掉才能继续进行交易。如果在一个房产上有几个留置权，包括政府的、银行的、一些工程承包的，还款的顺序如下，第一为政府，第二为银行，第三为工程承包商。

留置权与政府执法有什么关系？在与房产有关的执法项目上，如果执法受众拒交罚款，政府可以将违法人告上法庭。如果政府赢了，请法庭给对方的房产上加上留置权。

道纳斯格罗夫市政府曾经遇到这样一个案例：对方是一个居民。他长期不在家，但不能将自家的草坪妥善安排。他家的前后院子很大，两周不修剪草坪便成为乱草堆，邻居不断抱怨。市政府的工作人员多次联系他未果。市政府便雇用一个割草公司，每周到他家院子割草。45 美元割一次，当年从 5 月初开始，一直到 10 月末，割草费将近 1000 美元。业主回来后，拒绝支付割草的费用。他的理由是，第一，市政府没有努力通知他自己雇用割草公司来割草；第二，市政府的工作人员没有努力与承包商讨价还价，45 美元一次太贵。市政府将他告上法庭，结果胜诉。市政府的律师要求法庭就此人的房产加上判决留置权。几年后，这位业主准备以自己的房产做抵押申请贷款。他的申请被银行驳回：先还钱，将那个判决留置权从他的房产上删除，然后再考虑。他不得不到市政府补交 1000 美元，外加利息。

3. 政府的执法权力

美国宪法的《第八修正案》（1791 年），又被称为《权利法案》（Bill of Rights）。这个权利法案的主要目的是限制政府的权力，以保护执法对象的权益。诸如政府不能将嫌疑犯的保释金定得过高（Excessive Bail），残酷和过度惩罚（Cruel and Unusual Punishments），过高罚款（Excessive Fines），下面看另一个发生在道纳斯格罗夫市的实例。

2007 年春天，一个工程承包商（Contractor）在修建新房时将一颗年龄近 300 的大树砍倒。那棵树的确很老、很大，可算是参天大树，得几个人才能将它合抱过来。经常有家长领着孩子们和来访的客人专门跑来看这棵树，此举立刻引起从市议会到居民极大的愤怒。除了树龄大之外，砍倒这棵树带来的问题是：

第一，这棵大树属于市政府，用中国的话讲是"公家"的。第二，美国有一个非营利组织，叫作植树节基金会，这个基金会在美国全国城市中按照非常严格标准评选"美国树木城市"（Tree City of USA）。被选上的城市，除了有很好的名誉之外，每年还可得到一定的财政支持。道纳斯格罗夫市的居民非常支持这项活动，使得这个城市连年被评为"美国树木城市"。在树木和绿化这一项上开支非常高，但每年做预算时，从来没有削减这个项目的资金。可想而知，砍倒一棵 300 年的老树，"罪大恶极"。第三，《道纳斯格罗夫市政法典》上明文禁止砍伐在公共道路上的树木，这棵老树就是在便道上的。违章的开发商在道纳斯格罗夫市修建了许多房产，城管人员在工程初期按照规划法进行地产界定时，当面提醒过承包商。这次违章是明知故犯。

承包商为什么砍树呢？这棵大树所在的位置，虽然在公共便道上，但是正好在施工工地通向街道的正当中。一般的车辆可以绕行，但重型卡车不能通过。开发商本可以从工地的另一边开路，但他选择了这个下下策。市政府开发部的计划人员在审查计划书的时候，看到其他参与投标的承包商都遵纪守法，另开出入口，这也就是为什么城管人员要在施工初期特别提醒这个承包商的原因。

由于许多市民非常气愤，给市长和议员们打电话，要求从重、从快处理这个承包商。当时的市长特别指示法律部和法典服务部对这个承包商要严肃处理，市政府的工作人员似乎有几个方案。

选择一：重罚这个承包商；选择二：不发给这个承包商施工需要的许可证；选择三：今后不允许这个承包商再到道纳斯格罗夫市进行工程，或者几年之内不允许在这个城市承包项目；选择四：今后不允许这家承包商参与任何道纳斯格罗夫市政府的项目。

这些选择方案在一次专门讨论这个问题的会议上被提出来[①]。在议会的会议上，市政律师将这些方案全部否定。

先看选择一，重罚是不可以的。因为《道纳斯格罗夫市政法典》允许的最高罚款为5000美元。另外，这个承包商研究了《道纳斯格罗夫市政法典》，已经计算知道，砍树，然后挨罚要比另外开路要省钱。

再看选择二，不发给施工许可证是行不通的，因为不发各类许可证不是在处罚承包商，而是在处罚雇用承包商的业主了。业主本身没有违章，依法施工是承包商的责任。没有许可证，拖延了工程，最终业主要接受苦果。

最后选择三和选择四，虽然议会可以专门立法进一步惩罚那个承包商，但那将违反宪法《第八修正案》，构成了过度惩罚，从而剥夺了该承包商生活的基本权利（Deprivation of His Basic Needs of Life）。市政律师仔细地在会上解释了这一条，简单地说，对那个承包商的高额处罚有可能会导致他破产，那就算是违反了《第八宪法修正案》。有两位市议员咽不下那口气非要重罚，但在律师部的坚持下也只好作罢。政府手中没有想干什么就干什么的权力。

承包商最终被罚款5000美元，但是由于媒体的集中关注，这个承包商的名字被广泛报道。这可不是好名声，没有工商企业喜欢自己的名字与这样的案例联系起来。

最值得一提的是，由于那个承包商倍遭人恨的行为，道纳斯格罗夫市议会修改了法典中有关在施工现场保护树木的条款。这一个修改要求所有在道纳斯格罗

---

① 笔者之一参加当时高级主管的会议。

夫市施工的公司，将工地周围所有的公有树用铁栏杆圈起来。这一项规定有具体的要求，诸如栏杆的高度、宽度。这一项要求大大增加了施工的成本，遭到一些居民和当地商会反对。

四、小结：中美城管执法的差异

第一，两国城管所处的社会经济发展水平不同，面临的主要城管执法问题不一样。美国信奉"小政府、大社会"的理念，政府管辖的范围比较小，与中国城管面临的环境问题内容也不一样。沿街设摊、烧烤、占道经营、违章建筑等问题并不多见，最多见的是草坪修剪、积雪清理、排水影响他人、乱插标语牌、不按图纸改造建筑物等问题。

第二，美国对小摊贩采用疏导方式治理。美国在大城市或者小市镇中有计划地举办自由市场，平时美国人都在超市里买蔬菜和副食品。但为了顺应市场需求，地方政府也会举办一些周末自由市场。道纳斯格罗夫市的商会每年从春末开始一直到秋天，每周日都要在市火车站的广场上举办夏季市场（Summer Market）。每家每户，无论是自家后院种菜的居民，还是从附近农场来的菜农，都可把蔬菜和其他家庭做的小食品拿来卖。每一个摊位5美元。办这个夏季农场，市政府的责任是每周日派警员负责指挥那个地区的交通，提供护栏将该地区封闭起来，临时安排停车位，至于蔬菜、水果的质量和卫生条件则由县卫生部门负责了。除了这种有组织的农贸市场之外，没有在马路边上的小贩。许多美国城市都会举办类似的周末农贸自由市场，目的多是组织社区的活动，而不是为照顾低收入的居民，绝大多数美国家庭没有在路边设摊的经济动力。

美国各个地方政府，特别是大城市的市政府对小摊贩在便民方面的作用非常重视。纽约华尔街是美国的金融中心，白领阶层云集；美国首都华盛顿国会山附近，是美国政治心脏，政治家扎堆的地段；芝加哥市市政府周围，全是大银行、大公司的总部，拎公文包的人来去匆匆。但这些地区的便道有很多卖热狗、三明治、色拉的小贩。这些小贩有在那些地区的经营执照，有县卫生局办法的合格证。他们的食品也比较干净、有特色、快。移动销售车已经成为那些地段的风景的一部分。美国许多电影中都有政客、律师、法官到那些移动热狗摊上买快餐的场景。

第三，美国城管执法完全依照地方法典来进行。地方法典在立法的过程中，给予居民充分的参与制定法律的权利，参与各方非常灵活，非常有妥协性。只要不违反有关的州和联邦的法律，什么都可以谈。但是一旦通过立法形成法律，整个执法过程却非常僵硬，没有妥协性，这体现了执法的公平性和尊严（Integrity）。

第四，美国社会的法制水平比较高，执法和执法受众双方都不太可能在法律界限之外运作。从居民、小贩到正式的工商企业，遵纪守法的意识比在中国相对应的群体要高得多。居民违章搭建、建筑商无章建筑这些在中国常见的执法项目在美国很少见，但同时双方也可以通过法律来达到自己的目的。2010年美国一个7岁小女孩到马路边卖柠檬水，被路过的城管（检查卫生）制止，从而引起美国全国的愤怒。① 其实，那位城管本是依法执法，只是不近人情，这是非常特别的例子。

在道纳斯格罗夫市的法典执行史上最严重的案子，是市区中心一家爱尔兰餐馆在餐馆屋顶的平台上设桌，而且还有乐队。几天后，邻居到打电话到市政府抱怨这家餐馆的乐队影响到他们的睡眠。市政府城管给两张罚单：一张是为噪声；另一张是违反了规划法（那个区划不允许户外音乐；屋顶不允许有经营活动）。餐馆交纳了罚款之后，便开始游说市议会，请议会修改规划法（Zoning Ordinance）允许他们在屋顶招待顾客。这家餐馆努力了将近一年的时间，道纳斯格罗夫市议会修改了规划法，所有CBD的餐馆在条件允许的情况下可以在顶楼平台招待顾客。爱尔兰餐馆将顶楼的房顶重新修建，达到规划法要求的承重要求。音乐呢？周日到周四有乐队演奏，每晚必须在9点停止，周五和周六，乐队必须在10点停止。这个简单的例子可以看出，美国工商企业是可以通过公开合法的渠道与政府合作以达到自己的目的，但在中国这样的渠道很难存在。

第五，由于上述原因，美国地方政府执法运作不具有冲突性。我们还没有听说过有美国小贩暴力抗法的例子，也没有耳闻城管暴力执法的情况。由于美国城管不没收财产，于是就没有了暴力抗法的诱因。执法一方由于执法后面有法律依据以及法庭的参与，也没有了暴力执法的动力。如果动手暴打小贩，美国司法对此的处罚是很严重的，因此无论是面对违章建筑，还是乱扔垃圾、不修剪自家草坪，城管的基本工作都是警告、开罚单。如果对方不服气可以到法庭上诉。万一遇到有居民粗言秽语或暴力纠缠，城管可以拨打"911"，叫警察来执行公务。

---

① 7岁女孩在街头卖柠檬水被驱逐引全美国关注［EB/OL］. 网易新闻，http://news.163.com/10/0902/04/6FI348RS00014AED.html.

第八章 城管执法的运作机制

无论城管在社会舆论中有多么糟糕的名声，其在中国城市建设中的作用是不容忽视的。就目前中国公民的传统习惯、总体素质、经济发展水平来说，如果没有城管以及各种监管执法部门，中国大大小小城镇的面貌不会像今天这样整洁。我们可以想象，各类违章建筑会更多，小摊贩将出现在城市中每一个街口、每一个居民小区内，夏季的烧烤摊会将全城变成一个"大烟囱"，建筑垃圾处处可见……实际上，就对城市管理产生的实际功能来说，城管的作用并不逊色于其他政府部门，然而城管在中国政府机构序列中却没有相应的地位。

一、国家层面的功能缺失

（一）城管在中国政府机构体系中的位置

我国政府机构由中央政府和地方政府共同组成，中央政府包括国务院和下属的各大部门，包括国务院办事机构和直属机构，形成了由部（公安部、财政部、教育部等14个部）、委（科委、发改委）、办（法制办、台办）等40多个部门组成的机构。

中央与地方政府的关系是以中央为主的一元化控制体系中的一部分，地方政府是国家权力在地方事务中的体现（方雷，2015）。因此，各地方政府的机构也按照中央政府的规制设置，形成了"条条块块"的政府框架结构。在中央有部，在省里有厅，在地方有局，局下属有处。这是所谓的"条条"，"条条"隶属机构的运作方式、规则、技术要求等完全由中央部门控制。同时，地方的局、处也必须向横向的政府负责,而且财务、人员、工资等事项也由地方政府管理和提供,这是"块块"。以公安系统为例,中央有公安部,省有公安厅,市有公安局,区有公安分局,街道有分局派出的派出所,这是"条条"。地方公安系统也需要向地方的市、区、街委会报告,就是"块块"。

虽然"条条块块"的设置有许多运作的问题,但却也保证了中央对地方的控制和管理,地方部门在条块中的位置,也显示了中央对该地方事务的重视程度(或者不重视的程度)。然而,在如此重要的条块结构中却没有城市综合执法的一席之地。中央政府没有一个专门的"办""委"或者"部"去指导和管理各地的城市综合治理部门,各个省也没有设置相应的城市综合执法厅。换句话说,城市综合执法机关自打"出世"以来就是一个地方机构,由地方政府自由支配。

目前我国城市不论大小,都普遍设置有城市管理综合执法的部门,这些部门隶属关系和级别不一。有的独立设局(如Z市城市管理行政执法局),有的设在该城市机构序列的某个局(如青岛市建设局)下属,有的从属于某个委(如T市市容和园林管理委员会,负责协调考核各区的综合执法部门)。有的将执法机构设为市政府直属单位(如湖北荆门市设立直属的城市管理办公室,下辖城管执法中队),有的在下属的行政分区里设立城管综合执法局(如T市各区独立设综合执法局统一负责本区的综合执法工作),还有的下沉到街道里,甚至一直到城郊的基层乡镇,也设立专门的人(副镇长)负责综合执法的工作。在一个城市内部,一般下设有多层级的综合执法单位,但是它们互相之间有的有隶属关系(如T市H区综合执法局就是各个街道执法单位的直属上级),也有的只有指导关系没有隶属关系(如Z市城管行政执法局对各区的行政执法局仅是业务指导关系)。不同城市的综合执法部门根据其所隶属的单位定级别,非常复杂。它们就像在复杂的"条块分割"的政府机构拼图中的若干不规则图块,星星点点,斑驳混杂。如此缺乏中央统一规范的组织设置,而且是在全国范围大面积存在,在我国的政府机构管理里是很少见的。

新中国成立后,我国司法、执法、检察院干部的重要来源之一就是转业的军队干部。至今这些职业领域仍然是安置转业军人的重要部门。城市综合执法这个政府运作领域中也有许多军队转业干部。为了将转业的军队干部妥善安置,他们转业后的职位仍然需要与他们转业前的职位大致对应,导致许多行政执法单位的高层和中层领导都是转业军人。

这个传统到今天仍在继续,2015年底中央颁布的《意见》在讨论并提出解决城市管理中一系列问题的同时,在提到"严格队伍管理"的时候指出:建立符合职业特点的城市管理执法人员管理制度，优化干部任用和人才选拔机制，严格按照公务员法有关规定开展执法人员录用等有关工作，加大接收安置军转干部的力度，加强领导班子和干部队伍建设。说明政府仍然将行政执法领域视为一个安置转业军人的去处。

与其他政府职能机构进行比较时，发现城市管理综合执法部门有以下不同：

（1）城管机构在政府序列中地位不高。到今天为止，中央政府仍然认为城市管理综合执法是一个地方职能。2015年《意见》将城市管理综合执法运作标准、职业标准、培训、人员配置等重要事项交给各地自行处理。在现有的政府条条块块的结构体系中，各地城市管理综合执法机构分散在所在地方政府部门之中，执法范围依附在各级政府不同的分管部门，而那些部门都是正式的"条条块块"结构，有着明确的机构属性和授权，也有着从上到下的体制性护佑。城市管理综合执法部门则缺乏国家层面的业务指导部门，在各地政府部门序列中地位不高，最高领导级别不高①。

（2）由于城市管理综合执法部门仅仅隶属于地方政府，是"块块"的一员，地方政府便可以自由支配城市管理综合执法这个功能。从各地的情况看，综合执法单位的责任各不相同。2015年12月20日，深圳市光明区发生建筑废料滑坡事件，负责管理建筑废料堆放场地的政府机关是城管局。在深圳市，建筑垃圾收纳场的建设由建设局负责，运营方面由城管方面负责。相比之下，T市和Z市的城管单位却没有管理建筑垃圾永久处理的责任。

（3）在全国范围内，这个政府机构的归属问题由各地酌情处理。这本不是一个问题，但在一个严格的一元化体制中，各地方政府有如此权力的情况还不多见。在Z市，市执法局直接对一位副市长负责。在直辖市T市，市综合执法局是一个市容委下面的二级局。所谓二级局的地位远比公安局、财政局那些单位要低。只有到了区县一级机构时，城市管理综合执法部门才得到应有的承认，区城市综合执法局（队）直接向区长或者副区长汇报工作。那么，我们是否可以从综合执法单位在一个地方政府机构中的位置来判断领导对这个功能的重视程度呢？这是一个较难回答的问题。从直观上看，Z市的一个副市长主抓行政执法，而T市则将行政执法局置放到市容委下面，这就意味着行政执法这一运作与市级领导隔着一个行政层。

---

① 如T市H区城管综合执法局长由市容委副主任担任，仅为副局级。这一点在中央《意见》明确住建部为业务指导部门以后，可能会有所改善。

第八章 城管执法的运作机制

（4）由于完全在自己的管控下，地方政府就可以自行给行政执法单位分派任务。因此，随着时间的推移，行政执法机构承担的任务逐渐增多，最后变成一个负责项目繁多的超级部门。相比之下，国家纵向体系中的"条条"部门，很难接受地方政府强加在头上的任务，如我们从来没有见到过交通警去清除贴在电线杆子上的小广告。这可以解释为什么 Z 市高压电事故中那两位中层干部莫名其妙地受到处罚的原因：生产安全或者安全生产标准，似乎就应该是城管的工作。

（5）由于中央没有相应的统管部门，各地城管的名称、权限、行政级别、服装等都不统一。各地城管部门人员的配置不同（公务员与协勤的比例不一），城管没有一套全国性的运作标准，也无统一的培训计划。运作标准的不统一就会导致衡量工作绩效标准也不统一。由于城管在中央和省级政府中缺乏"条条"上的顶端上级，在进行政府绩效评估时，与城市综合管理相关的业务可能就不会成为一项重要的评估项目。在地方性的政府绩效评价中，城管部门的评价一般不高甚至"总是垫底"。

（二）无效处方：机构改革

从过去 20 年的实践看，地方政府在城市综合执法方面的做法并不太好，城管不佳的名声就是一个佐证。对此，地方政府最常使用的抓手就是机构改革。

新中国成立后，特别是自改革开放以来，中央政府一共进行了 8 次机构改革。这些改革都是集中在中央政府的机构设置，改革的内容不外乎精简机构：合并、去掉一些过时或者无效的部门，设置新部门；削减政府人员编制；政企分开，撤销具有企业管理功能的部门。最近的一次中央政府机构改革是在 2018 年，机构改革的目标是转变职能和理顺各个部门之间的职责关系。

然而，正如我国历代政治传统一样，我国地方政府机构改革的核心仍然在上下级关系的配置上，央地关系、上级政府如何控制下级政府成为政治体制的运作的关键环节。

地方政府的改革似乎比中央机关有更大的自主空间。例如，每一个县可以根据自己的具体情况进行机构改革。但是无论如何改革，焦点似乎都是围绕着职能部门的转合、领导权的调整。地方政府机构改革最终要落实到人员编制上，如在机构改革问题上走在"全国前列"的陕西省，其改革的亮点就是"精简机构"

和"核减编制"。①

类似事件将我们带入一个循环，中国地方政府出现问题说明政府机构需要改进，于是还需要新一轮的机构改革。如果机构改革效果不好还要继续改革，如此一轮又一轮的改革，形成了对机构调整的惯性依赖。

将行政执法放到机构改革的背景中，我们发现，城管的机构调整是改革的焦点，但城市执法功能问题却没有受到重视。各级政府为了使城市综合执法的工作更和谐、更有效，努力调整城管的隶属关系，改变城管的组织机构。但是地方政府对城管的人员编制却控制得很紧，认为城市综合执法队伍和功能本身没有改革创新的必要，也没有那样的空间。

一般来说，基层的城市综合执法单位是大队，下面再分为中队。大队或者中队的级别因地而异。如果城市综合执法单位是区直属单位，执法大队就等于是区执法大队。

将城市综合执法这一功能由区下沉到街道是一个比较流行的改善行政执法质量措施（刘厚明，2011）。一般来讲，省市一级城市综合执法政府机构中并无城市综合执法的人员配置。省市局的主要责任是负责监督并协调法律规章的执行，跨区域督办查处执法行动，下级机关的考核等。全市范围内的具体执法运作是由各区局承担了，各个区综合执法局则按照街委会的管界将执法队伍分为不同中队，各个区中队按照分配的辖界进行执法。

在我们的调研中，一位中队长对我们介绍执法队伍下沉到街委会的优缺点。优点是，当城市综合执法成为街委会的一部分后，街委会的工作人员可以动用一些城市综合执法人员没有的资源去解决一些"老大难"的问题。这位中队长还举了几个例子，例如，当一个"钉子户"小贩反复搭建违章建筑时，熟悉情况的街道干部去找那个小贩的父亲，请他出来做工作，效果不错。在另外一些例子中，街委会可以为居民提供一些经济上的帮助（低保），使得他们不需要到街上非法设摊。

这种由强制执法换为疏导的做法的确值得借鉴。而且，这些优点也正是将城市综合执法下沉到街委会的动因。各地在下沉的时候，时间和具体做法上各有不同。在我们进行调研的两个城市中，一个早在2002年就将市容执法（那时还不叫"综合执法"）下沉到街道了，而另一个城市则于2015年初开始这项改革。

---

① 方圆震. 陕西：机构改革整合精简走在全国前列 [EB/OL]. 中国政府网，http://www.gov.cn/xinwen/2016 - 02/23/content_5044869.htm.

但是将城市综合执法这一功能下沉到街委会也带来一些新问题。第一，街委会本身不是一级政府，而仅仅是"市辖区，或者不设区的市政府的派出机关"[①]，自身不具有执法资格。居民不服执法决定，想投诉街委会和执法队，但最终被诉的法人还是区、县。第二，对于街委会来说，城市综合执法是一项崭新的工作，街委会的领导和工作人员没有必需的法律知识和执法经验。面对一个完整的执法队伍，他们都感到不知所措。第三，下沉以后是否保留上级的指导单位，人员和经费如何管理，如何保障执法专业性满足执法要求，如何统一协调，单个街道的执法人员数量有限（尤其是公务员资格的执法者），大规模执法时如何协调其他队伍等，会出现原来没有遇到的各种问题。第四，也是最有意思的是，已经实现下沉的单位，下沉后的执法效果也未见明显改善。如已经将综合执法功能下沉到街道多年的Z市，面对今天的各种综合执法问题，也是颇感棘手。

从执法效果来看，在密度较大的城市里，将执法部门碎片化，实际上降低了执法的总体效能。美国纽约市的人口超过800万，但其组织结构非常简单：市长办公室和各个职能部门，并没有按区、街道再进一步划分，然而纽约市的行政执法（Code Enforcement）却相当有效。当然，美国城市的情况与中国的有很大差别，但我们仅仅从机构设置看，执法机构处在哪个位置上并不是问题的关键，因此城市综合执法效果欠佳的主要原因不在于机构调整。

二、综合执法却无综合支持

在组织结构中没有正式的一席之地导致一个可能的后果：城管成为孤岛上的孤儿，综合行政执法变成一个孤岛上的运作体系，也就是我们说的综合执法却无综合支持。

将城管的运作视为孤岛上的孤儿一点也不为过。我们的调研显示，城管实际上是执行其他职能管理部门的延伸功能，或者说管理权在职能部门，而执法处罚的责任在城管，这就是所谓"相对集中行政处罚权"。所谓"相对集中"，是把很多部门的末端处罚权都交给城管去做了。例如，拆除违章建筑，他们负责拆除和罚款，管理和定性是否违章建筑由规划局负责；清除街头小贩，打击无照经

[①] 《中华人民共和国地方各级人民代表大会和地方各级人民政府组织法》，2004年，第68条。

营,他们负责清理驱走,小贩前期的执照管理、卫生防疫等由工商局和卫生局负责;其他的诸如拆迁、打击贩卖黄碟、查处工程垃圾、清理露天烧烤、清理灯光污染、噪声扰民等工作,违法占路、马路扬尘、毁坏花草、毁坏公共设施等,城管负责了市容、园林、环保、规划、市政、工商、公安等很多部门的行政执法权和处罚权,这就是综合执法中"综合"一词的来源。也可以说,他们就是各个专业职能部门延伸出来的执法工具。但是在实际操作中,城管在许多执法领域中并不具备专业的知识,没有执法资质或者专业水平。如他们无法判断违章小贩兜售的是黄碟还是盗版的电影或者歌曲,他们难以区分多大的噪音是合理的,多大的噪声是扰民的。

一个重要的问题是,在现有的政府"条条块块"的结构体系中,城管没有"娘家",他们的机构分散在各地政府部门之中,他们接管了不同城市管理部门的执法(相对集中行政处罚权)工作,但很多执法需要有前期的信息和技术的支持,需要上游管理部门的配合和支持,但这并不是很容易的事情。我们在调研中遇到三件实例,令我们体会到城管在当今政府运作中的地位。

实例一

T市H区:在一次保线任务中,我们随城管出巡并在重点地区停车蹲点。领队的城管队员有意将车停在一个明显的地方,以便增加威慑力量。所谓"保线"任务,常与"保点"并用,意思是在城管的运作中,在一些街道(线)或者地区(点)进行重点巡视或者派队员蹲点,随时进行预防或者阻止违章行为。如每年6月初是高考时期,各个高考点周围要求不能有设摊卖货的小摊贩,这叫"保点"。每当有重大会议和中央领导人、外宾、专家来访,他们的车队的必经之路不能有设摊卖货的小商贩,就是"保线"。

我们那次重点保证的是一次在T市召开的国际金融会议,那条干道的治安和交通由警察负责,卫生由卫生局负责,市容方面由城管负责。城管的综合执法车停在一个路口的便道上,但正当城管队员准备下车去检查沿街的商店,确认便道上没有广告牌(领队的公务员是如此布置工作的)时候,一个交通警察过来,让我们马上离开那个地方。

我们可以用无可奈何来形容接下的谈话,解释、商量、寻求理解,都行不通。回到办公室后,大队长无奈地说,只希望违章行为没有被领导知道。否则,还真不好解释。

实例二

根据居民投诉,一个建筑工地外的街道上有建筑工程废物。这个执法任务是由区执法局转发到街执法队。这是晚间发生的事。当执法队员赶到现场，的确看到在工地外面的街道上有工程车洒落的建筑垃圾。城管队员找到工地的负责人进行询问，并请他们立刻清除街道上的工程垃圾。但对方的答复是，他们已经雇卫生局的人来打扫工地外街道上的工程垃圾了。这种情况下，城管队员不好再进一步说什么，但实际上，他们正常的做法应该是，让施工单位立刻清除他们的工程垃圾，将街道打扫干净。

街道上的工程垃圾本应属卫生局负责管理和清理的，但由于是夜间，便落到了综合执法队头上。且不说卫生局既执法又提供服务的做法是否合规，就城管执法遇到同行单位"挡路"的情况来说，当时城管队员的尴尬程度应当与被警察驱赶时差不多了。

实例三

每逢年节或者其他促销活动时，一些大型电器实体店总会在商店门前布置一些充气而成的拱门或者吉祥物，以打造气氛引起路人的注意。从城市管理的角度，在商店门前搭建那些充气拱门，需要到工商管理部门申请，得到领取许可证后才能进行。由于这类活动多发生在周末，这就为城管执法带来一个类似前两件小事那样的尴尬问题。一般情况下，城管不会主动干预，查询这类大型活动的许可证问题，除非有人投诉或者上级领导让他们去。当他们去查询时，经常会遇到这样的情况：

城管队员：有许可证吗？商家：有。

城管队员：可以出示一下吗？商家：可以，但有点困难。在领导手里，但领导今天不上班。周一行吗？

城管队员：……（活动仅仅在周末举行，周一还有执法的必要吗？）

在这类问题中，搭建户外充气拱门和其他"建筑"的是商家雇来的广告公司。广告公司认为自己并没有违规，其理由是举办促销活动的商家应该负责申请许可证。但按照规定，如果无法出示许可证，即应该视为无证办活动而取缔。但是城管如果强令拆除，执法受众却不是商家，而是广告公司。

这样就带出来一个问题：为什么执法者（城管）不掌握对方是否办理有许可证。我们问介绍情况的城管队员，难道他们没有接触工商部门的许可证系统权限吗？回答是没有，工商部门的这类信息是不共享的。

在实践中，类似的问题在我国政府其他运作过程中也常见。警察（110）、消防（119）、医疗急救（120），这三大类救急系统就是三个相互独立的系统，它们之间的信息也是不共享的，形成我们称之为的"信息孤岛"。在城管的例子中，虽然城管负责的项目远不如那三大应急系统的重要、那样人命关天，但城管终究是在周末替工商部门执法。他们去检查许可证，应该能够得到执法需要的有关许可证信息。

在中国政府的运作过程中，各个运作单位之平时很少合作。拿在马路执勤的交警来说，他们负责指挥交通，不负责处理交通事故，甚至都不会管指挥事故现场周围的车辆。一些小商贩非常了解政府各部门之间的运作鸿沟，我们在第六章开始讲的那个小贩在交警和城管之间钻空子的故事，就是一个佐证。

我们在这里引出"利益分割"的概念，这里的"利益"是一个广义概念，并非指经济利益，而是指运作中的方便和风险可控。每一个政府部门，在那个"条条块块"的框架中自成体系，存在着本部门的运作利益。在很大程度上，纵向体系的需求和规则要优先于横向体系的需求和规则，这种利益分割导致各个部门之间的信息分布呈孤岛状。

2014年，在北京市的人大会议上，为了解决城管运作中的问题，提高城管的运作水平，有人建议将城管队伍划入公安序列建立"城管警察"。这个建议很快就被否决，理由是会增加很多编制，鱼龙混杂，反而可能助长暴力抗法的可能性。有委员认为，城管执法不力，关键是执法权边界不清、相互交叉，是各个执法部门职能交叉，在工作上相互推诿造成的。① 从我们的分析可知，他的话虽有道理，但仅仅说对了一半。

中央政府终于下决心整顿城管的运作，2015年12月24日出台了《意见》，专门解决城市综合管理的问题。《意见》将城建部设为全国统管城管的中央管理部门，这是改善城管工作的重要一步。但是由于城管的工作过于综合，许多执法项目超出了城建部门的管辖范围，城建部以及地方的城建部门最终也只能是一个协调单位，其最终的改善效果还有待进一步观察。

三、公务保障和司法救济

城管执行公务的保障问题是城管实际运作中被忽视的问题，在诸多的媒体报

---

①孙伟. 城管变"警察"提案，能有多少支持？[EB/OL]. 中国网－传媒经济，http：//media. china. com. cn/zgwp/2014－09－27/300773. html.

道中，同时在我们的调研中也观察到，城管执法是一个具有暴力潜在冲突的政府工作项目。按照常识，作为代表政府合法执行行政处罚权的人员，在发生暴力冲突时，他们应该具备一定的职务保障，必要时需要警察介入解决。但奇怪的是，当冲突爆发时，执法方与执法受众方很少有人考虑拨打"110"，请警察出面解决暴力行为，警察一般也不会主动干预。往往等到执法暴力转变为群体事件之后，警察才会进行干预。就好像消防队灭火，火势不大不出面，而要等到小火成为大火之后才来灭火。

在我们的调研中，有好几个城管的中层干部都提到他们的工作中几乎没有警方的支持。我们采访过的那位城管干部张伟（见前文）给我们讲述了一个暴力事件：他带领的小组在清理市场时遇到一个卖西瓜的瓜农，在推搡中，他的右手掌被瓜农用西瓜刀割出一道长长的口子，鲜血直流。其他队员打"110"报警，但警察赶到现场后却将城管与瓜农一起带回派出所，按照民事纠纷处理。按道理，警察应该按照以暴力妨碍公务来处理。

为了便于后面的理解，我们有必要在此稍稍解释一下"妨碍公务罪"这个概念。《中华人民共和国刑法》（2015 修正）第二百七十七条是妨害公务罪。

"以暴力、威胁方法阻碍国家机关工作人员依法执行职务的，处三年以下有期徒刑、拘役、管制或者罚金。

以暴力、威胁方法阻碍全国人民代表大会和地方各级人民代表大会代表依法执行代表职务的，依照前款的规定处罚。

在自然灾害和突发事件中，以暴力、威胁方法阻碍红十字会工作人员依法履行职责的，依照第一款的规定处罚。

故意阻碍国家安全机关、公安机关依法执行国家安全工作任务，未使用暴力、威胁，造成严重后果的，依照第一款的规定处罚。

暴力袭击正在依法执行职务的人民警察的，依照第一款的规定从重处罚。"

根据这里提供的法律条文，有 4 类人员在工作时受到法律保护：国家机关工作人员，人大代表，红十字会的工作人员和人民警察，如果干扰这 4 种人工作就算是妨害公务。但是从城市管理执法的角度，这个第二百七十七条存在两个问题。

第一个问题是，没有对城管给予类似警察的同等待遇。第二百七十七条专门给警察给予了特殊关注：如有阻碍警察执行公务的，"从重处罚"。因为警察的工作本身具有很大的危险性，法律加以保护十分重要。相比之下，城管也是国家工作人员（如何界定的问题见下条），其工作冲突性也非常高，但他们的工作却没有受到法律同等的关注。除了在国家条条机构中没有城管一席之地之外，法律对他们工作提供的保护也不够。

　　第二个问题就是对"国家机关工作人员"的界定问题。这个问题比较微妙，以至于对城管的运作产生了一定的负面作用，虽然这个负面作用并不是法律最初的目的，而是在实践中体现出来的。第二百七十七条界定了法律保护的对象：国家机关工作人员。于是，从定义上看，这个"国家机关工作人员"群体应该不包括城管中的协勤队员，因为协勤不算公务员。同时《中华人民共和国行政处罚法》规定只有公务员——国家机关工作人员才能执法。在实际的执法实践中，我国城市大街上执勤的城管队员中，大多数是没有执法权的协勤。他们不能独立执法，只能"劝说"违章人停止违章行为，或者根据带队的公务员城管的指派进行暂扣活动（在百姓眼中就是没收）。由于第二百七十七条的规定，他们的工作没有相应的法律保护。一旦协勤城管队员与执法受众以及围观群众发生暴力冲突，警察事后只能按照民事纠纷来处理。

　　我们在调研中发现，各级城管的管理干部都非常了解这一点。L区的一位街委会干部对我们这样说：遇到要打架的违章小贩，我们（街委会的干部）都恨不得把脑袋伸过去挨打，那样就可以按照阻碍公务来处理了。也有的带队队长说，发生了冲突我们就把当事人说成我们正式队员，这样才有可能按照妨碍公务来处理。

　　由于职务保障的不足，我们接触过的城管干部多数都觉得，在大街上执勤或者解决违章建筑这些冲突性较强的问题时，他们是在孤军奋战。

　　执法受众似乎有的也了解这一点，他们有的要分辨城管身份，认为若想"战胜"城管，那就必须将事情闹大。闹大了才会有领导和舆论的重视。再闹大点，搞成群体事件，那就可以成功地"抗击"城管了。

　　2016年4月13日，河北省三河市又发生一起城管—商贩冲突事件。新闻报道的标题是"冲突中扯破女贩衣服　涉事城管被辞退"。仅从标题我们就知道城管队员是整个事件的输家（第二输家）。一般在所有这类报道中，媒体会详细地介绍事件的来由以及领导处理的办法和结果。这个案子的结果是，双方经劝导"均已认识错误，并相互道歉，取得了谅解。商贩也保证不再违规占道经营"。① 但是值得注意的是,这件事似乎就到此为止了,没有媒体会接着进行跟踪调查,看看违章商贩是否从那之后停止了违章行为。

在上面案例中,双方打斗起来,中年女性小贩在扭打中上身赤裸,城管队员也已受伤。但双方都没有想到打拨"110",请警察来处理。退一步讲,在事态开始向暴力肢体冲突发展时,城管队员没有做到,甚至没有想过,应该由警察来阻止暴力行为的发生。在这里我们不是建议请警察来帮助执法,而是希望由警察出面制止暴力行为。

从大量媒体的报道中,我们还没有找到由警察出面阻止暴力行为发生的案例。在我们随队观察的那次"烧烤大清理"行动中,车队中有一辆警察的车。但在整个"大清理"过程中,两位警察始终没有下过警车。即便在肢体冲突已经开始的时候,车上的警察仍然岿然不动。

警察不参与的原因,是因为协助城管的工作不算是警察正常执行公务的范围,除此之外,警察方面的另一个顾虑是不愿意替城管执法。一些地方城管借助警察执法,会导致城管更加粗暴,服务理念让强权替代,结果更加深了城管与执法受众之间的矛盾。②

在完善的国家治理体系中,行政执法系统、警察系统、司法系统,应该形成一个互相支持、互相协调的管理架构。行政执法对一般性行为进行规范,警察负责治安和人身强制,司法系统提供司法救济。美国公务人员在处理违章行为时,很少在当场与违章者争辩,只是开出罚单。那些不服气的违章人员可以到法庭申诉,请法官判定是否缴纳罚金。

在我国城管工作的支持系统中,法庭是否能够支持呢?在我们的调研中,在一些违章建筑拆迁的案例中,法庭的作用有所发挥。据Z市L区执法局法制科(该科负责审核案子法律适用性)负责人介绍,该单位每年过手的案子平均在70例左右,虽然不多,但也一定程度上体现了司法的救济作用。但是这些案子中并不包括数目更大的冲突性高、违章程度却不高的占道小贩。于是,当销售蔬菜、水果、小百货的违章小贩拒绝改正自己行为时,或当违章者拒绝缴纳罚金时,城管队员就不得不对小商贩的物品进行暂扣,接下来就要面临两种情况:①违章小贩是否能眼睁睁看着自己的财产被"没收"而无动于衷,会不会谩骂,甚至采取激烈行为?②作为代表国家执法的城管队员——无论是公务员城管,还是协勤

---

①② 孙伟. 城管变"警察"提案,能有多少支持?[EB/OL]. 中国网 - 传媒经济,http://media.china.com.cn/zgwp/2014 - 09 - 27/300773.html.

城管，是否能做到骂不还口，打不还手？从实践中看，这些工作是很容易出现暴力冲突的。

这就是我国城管执法的困境。在执法者与执法对象之间，没有警察的介入，缺少法庭的仲裁，双方直接冲突，最终导致悲剧，对立的双方没有胜利者。正如我们前面所说，在这里，城管实际上成为输家，但却是第二输家。那谁是最大的输家呢？是法律和法律的尊严。因为城管是执法者。在法律和制度缺失的情况下，对城市公共事务的管理沦为人与人之间的对立，规则的意识、法律的尊严，在层叠而出的暴力事件中日益模糊。

四、评估激励的制度缺失

组织运作的有效性、组织成员的积极性与组织目标以及测量评估体系相关。但是城管工作的绩效评价体系却面临诸多的问题。与一些独立的政府项目（如旧城区改造）相比，城管行政执法是一项长期的持续的政府运作，评估方式更为强调远期效果。由于行政执法缺少一个自中央到地方的"条条"，从中央到地方的各级政府机构没有形成一套统一的或具有指导意义的衡量行政执法效果的系统。在调研中，我们也没有观察到在基层执法单位和上级机关之间有一套系统的评估体制。在目前这种纷繁复杂的机构运作中，能够完成上级任务就是城管最大的目的，不同单位相互之间的统一考核标准和考核体系，根本无从谈起。

在公共政策绩效测量中，比较突出的问题是政策实施的反馈问题。一般来说，公共政策的效果不会在短期显示出来，这使得绩效测量的过程非常缓慢，有一些政策在实施了好多年后其负面影响才有所显示，像"黄灯禁行令"那样尚未实施就知道行不通的例子非常少见。为了克服类似的"先天不足"，一些政府项目在实施之前就建立了相关的绩效测量方法。例如，一些发达国家的地方政府在开展社会救济项目的时候，就具体设置了一些标准，为以后的测量评估做准备。但是如果没有一个有效的信息反馈系统，公共政策的测量评估也是一句空话。

在调研中，我们看到在城管执法局与所属大队，或者大队与所属中队、支队之间，有的具备了一定的绩效考核关系，并建立了某种形式的绩效考核指标内容。但是这些考核指标不成体系，科学性和稳定性不够，实际操作中的激励效果并不明显。其原因在于:第一,城管的任务边界并不清晰,考核期间可能还有工作内容的大幅度调整。第二,城管工作的临时性、随机性比较大,有时出现偶发事件,或者某位领导发话(有时并非城管主管领导),都可能成为城管临时的工作任务,这种临时任务往往成为主要任务限期完成。第三,在目前的城管工作状态下,工作好坏很难用具体指标来体现,即使设立了指标也很难测量。如城管在平时的市容执法运作中,大街上是否存在违章小贩可能是一个比较容易的测量指标。但这并不能成为绩效好坏的判定依据,因为各地情况千差万别,有没有违章小贩更多地与地域而不是与城管工作的努力程度相关,而且不同时点的观测结果可能有很大的差异,导致迥异的结论。第四,城管工作的目标是不确定的,受到形势和政治性等因素的影响,对城管完成任务的目标要求也不一样。第五,城管工作具有反复性和周期性,不同的考核时间点会得出不同的结果。第六,不同区域的城管面临着不同的工作难度和工作基础,有的区域就是车站、商业区或者下层民众聚居区,管理难度大,用同一套指标去测量,绩效得分就会吃亏,如果专门设置指标又失去了横向评估比较的意义。第七,城管工作的效果有短期效果也有长期效果,评估中很难区分哪些是目前工作的结果,哪些是历史积累形成的。从全国各地行政执法中接踵发生的暴力事件来看,行政执法的短期和长期效果并不令人满意。

第九章 城管执法的决策机制

城市管理是个巨型系统,城市管理综合执法只是城市管理的一个方面。虽然如此,但城管问题涉及无数的城管队员、更多的小商贩,以及他们身后千千万万的相关人员。因此,城管冲突往往引起举国关注。面对如此一个令人忧虑乃至头痛的运作项目,政府是否重视?面对运作中出现的问题,决策者们是如何应对的?本章对我国城管政策的制定过程进行探索。

一、公共政策的决策体制

(一)不同决策体制的比较

中国是一个经济、土地、人口大国,管理这个大国的各级政府几乎覆盖了经济、社会和文化运作领域。政府通过制定各种各样的政策,规范社会秩序、调节人际关系、分配社会利益,影响千家万户的中国人的日常生活。这里提到的各项政府政策,也被称为公共政策。与私营的工商企业相比,政府政策的制定过程、政策本身以及政策预期的结果都体现两个重要特点:一是公共性(涉及面广);二是公共利益的选择性(分配公共利益的规则和方式不同导致不同的受益结果)。

公共事务的资金来自于各方面的税收(取之于民),政府掌握了公共财政,并要进行使用和分配(用之于民),公共政策是政府完成如上任务的手段和工具。在公共政策制定实施过程中,由于每一项公共政策总要在一个特定的时间内对社会某一个群体有利(公共利益的选择性),这会导致公共政策制定和执行的难度很大。由于不同人有各种不同的偏好,决策者永远难以真正实现人人满意的、完全公正合理的利益分配,无论是按需分配、按劳分配、按能力分配、按地位分配、随机分配,任何一种分配方案总会导致一部分人满意、一部分人不满意,这就是著名的阿罗不可能定理。于是,实现大多数人满意就成为决策者可行的决策目标。

但即使是让大多数人满意也不是那么容易实现的,人们研究了很多方法,如寻找英明的管理者、草拟完善的计划、制定竞争的规则等,最后发现,只有众意才能实现众意,只能通过大家的共同投票选择,才能实现最后的符合大多数人利益的分配结果。因此,公开的决策过程非常重要。公共政策的制定必须是一个公开的过程,要给全社会提供一个决策平台,在这个决策平台上,每一个相关的社会群体都有机会了解政策制定过程,有权发出自己的利益诉求,参与政策的制定之中。

这个民主的决策过程是多元利益主体博弈平衡的过程,在平等的竞争规则下,大部分参与者的利益都不会受损,这又分为以下两种情况:①在全体一致规则下,所有决策参与者的利益都不会受损(为了达成一致,决策者会设计各种利益补偿机制,使参与者的利益至少不会受损);②在多数决策规则下,多数人的利益能够得到保障(为了避免多数人暴政,还要设计保护少数人基本权利的制度)。也就是说,在这种民主决策模式下,所有决策参与者的利益也许不能达到最优(因为众人投票决策以及为了平衡利益而进行的博弈平衡是要耗费大量的决策成本的),但是可以避免最劣,也就是不会产生使大多数人利益都受损的决策。这就是我们常说的,民主可能不是一种最好的制度,但它至少是一种最不坏的制度。

与民主决策体制对应的是首长决策或者少数人决策体制,这个决策体制下,有可能因为遇到了一个(或几个)英明的、有远见的领导,只需要比较少的决策成本(领导决定而不是要获取所有人的同意)就能够形成最优决策,实现了最佳的发展路径(这个最佳的路径可能是先苦后甜的大跨越。在民主决策体制下,大众往往是短视的,很难选择眼前使自己利益受损的决策方案,哪怕他们知道这个决策方案在未来可能会取得更大的收益),每个民众都受惠于这个英明决策所带来的巨大成功,而实现了个人利益的最大化,这是民主决策体制下难以实现的最佳决策结果。

但是首长决策体制却也有可能产生最坏的决策。少数决策者因为能力、见识的局限,由于个人私利,以及被利益集团利用、收买等原因,而制定出对大多数人都不利的决策,导致大多数人都不能从中得到好处甚至会深受其害。所以说,不民主的首长或少数人决策体制既有可能形成最佳的决策，也有可能产生最坏的决策。

在首长决策制度下，人们只能祈求命运的垂青，让首长能够具有高尚的人格、睿智的眼光、超人的能力，以带给他们最好的决策，但是这是可遇而不可求的。有很大几率会遇到一个平庸的、自私的，容易被人利用或者甘愿被人利用的首长，制定出很坏的决策，而这一决策的受众却对此无能为力。因此，现代社会的人们为了把命运掌握在自己的手上，更愿意选择民主的，也就是让多数人参与的决策体制。

但是民主决策也有悖论。在现实社会里，一个能够集合众意的民主决策平台需要有较高的，不是所有国家和地区都能满足的社会前提（物质条件、舆论开放、民众素质等），有很高的制度、程序和技术难度。如果不满足民主的基本条件而硬要采取民主决策体制的话，会导致一个名义上的"民主决策"，决策过程被人利用，而最终形成极不公平的分配结果。甚至还不如由一个权威管理者根据他自己公正判断而做出的决策。就像政治学家古德诺曾提出"好的君主制优于共和制"的命题一样。

（二）我国政府的决策问题

我国政府决策采用民主集中制，这种决策体制将民主决策与集中决策有机统一起来，要实现"在民主基础上的集中，在集中指导下的民主"[①]。决策过程强调"从群众中来，到群众中去"，"从群众中来"收集并考虑了多数人（群众）的意见，"到群众中去"强调要服务于和有利于大多数人（群众）。从理论上讲，这是非常科学的设计，在现实中也取得了巨大的成功。但是仍旧需要从理论到实践操作环节的完善。例如，什么样的决策才算是民主和集中的有机统一？采用什么样的决策步骤能真正实现"从群众中来，到群众中去"？如果缺乏可操作性的程序，就变成了对民主集中决策原则的艺术化把握。在这种条件下，是否能够实现我们的决策设想，就取决于决策者（领导）的群众意识、领导能力和领导艺术。

正如前面对首长决策体制的分析一样，领导的意识、能力、艺术，还都是领导人的个体因素，他的决策风格是民主还是独断，他决策时多大程度上吸纳了群

---

① 1945年4月24日，毛泽东在中国共产党第七次全国大会上，把民主集中制中"民主"与"集中"的关系概括为"在民主基础上的集中，在集中指导下的民主"。

众意见,考虑了哪些群众的意见,决策的方案有利于哪些群众,等等,都是难以量化的,也难以实现明确的控制。我们所能做的,只有从外部的规则、程序、步骤等外部监督入手,尽量使领导个体完成好民主集中制的决策方式。

在目前,我国政府决策还算不上一个公开的过程。许多涉及千万居民的政策,从议题的确立到制定过程,一直到最终形成决策,往往都在政府大楼里完成,有的还刻意对公众保密。结果导致在有些例子中,公共政策始一颁布,即遇到公众的强烈反对而终止执行。

例一:"黄灯禁行令"。2012年底,公安部修订《机动车驾驶证申领和使用规定》,将在黄灯时通过的车辆视为闯红灯,驾驶员将被罚款,新规定在2013年1月1日开始生效。这项规则公开后,各界舆论大哗,许多司机纷纷表示这项规则非常糊涂,是一项不可执行的规则。

如此重大的公共政策的修改,影响到上亿的驾驶员。但是政策修改过程却没有经过公开的程序。北京大学城市与环境学院吴必虎教授向公安部递交了《关于"黄灯禁行"的执法依据的政府信息公开申请书》,但公安部没有回应①。

这是一个典型的负面案例。"绿灯行,黄灯慢,红灯停"是一个国际通行的规则,《中华人民共和国道路交通安全法实施条例》也是如此规定的。网上有大量的文献介绍在19世纪初期,交通信号灯的设计者是如何考虑使用红、黄、绿三色来管制交通的。新规定的制定者显然没有仔细考虑将黄灯视同红灯会导致什么样的结果。这项新规定实际上将黄灯和红灯的区别去掉,从广大驾驶员的实际落实情况看,这项改变不但可操作差,反而增加了不必要的事故②。公安部在面临全国性反对的压力下多方维护、解释③,直至最后公安部交管局表态:闯黄灯行为以教育为主,暂不处罚,这条黄灯等于红灯的新规定也就不了了之。

直到现在,外界也不知道公安部"黄灯禁行令"的政策是如何决策的,经过了什么程序,哪些人参与了政策制定,如何贯彻民主机制决策原则,是否进行了可行性论证,有没有试点或小范围的试验,有没有公示征求意见……仓促出台之后,又是什么原因使交通管理部门开始考虑暂停执行等,以上这些都是公共决策过程中的关键因素。我们从侧面报道了解到,2013年1月5日公安部交管局

---

① 北大教授要求公安部公开黄灯禁行法律依据。原载《法治日报》。《凤凰网》:http://news.ifeng.com/mainland/special/xinjiaogui/content-3/detail_2013_01/04/20779391_0.shtml(2016/07/04 阅读)

② 新交规初始闯红灯事故下降黄灯停追尾增多,http://auto.china.com.cn/news/domestic/20130105/475023.shtml。

③ 见 http://news.163.com/13/0104/04/8KBLSL8J00014AED.html 等报道。

步出藩篱的路径探索

组织了包括交通、法学等各方面专家论证会,据说今后还将组织召开包括驾驶人等在内的各界人士的座谈会,研究出台"闯黄灯"的处罚实施细则,① 这实际上把专家咨询变成了决策之后的论证会。

这个例子非常典型地暴露出了我国政府的决策中可能出现的问题。② 因为这项决策相对简单,预期的效果比较明显,对政策优劣的判断也相对容易。但是绝大多数其他公共政策的决策过程要比这项糊涂决策复杂得多,如果政府部门闭门造车制定政策,或者没有按照民主集中制、群众路线的原则而制定政策,人们很难判断和评价这样的政策到底是不是一个好政策。

例二:山东龙口石化产园。山东龙口市政府与新加坡某公司合资,建立一个大型石化产业园项目。2016年当项目于进行到环境影响评估阶段的时候,龙口市民得知此项目。5月11日,上万龙口市民在市政府门前聚集,呼吁政府停止上马这一项目。根据《财新网》的报道,居民之所以反对该项目的原因是政府对于项目的信息公开力度不够,"让居民无法对项目本身有更深入的了解"。③ 由于居民的抗议,龙口市叫停了这项化工项目。实际上这个项目于2014年6月就签署了协议,但直到两年后公众才得知这个消息而表达意见。我们可以推测,如果龙口市政府在立项签署之前将此项目公布于众,或者邀请环保人士和公众参与项目的决策过程,应该可以避免2016年5月大型群体抗议事件的发生。

例三:广东肇庆焚化场。2016年春,广东肇庆市计划在高要区修建一个垃圾焚烧发电设施。但这个项目从初期的可行性研究到预算计划,再到开始征地都没有向公众公开。由于这样一个设施对周边环境可能有非常负面的影响,附近居民得知后,几次聚集在高要区政府门前示威,要求政府取消修建项目。6月底,大规模的居民抗议行动与警方发生冲突,显出向暴力事件发展的倾向。④ 2016年7月3日,高要区禄步镇政府发表公告,正式停止项目的征地工作。

例四:PX项目。PX(对二甲苯)项目是媒体常见热词,从厦门,到成都、南京、青岛、昆明、彭州、茂名、大连等,此起彼伏地传出抗议PX项目在当地

---

① http://auto.qq.com/a/20130107/000043.htm.
② 根据学者王绍光发表于《中国社会科学》2006(6)的文章,我国政府议程设置的模式分为关门模式、动员模式、内参模式、借力模式、上书模式、外压模式六种,本例属于典型的关门决策模式,例二、例三、例四决策的修改属于外压模式,但最初的决策是封闭的,属于关门模式。
③ 张嫣.山东龙口因市民反对叫停大型石化项目[EB/OL].财新网,http://china.caixin.com/2016-05-11/100942284.html.
④ 佚名.广东肇庆禄步镇万人抗议建焚化炉演变成警民冲突[EB/OL].法律法规网,http://www.lc123.net/xw/rd/2016-07-03/428976.html#xg.

选址建设的声音。如厦门PX项目，早在2001年，厦门市政府就与台资企业腾龙芳烃（厦门）有限公司达成建设意向，计划投资逾百亿元，在厦门海沧区建设PX项目，并启动了项目申报程序。2004年2月国务院批准PX项目立项。接着，国家环保总局通过了PX项目环评，国家发改委核准通过PX项目，2006年11月PX项目正式开工建设。在长达六年的时间里，多数厦门居民对此一无所知。直到2007年3月，政协委员赵玉芬等提出政协1号提案《关于建议厦门海沧PX项目迁址的议案》，并在"两会"公布。提案指出，PX项目离居民区太近，项目5公里半径范围内的海沧区人口超过10万，居民区与厂区最近处不足1.5公里。如果发生泄漏或爆炸，厦门百万人口将面临危险。一石激起千层浪，厦门民众强烈反对这一项目，纷纷上街"散步"并引发冲突。接下来，政府宣布工程暂停，双方展开对话，又经过二次环评、公众投票，到最后迁址到漳州古雷半岛，该事件方告平息。

按理说，规模如此巨大、影响如此深远并且具有如此危险性的项目，在决策引进前必须经过公开的民主决策程序，或者召开听证会征求广大民众看法。但是我们看到，各地政府的做法如出一辙，都是事先悄悄地签协议、申报立项、开工建设，刻意保持低调。只是此举一旦被民众发现，就会引起巨大反响，导致项目被迫搁浅。

以上种种事例使我们得出结论，我国地方政府的决策系统自成体系，独立运行，并没有建立公众参与政府决策的确定渠道。因此，政府决策方案往往没有仔细考量公众的感受或利益，导致居民采用网上非议、群体上街等形式来表达自己的利益诉求。

由此归纳出我国政府决策可能存在的问题：

（1）政府决策过程封闭。政府决策中要解决什么问题（决策议题）？决策目标是什么？决策方案如何定？都是由政府说了算。政府决策前往往没有贯彻群众路线，或者贯彻不到位，导致公众无法深入了解决策议题，更遑论参与政府的某些决策过程。

（2）决策机构可能并没有掌握必需的决策信息，也没有进行足够的可行性论证。虽然我们无法通过直接参与来研究政府的决策过程，但从决策结果导致的显而易见的问题，以及公众事后的反应来推测，地方政府事先并没有收集必要的决策信息（如决策前并不了解公众对项目的可能反应），也没有进行充分的可行性论证。

（3）决策者对决策可能带来的影响，包括对环境、经济收益对周边居民利

步出藩篱的路径探索

益的影响等因素并没有全面的评估。但由于决策过程的封闭性,决策者很难听到不同的意见。

(4) 政府决策的机会主义倾向以及由此导致的决策结果的巨大不确定性。由于前期没有充分的调研和沟通,政府决策结果公布后,往往面临公众的拷问和反对,导致决策结果充满变数,已经上马的项目也有可能被拿下。政府决策者如果事先预料到这种变数,还要采取这种决策方式,就意味着政府决策具有明显的机会主义倾向,想碰碰运气,闯过反对关就能够推行了。

(5) 政府决策的随意性、盲目性以及易变性,既造成了社会经济资源的极大浪费,也降低了政府的威信,损害了政策的权威。盲目而随意的决策会增加人们对政府的不信任感和对政府治理的不满程度,有百害而无一利;而且政府决策一旦面临压力就改弦更张,或者被迫中止,可能会助长反对势头,损害政府的威信,导致前面提到的城管整顿市容时遇到的问题:小贩采用群体形式对抗城管队员,只要将事情闹得足够大,政府一方一定会处分城管队员,小贩们违法设摊、违章搭建反而会不了了之。这样的政府退让结果,反而进一步助长了小贩集体抗法的可能性。

(三) 对城管决策的评价

客观地说,在政策决策实践中,一定程度的盲目性是难以克服的。公共政策的制定过程中存在盲目性,不仅仅是由于政府决策的主观原因,如事先不考虑公众的想法,或者没有让公众参与等,而且在决策过程中确实存在一些"先天问题"。首先,多数公共政策很难实验,导致公共政策制定在一定程度上存在着盲目性。制药行业的研究人员可以在小白鼠身上做实验,检验新药是否达到预期的效果,但政策研究人员却不能在政府项目的对象——人身上做实验。其次,决策部门可能事先难以收集到做出正确决定所需的必要信息,政府决策缺乏类似私企的利润衡量标准,导致政策目标很难确定,绩效效果很难衡量,所做决策就不能实现科学性,很难使得各方满意。

公共决策的成功建立在对现实情况透彻了解的基础上,城管决策同样如此。要想制定科学的决策,就要建立一套科学的决策体系,建立科学的政策信息收集、绩效测量系统,从而形成从决策到实施到反馈的闭环回路系统。

在公共政策绩效测量中,另一个比较突出的问题是政策实施反馈问题。一般来说,公共政策的效果不会在短期显示出来,这使得绩效测量的过程非常缓慢。有一些政策在实施了好多年后其负面影响才有所显示,像"黄灯禁行令"那样尚未实施就知道行不通的例子非常少见。为了克服类似的先天不足，一些政府项目在实施之前就建立了相关的绩效测量方法。如美国一些地方政府在进行社会救济项目的时候，就具体设置了一些标准，为以后的测量评估做准备。但如果没有一个有效的信息反馈系统，公共政策的测量评估也只是一句空话。

我们在研究中发现，由于行政执法仅仅是一个地方政府的功能，在中央政府与地方政府之间没有正式的反馈渠道。在政府决策的封闭性现实下，我们不了解城管执法引起问题甚至发生群体事件之后，事发的地方政府是否采取了相关措施防止类似的事件重复发生。

上级部门也曾经派人到我们进行调研的执法单位搜集资料以改善行政执法运作，但如此的官方调研效果并不好。比如市党校下来人搞调研，在基层被视为上级单位派人来检查工作。结果，党校的学者找基层执法人员进行面谈了解实际情况，但参与面谈的城管干部们都已经被告知"别乱说"。尽管也有个别参加面谈的城管干部比较客观地介绍了情况，但党校的学者是否对城管的运作有一个全面的了解仍然是一个问号。从实际工作中看，在调研结束之后，上级单位也没有采取任何改善行政执法运作的措施。

二、中共中央国务院《意见》评述

2015年底，中央政府发布了《中共中央 国务院关于深入推进城市执法体制改革 改进城市管理工作的指导意见》（以下简称《意见》），对城管工作的问题症结以及解决办法给出了顶层设计方案，下文就对此《意见》进行分析。我们的分析是基于一种"补什么"看"缺什么"的反向研究方法，这种分析方法类似于工程设计上被称为逆向工程（Reversed Engineering）的研制方式，《意见》的全文附在本书末以供参考。

（一）相关文件摘要

《意见》是对城市管理的方向性指引，表明中央政府已经开始重视城管问题，主要相关观点摘录如下：

第一，此文件所要解决的问题超出城管工作范畴，中央显然将城管工作放到城市综合管理的大背景之下来看待。文件提到中国"多数地区在城市市政管理、交通运行、人居环境、应急处置、公共秩序等方面仍有较大差距",这其中许多方面并不属于城管的工作领域。但接下来这份文件又将镜头聚焦在城管执法,文件承认城管执法中存在暴力,并称之为"执法行为粗放"。

第二,在中央眼里,除了"执法行为粗放"之外,其他问题如下:①管理体制不顺。②职责边界不清。③法律法规不健全。④管理方式简单。⑤服务意识不强。

第三,城管运作的作用。

第四,指出城管运作中的问题后,这份文件开出了"治病药方":

(1)"归属问题"。国务院住房和城乡建设主管部门为中央主管部门;各省、自治区、直辖市设置相应的主管部门。

(2)机构设置问题。区级(设区的市),可派驻街道;综合设置机构,整合市政公用、市容环卫、园林绿化、城市管理执法等城市管理相关职能,实现管理执法机构综合设置。

(3)着装与标识问题。2017年底前全国统一着装、标识、车辆。

(4)公务员城管与协勤比例。协管人员数量不得超过在编人员,并应当随城市管理执法体制改革逐步减少。

(5)综合执法权的职责分配。①住房城乡建设领域法律法规规章规定的全部行政处罚权;②环境保护管理:社会生活噪声污染、建筑施工噪声污染、建筑施工扬尘污染、餐饮服务业油烟污染、露天烧烤污染、城市焚烧沥青塑料垃圾等烟尘和恶臭污染、露天焚烧秸秆落叶等烟尘污染、燃放烟花爆竹污染等的行政处罚权;③工商管理方面:户外公共场所无照经营、违规设置户外广告的行政处罚权;④交通管理方面:侵占城市道路、违法停放车辆等的行政处罚权;⑤水务管理方面:向城市河道倾倒废弃物和垃圾及违规取土、城市河道违法建筑物拆除等的行政处罚权;⑥食品药品监管方面:户外公共场所食品销售和餐饮摊点无证经营,以及违法回收贩卖药品等的行政处罚权;⑦行政强制措施:城市管理部门可以实施与上述范围内法律法规规定的行政处罚权有关的行政强制措施。到2017年年底,实现住房城乡建设领域行政处罚权的集中行使。

(二)评估

截至2018年8月,我国已有1203个现行法律法规在运行。同时,中共中央和国务院每年还下发百余个新的政策文件。这些法律法规和政府文件,涵盖了中国社会经济发展的各个方面。需要注意的是:政策文件是国家政权机关、政党组织等权威机构以文件形式提出的目标、原则、任务,以及实现的工作方式、步骤和措施。政策文件可由相关行政和业务单位具体操作执行,但它不是法律,不具有法律效力。这次颁布的《意见》即属于对我国城市管理和政府机关部门的内部运作要求,是政策文件而不是法律。

1. 行政执法的基本原则问题

《意见》将立法与执法原则混为一谈了。这份文件提到行政执法应该坚持以人为本,牢固树立为人民管理城市的理念,强化宗旨意识和服务意识,落实惠民和便民措施,以群众满意为标准,切实解决社会各界最关心、最直接、最现实的问题,努力消除各种"城市病"。

这里的文字本应该是立法原则,而不是执法原则,将立法与执法混同起来会为执法实践带来严重的问题。比如文中提到的"以群众满意为标准",如果城管在执法中遵循这条原则的话,就会遇到两道难题。第一,"群众"这个群体不好识别。违章的小贩们算群众吗?我们知道,在城管处理沿街叫卖小贩的时候,有的居民为整洁街道的行动叫好,也有很多居民认为小商贩是在方便居民生活,认为城管不该管;在诸多的暴力执法、暴力抗法事件中,无论是小贩们,还是围观的群众,都没有站到城管一方,"以群众的名义"这个口号显然就站不住脚。第二,由于"群众"难以识别,那这个模糊群体的满意程度就更无从谈起了。2016年4月30日,中国南方重镇海口在房屋拆迁过程中发生了该区联防队员殴打群众的事件。且不说拆迁本身是否正确,但由于拆迁队员动手殴打业主,导致该区领导被问责,遭到撤职的处分。更严重的是,本是合法的拆迁项目,因业主强烈反对,加上拆迁队员暴力打人,项目就停了下来①。整个事件中,"群众满意"似乎与依法拆迁毫无关系,也很难区分出哪些群众是应该满意的群众。当然,我们十分理解,文件中提到的群众是泛指大多数人,如整洁的市容符合广大市民的利益,维护市容就是让群众满意。但群众满意应该是立法的目的,而不是执法人员的工作原则。

我们在城管的具体运作中常常看到,执法与不执法(或者说,管与不管)完全取决于在场的城管队员或者在场的领导。如此做法直接伤害的是执法运作,但最终影响的是法律尊严,我们在下面要详细讨论这个属于执法中"自由裁量"

---

① 王子谦. 海口暴力拆违涉事区长引咎辞职另有三人被问责[EB/OL]. 中国新闻网, http://www.chinanews.com/gn/2016/05-03/7855723.shtml.

的问题。

2. 行政执法组织体制问题

组织机构在很大程度上决定组织运作的效率,这一点,研究组织运作的鼻祖马克斯·韦伯在60多年前就详细阐述过了①。《意见》也显示了中央对城管组织结构的设置有一定认识,虽然《意见》来得有些晚,但迟胜于无。但我们仍需问一个问题:组织结构的调整在多大程度上能改善城管的运作呢?

由于城管执法的综合性,其运作涉及社会运作的好多方面。《意见》也看到这一点,并逐一做出管理和执法的界定,给出具体的责任职责分配(见前文)。但是在具体执法运作中,各个部门如何解决、协调责任呢?中央层面给出一个城管的"婆婆"——住房城乡建设部来指导工作并进行综合协调。

在国家层面,《意见》要建立协调机制,建立全国城市管理工作部际联席会议制度,统筹协调解决制约城市管理工作的重大问题,以及相关部门职责衔接问题。很显然,《意见》打算借助这样一个联席会议组织把城管纳入那个"条条块块"的体制中。

我们希望这样的部际协调联席会议能够发挥作用,这至少是目前"条条块块"体制下建立同级部门协调的一个方式。但地方上是否也采取国家层面的协调形式,建立协调会议?到了地方上,住房与城乡建设部门到底有多大的协调权呢?地方城建部门能指导卫生部门、工商部门、民政部门、公安部门的工作吗?目前不少地方也存在着各种各样的协调机制,但是效果并不令人满意,那么新的协调机制就一定能起到作用吗?

关于管理体制与执法合一,建立大城管体制,目前也是各地探索的一个部门合作方式。然而面对异常复杂丰富的城市管理现实,不进行专业管理分工显然是不可想象的。能够在多大程度上合并,组成多大规模的城市管理和执法部门,仍然没有一个科学定论。

《意见》对城管下沉到基层执法有了安排,要求执法单位进驻街道进行区级执法。这样的调整可能使街道的干部们松了口气。在我们进行调研的Z市L区,多年来他们的执法组织格局基本就是区级执法,驻地为街道,但执法中的问题还是很多。难道中央统一规定下沉之后,这些问题就会自然消失吗?

---

① Weber, M. (1947). Theory of social and economic organization. Trans. Henderson, A., & Persons, T. Glencoe: The Free Press

3. 行政执法队伍

从《意见》的文字看，中央对城管队伍建设上的问题形成了一定的共识。提出全国统一着装、执法行为规范化、培训等方面的意见。如果能得到很好的贯彻，的确可以帮助城管提高执法质量。但在人员编制这个问题上，相关决策者似乎缺乏对实际情况的了解。如《意见》在协勤人员的管理方面提出：各地可以根据实际工作需要，采取招用或劳务派遣等形式配置城市管理执法协管人员。

建立健全协管人员招聘、管理、奖惩、退出等制度。协管人员数量不得超过在编人员，并应当随城市管理执法体制改革逐步减少。协管人员只能配合执法人员从事宣传教育、巡查、信息搜集、违法行为劝阻等辅助性事务，不得从事具体行政执法工作。协管人员从事执法辅助事务以及超越辅助事务所形成的后续责任，由本级城市管理部门承担。其中有些问题值得商榷。

第一，在协勤管理方面，许多地区和城市已经采取了劳务派遣等雇用形式，并已经有很好的雇用程序以及管理办法。但由于协勤或协管人员不在政府正式的公务员编制内，没有相应的待遇和职业发展前景，无论如何"科学管理"，那个群体的工作效率会达到公务员城管的水平吗？

第二，《意见》提出"协管人员数量不得超过在编人员"，而且规定协勤人数"应当随城市管理执法体制改革逐步减少"，出发点是不正确的，但实施上是不现实的。以中国的首都北京为例。北京市在2014年，正式的公务员城管人数约为7万，而协勤人员则高达20万。① 如果北京市政府按照《意见》办事，那就需要首先将至少13万协勤解雇，然后再逐年从余下的7万协勤中递减人数。从Z市L区的情况看，每一个中队的城管人数将保持在5～7个，面对如此短缺的人手，就目前我国违法、违章的种类、数量和方式来说，各地城管基本无法做到有效地执法。

在2016年4月29日海口发生的暴力强拆、抗拆事件中，区政府大约派了1200多名城管、警察、联防和消防队员以及挖掘机等重型机械去执行公务。出现暴力事件后，管地的区政府干部被问责，指出该违行动总指挥的错误之一就是"对行动风险评判不够"。如上高于军队一个团的拆迁人数都不足以达成任务的

---

① 孙伟. 城管变"警察"提案，能有多少支持[EB/OL]. 中国网-传媒经济, http://media.china.com.cn/zgwp/2014-09-27/300773.html.

风险水平,进一步减少城管人员的数量,好像并不现实。

《意见》提出了增加公务员城管人数的要求。但是大幅度增加公务员城管的人数基本不可能。在《意见》中,决策者也提出"各级党委和政府要严格执行有关编制、人事、财经纪律,严禁在推进城市管理执法体制改革工作中超编进人"。

而且,对于人数将越来越少的协勤者来说,《意见》还禁止他们参加任何"具体行政执法工作"。有意思的是,也许起草者不想再看到协勤出现暴力执法行为,《意见》还特别强调,"如果协勤人员违反《意见》,后续责任由本级城市管理部门承担"。如此规划协勤的职责,很有可能使得协勤只能在执勤中"袖手旁观"。

4. 公安机关和法庭的角色

我们在随队调研中发现,城管执法中似乎缺乏警察与法律系统的支持(并不意味着警察与法律系统没有起作用)。《意见》的起草人似乎也认识到这个问题,所以《意见》特别提到:加强司法衔接。

鉴于警察与司法部门谨慎参与城管执法的一贯做法,我国最高决策机构的意见就显得非常重要了。中央和国务院要求公安系统、检察院、法院(《意见》称为审判机关)必须合作,而且要实现行政处罚与刑事处罚无缝对接。这段意见提到一个概念——无缝对接,这样就带来三个相应的问题。

第一,我们知道,目前城管的运作是独立的。在绝大部分城管的工作中,特别是冲突性比较高的清理市场的运作,公安与检察院是不参与的。除了工作分工不同之外,从理念上看,有人担心警察的过度支持会导致城管的执法态度更加恶劣。①

第二,从运作角度看,执法冲突事件由劝说无效,再劝说再无效,发展到暂扣(在小贩眼里就是没收),再发展到肢体接触,最后升级到暴力抗法和暴力执法,这个转换过程往往非常短暂。除非在执法初期就有警察在场,否则无论如何警察和城管的运作都不会做到无缝对接。实际的应对方式往往是,警察闻讯赶到现场,冲突已经发生,从警方一般的操作规程出发,也只能将暴力行为的双方视为当事人,待调查后再决定。

---

① 孙伟. 中国网评:城管变"警察"提案,能有多少支持? [EB/OL]. 中国网 - 传媒经济, http://media.china.com.cn/zgwp/2014 - 09 - 27/300773.html.

第三，在许多执法过程中，如拆除违章建筑等，警察的陪同也无助于事。2016年4月29日在海口发生的抗拆事件中，1200多名执法人员（包括警察）仍然无法使执法过程保持平稳，要求实现行政处罚与刑事处罚"无缝对接"似乎是一个不太现实的"意见"。

5. 其他问题

《意见》还涉及了许多城市管理的其他方面，提出了不少针对性的解决对策，其中包括一项能够大大改善行政执法效率的意见：整合信息平台。

在我国政府传统的"条条块块"的组织结构中，各个运作部门独自运行，彼此很少分享运作数据。即便公安、消防、医疗急救这三大公共安全服务，也分别在三个"条条"中运作。在抢救人命的紧急情况下，居民也不得不分别拨打不同的救急号码。我国城市管理的综合执法基本没有自己的信息系统，更遑论与其他相关管理部门建立网络共享数据。在各项执法活动中，城管执法基本靠原始的眼见为实的直观观察和询问，没有管理部门提供的信息依据。《意见》提出整合信息平台，的确是抓住了切中我国城市管理肯綮的一个关键。

如果真能做到各个部门可以放弃自有信息的所属权，与其他部门，特别是城管，那将会大大提高城管运作的效率，也会提升我国政府治理的整体水平。

（三）《意见》与执法前景

《意见》对行政执法的困境很了解，提出在执法队伍的建设方面，增加正式城管队员的人数、提供培训。在组织结构上，《意见》明确地建议各个地方政府建立协调机制，并由当地主要负责同志牵头，并希望公检法三方与行政执法要加强合作。《意见》希望如此的组织结构的改变会大大提高行政执法的质量。

但是当我们将在调研中观察到的实际情况，与《意见》设定的目标以及执法的原则相比较的时候，我们发现综合执法的前景仍然问题很多，《意见》很难将行政执法从目前的困境中解脱出来。

2016年8月23日，《意见》中明确指定的城管负责单位——住房城乡建设部出台了一份新文件，即《城市管理执法办法》（征求意见稿）。按照常理，这份意见作为国家指导意见的具体执行，应该根据中央和国务院的最高《意见》制定比较具体的运作性政策。但是我们发现，这份文件的制定并没有抓住行政执法困境的核心。尽管这是一份"征求意见稿"，但其水平并没有超出以前的类似文件。例如，该办法在人员安排问题上，基本是重复《意见》的文字："城市管理执法主管部门可以适当配置城市管理执法协管人员,协管人员数量不得超过在编执法人员,并应当逐步减少"(第二十二条)。该办法草稿的起草者似乎也不了解目前基层城管队伍中公务员城管与协勤城管的比例问题。一位专门负责行政执法法律的干部的评语是"不接地气"。我们需要来从更深的层面来解释城管所处的困境。

第十章 城管执法的目的与手段

城管执法的问题除了组织结构原因之外，还有更深层的因素。在探索行政执法领域的时候，我们发现问题的根源深植于组织运行的特点之中，这就涉及组织理论的问题。

组织理论研究各种组织机构设计、运行，以及组织各个分支之间的关系、组织与其他组织之间的关系、组织在社会运行中的地位和作用等。政府组织的运行方式与以营利为目的的私营企业的运行方式很不一样，而我国对组织理论研究，特别是对政府组织的理论研究非常薄弱，许多公共行政管理专业课程设置中甚至都没有政府组织理论课程。理论上的缺失反映到实践中，就形成管理工作的各种问题。例如，随着我国经济改革的深化，央企和其他国企的地位以及其运行效果越来越受到人们质疑。国企要解决的一个关键问题就是：一个具有垄断性经营权且几乎永远不会破产的经营性组织，如何提高其运行效率，生产出高质量且价格合理的产品（或服务）？若想回答这个问题，就必须对组织的运行特点有一点了解。

我们讨论行政执法遇到的困境，许多问题都可以在相关的组织理论框架中找到答案，下面我们从组织理论的角度讨论我国行政执法中的一些问题。

一、立法目标与执法手段的矛盾

（一）实例：交通法规与管理实践

自 2004 年私家车正式进入寻常百姓家，到 2015 年全国以个人名义登记的小型载客汽车（私家车）超1.24亿辆，平均每百户家庭拥有31辆私家车。在我们调研的T市就有273万私家车在街道上行驶，① 这个数字还不包括单位用车以及从事货运的大中小型卡车。短短的12年间，汽车数量的"爆炸式增长"使得各级政府在管理上有些措手不及，广大百姓对城市大街上的车人组合似乎也不太适应。汽车数量增长为城市管理执法带来了非常令人头疼的问题，下面我们仅就交通管理和停车管理两项事务进行讨论。

1. 交通管理的法规

我国交通管理的法律和执法依据分别是全国人大通过的《中华人民共和国道路交通安全法》（以下简称《交通法》，《交通法》是最权威的交通法律），和一部《中华人民共和国道路交通安全法实施条例》（以下简称《条例》）。相比之下，《条例》是由国务院颁发的行政法规，是《交通法》的具体实施细则。从效力上看，法律高于规章，《交通法》是上位法，《条例》是下位法，《条例》不得与《交通法》冲突，否则无效。

交通管理的对象包括各类机动车、非机动车和行人，以及这三种交通主体共享相同的街道和公路（高速路和某些特殊路除外）。由于这三类交通主体在道路共享时的位置与过往的优先权不同，《交通法》中有一大部分是规定三者之间的关系。

为了方便讨论，我们将《交通法》和《条例》中一些相关的规则详列出来。

（1）关于道路通行的规定（信号灯）。《交通法》第三十八条规定：车辆、行人应当按照交通信号通行；遇有交通警察现场指挥时，应当按照交通警察的指挥通行；在没有交通信号的道路上，应当在确保安全、畅通的原则下通行。

（2）机动车、非机动车和行人的关系。

1）《交通法》。①第三十六条规定：根据道路条件和通行需要，道路划分为机动车道、非机动车道和人行道的，机动车、非机动车、行人实行分道通行。没有划分机动车道、非机动车道和人行道的，机动车在道路中间通行，非机动车和行人在道路两侧通行。②第四十四条规定：机动车通过交叉路口，应当按照交通信号灯、交通标志、交通标线或者交通警察的指挥通过；通过没有交通信号灯、交通标志、交通标线或者交通警察指挥的交叉路口时，应当减速慢行，并让行人

---

① 中国有多少辆汽车 T市机动车保有量排第几？［EB/OL］. 腾讯汽车, http://tianjin.auto.qq.com/a/20160127/043072.htm.

和优先通行的车辆先行。③第四十七条规定：机动车行经人行横道时，应当减速行驶；遇行人正在通过人行横道，应当停车让行。机动车行经没有交通信号的道路时，遇行人横过道路，应当避让。

2）《条例》。①第三十八条规定：绿灯亮时，准许车辆通行，但转弯的车辆不得妨碍被放行的直行车辆、行人通行；红灯亮时，右转弯的车辆在不妨碍被放行的车辆、行人通行的情况下，可以通行。②第六十八条规定：非机动车通过有交通信号灯控制的交叉路口，应当按照下列规定通行：转弯的非机动车让直行的车辆、行人优先通行……

这些文字将驾机动车的司机与行人的关系规划得清清楚楚，尤其是《交通法》的第四十四条与第四十七条，明确规定机动车必须按照信号灯的指示通过交叉路口，并且应当给行人让行。在城市大街上，无论是机动车、非机动车，还是行人，都必须按交通信号灯行驶；过交叉路口，机动车应当让行人先通过，这是立法机构的立法设想。

（3）有关行人的规则。《交通法》对行人的有关规定：①第六十一条规定：行人应当在人行道内行走，没有人行道的靠路边行走。②第六十二条规定：行人通过路口或者横过道路，应当走人行横道或者过街设施；通过有交通信号灯的人行横道，应当按照交通信号灯指示通行；通过没有交通信号灯、人行横道的路口，或者在没有过街设施的路段横过道路，应当在确认安全后通过。③第六十三条规定：行人不得跨越、倚坐道路隔离设施，不得扒车、强行拦车或者实施妨碍道路交通安全的其他行为。

2. 交通执法的实践

如果城市中的机动车，非机动车和行人都遵守交通法规的话，大街上将会出现一片和谐的景象。

《交通法》和《条例》所要约束的是机动车的驾驶员、非机动车的驾驶员和行人这三类交通主体。但是正如我们每天在大街上见到的那样，交警在执法（勤）时只着重管理机动车，却往往对非机动车和行人的违章行为"视若无睹"。

实际上，非机动车分为自行车、三轮车、电动自行车、残疾人机动轮椅车和畜力车等交通和运输工具，《交通法》和《条例》对非机动车有明确的限定。非机动车与机动车的区别仅仅在于时速的限制、行驶道路的级别以及载人和货物方面。

在我们进行行政执法调研的T市，大街上最常见的主要非机动车种类是电动

（电瓶）自行车和自行车。我们也还常常见到小马力的残疾人用三轮摩托车，但与两轮的电动车相比，从数量上可以略去不计。说到数量，由于电动自行车不需要登记注册，驾驶员也无需领取驾驶执照，因此在 T 市（或者全国范围内）大街上有多少辆电动自行车在行驶，无人知晓具体数据。2013 年，全国电动自行车的保有量约 1.8 亿辆。从生产看来，我国电动自行车的产量要超过汽车。2015 年，中国汽车年产量为 2450.33 万辆①。仅 T 市一个城市，在 2014 年就生产了 1624 万辆轻型电动自行车，占全国生产量的 40%②。

2014 年，T 市伤害死亡人员的死亡原因中，道路交通事故占第一位，其中，行人和非机动车驾驶员占道路交通事故死亡人数中的一半以上③。由于电动自行车数量多，其车祸数量也随之增多，以至于公众将城市道路上的造成车祸的主要原因归为电动自行车。那么我们要问，为什么电动自行车事故率那么高？原因很简单：没有监管④。

为什么不对电动自行车或者非机动车进行规范化管理呢？这是《交通法》和《道路交通安全法实施条例》中明确规定的管理对象。

在回答这个问题之前，让我们先看看对机动车的管理。我国对机动车的管理相对比较成功，有效地控制了机动车的交通事故发生率。我们发现，机动车管理的关键是年检环节。每一辆机动车都需要进行年检，年检前车主必须清理违章事件，如果有违章罚款而不交纳就不可以参加年检。没有年检通过的车贴标志，车辆就不可以上路，如果上路沿途警察发现就可以合法暂扣定，对驾驶员给予 200 元以下罚款并记扣 3 分的处罚。对驾驶员违章的监控手段很有效，公路上遍布监控摄像头，几乎能够摄录每一个车辆违章的行为，按照规定对车辆登记人进行扣分和罚款。T 市规定每年驾驶员的扣分不得超过 12 分，超出以后就必须到驾校"回炉"，经学习重新获得驾驶资格。同时，车辆的商业保险也附带了年审（或年检）的限制条款。《机动车第三者责任保险条款》规定，发生交通事故时，保险车辆未按规定年审或年审不合格以及保险车辆不具备有效行驶证件的其他情形，保险人不承担赔偿责任。保险公司除了对未按期年审车辆发生的交通事故不

---

① 安红丽. 去年中国汽车产销量双超 2400 万辆　产销量保持世界第一［EB/OL］. 央广网，http：//auto. cnr. cn/gdbkxw/20160126/t20160126_521243094. shtml.

② 编进. 2014 年 TJ 电动车总产量仅下滑 1.3%！［EB/OL］. 电动车时代网，http：//www. evtimes. cn/html/201412/56521. html.

③④ 姜凝马路上蹿出新"杀手"　电动自行车这样骑才安全［EB/OL］. 北方网，http：//news. enorth. com. cn/system/2016/01/23/030775194. shtml.

进行赔付外,对其车辆丢失也同样拒绝赔付。这些行之有效的处罚手段,外加遍布全市的摄像头,使得机动车司机非常小心,尽量避免违章。我们对机动车的管理归纳为:有效的处罚手段。我们应该记住这个特点。

再看对非机动车和行人的管理。交通执法部门对这两类交通主体基本没有管理,或者说管理基本失效,因为他们没有找到有效的管理手段。比如电动自行车的管理,第一,在大街上跑的电动自行车数量众多,而且作为助力车也不用上牌照,即使上了牌照,如此大的数量也很难监管;第二,电动自行车购买成本低,如果处罚过高,车主很可能抛车而去,这等于无效。对骑自行车的人和行人呢?更是没有办法了。过去T市政府曾经一度下大力管理自行车,采用了普遍登记、打钢号、查验的方式,在全市遍设登记点,给每一个自行车建立"户口",花费了巨大的成本。决策者的本意是建立一套自行车登记管理系统,凡是遇到偷窃、违章等案情,可以通过车牌查验迅速破案。然而,这次活动轰轰烈烈开场,平平淡淡收场,最后无疾而终,大规模登记的管理效果几乎为零。到目前,对这两类庞大人群的管理,没有找到特别有效的手段,几乎完全依靠他们对规则的认同和畏惧感,然而从实践中看,其中很大一部分人对规则并没有畏惧心理。

3. 泊车(Parking)规定与实践

《交通法》第三十三条规定:新建、改建、扩建的公共建筑、商业街区、居住区、大(中)型建筑等,应当配建、增建停车场;停车泊位不足的,应当及时改建或者扩建;投入使用的停车场不得擅自停止使用或者改作他用。在城市道路范围内,在不影响行人、车辆通行的情况下,政府有关部门可以施划停车泊位。

《交通法》第五十六条规定:机动车应当在规定地点停放。禁止在人行道上停放机动车;但是依照本法第三十三条规定施划的停车泊位除外。在道路上临时停车的,不得妨碍其他车辆和行人通行。

与交通管理相比,泊车这个问题更能显示出法律、法规以及政府组织运行呈现出的盲目性。

从城市规划理论看,在城市大力发展汽车工业,鼓励大众买车的同时,泊车也应该成为城市总体发展规划的一部分。然而在各个大城市中,尤其是传统城区,停车位成了城市发展与改造的大问题。因为城市里没有足够的泊车位,一些司机只能占用便道和行车的马路停车,构成了违法停车的实质。

《交通法》中"在城市道路范围内,在不影响行人、车辆通行的情况下,政

步出藩篱的路径探索

府有关部门可以施划停车泊位"的条款规定,还带来了一个负面的效应,使得在城市中将专为行人设计的便道和行车的马路改为停车场的做法成为合法,挤占了原本城市共享的公共空间。

当马路和便道被改为正式的泊车场后,使用者停车是要交费的。这样,泊车问题的解决,派生出一个副产品:给政府带来了额外的财政收入。停车场收费带来了经济利益,而巨大的经济利益进一步推动了将马路便道转型为泊车场的过程。我们今天看到的是,原来宽宽的马路变成一条条仅能容两辆车通过的小道,在大城市市区内,几乎找不到免费停车的地方。

从《交通法》可以看出,泊车这项工作在交通管理中的地位并不十分重要,因为泊车本身本不应该十分复杂。但由于城市规划中对于停车位的认识跟不上目前发展的形势,加上管理不力监督不严,这些因素综合起作用,导致了目前大城市中泊车的困境。

如果对这个规定进一步追究,还带来两个法律问题。第一,《交通法》规定,可将公共财产——马路和便道变成停车场,实际上改变了马路和便道最初的作用。《交通法》是否可以改变城市公共空间使用权?如果发生行人因马路狭窄而走到路中央出了车祸,法律的制定者是否应该负担一定责任?尽管立法机构有豁免权,但如此变换公共品的用途,的确有欠考虑。第二,从税收的角度看,城市居民已经为修建街道和便道支付了税收,再次让他们为在公共地上泊车支付费用是否合理?

(二) 法规的目的与执行的现实

与城管进行的行政执法相比,交通执法要成功得多,因为交通警察拥有城管执法所不具备的有效工具。交警管理机动车,有《交通法》和各地的具体实施细则作为依据,对机动车违章也有非常有效的执法工具(罚款、扣分等),加上沿路设置有持续拍照的摄像头,大大减少了机动车是否违章的争议。而固定设置交通摄像头,静悄悄地拍照,不会引起身体冲突。

但是交通执法中还存在着未能解决的严重问题。即上文提到的对非机动车的管理。交警对非机动车和行人近乎没有管理,《交通法》和《条例》中有关非机动车和行人的管理部分基本失能。城市道路交通是否通畅、是否安全,在很大程度上取决于机动车、非机动车和行人如何自行处理它们之间的关系。在很多情况下,面对红灯准备右转的机动车和非机动车,无意按照《交通法》规定为直行的行人让路,和行人形成了"两军相遇勇者胜"的局面。

如上的结果实际上是违背了交通法规的设立目的,或者说交通法规的设立目的与实践中的效果产生了不一致。从立法(《交通法》)和行政法规(《条例》)的制定者来说,他们的初衷是管理好交通,为社会成员提供一个方便、安全的交通环境,但在实践中这个目的并没有完全达到。由于客观技术和治理手段的限制,各地交通执法呈现出高度的选择性,只对一部分人执法,而对另一部分人违法熟视无睹或者鞭长莫及。这种情况,从导致法律的尊严受到严重损害。背后更严重的问题是,社会成员被要求在某些领域必须遵纪守法,而在其他领域就可以违法而不必承担后果,这是对法律公平性的违反。

立法和执法之间存在着巨大的协调空间。目前来看,立法机构没有计划修改法律,执法的交警组织也没有计划全面执行现行的法律。立法机构可能将交通管理视为执法机构的问题,而执法机构则可能认为立法机构对实践缺乏认识。

在城市泊车的问题上,更显示立法和管理组织机构的盲目性。在城市建设中,提供足够的泊车位本应改是城市规划的一部分,是政府为市民提供的服务。将街道和便道转化为收费的停车场,不但丢掉了最初的目的,而且不公平。收费并没有增加停车的位置,而且由于管理不到位,泊车带来的收入也没有完全进入公共账户。原来计划解决停车难的构想拐了一个大弯,朝着一个不同的方向发展。

二、政府组织运行目的的模糊性

(一) 政府机构运行的"紧箍咒"

政府组织的政策和运行目的比较容易在文字上进行原则性描述,但一旦落实到实际运行的行动中,往往会出现一个政府组织先天存在的问题:模糊性,这一点无论在中国还是在西方国家都是如此。美国一些研究组织理论的学者早在20世纪70年代就注意到,在政府组织与私营公司之间有着重大区别。作为美国早期研究组织理论的学者,雷尼和瓦考夫在一个经典研究中从三个方面观察两种组织的相异之处[①]。

---

① Rainey, H. G., Backoff, R. W., & Levine, C. H. (1976). Comparing public and private organizations [J]. Public Administration Review, 36 (2), 233-244.

步出藩篱的路径探索

第一个方面：外部因素。外部因素是指决定组织存在和发展的外界因素。私营企业的外部因素是市场竞争环境。私营组织的生存和发展从根本上取决于其产品和服务的质量，而推动企业产品和服务质量提升的外部力量就是市场的价格竞争。天下熙熙皆为利来，天下攘攘皆为利往，利润成为私营组织运行的不竭的原动力。在残酷的市场竞争环境下，破产是永远高悬于私营企业头上的"达摩克里斯之剑"，市场竞争导致了比尔·盖茨的座右铭："微软离破产永远只有100天。"在市场竞争和破产的压力下，企业被迫持续不断地提高其经营水平。而政府组织则不然。政府是指由社会授权，进行社会资源的分配与再分配的机构（Institution）。这个机构在特定地区对资源的分配有垄断权，垄断权意味着没有竞争对手，没有竞争对手意味着没有竞争压力，也没有破产的威胁。虽然政府机构的具体管理者会变动，也就是西方所说的"行政当局"会变，也就是出现政治周期现象，但政府机构在社会中的作用不会变，它们的垄断性地位不会变。在我国的环境中，不太习惯将机构与"行政当局"分开看待，但这个政府机构的特点却处处体现出来。

第二个方面：组织环境。由于政府机构的运行完全依靠公共资源，也就是公民缴纳的税收，于是政府组织便具备了两个摆脱不掉的环境特点。一是高度的公众监督。花了纳税人的钱，公众就需要知道政府是如何花钱的，这是纳税人的权利，政府接受公众监督的程度会影响其运行的效率和效益。二是具有很高的公众期望值。由于是公众出钱，政府提供服务，出钱的公众自然会要求干活的政府干得更好些。这个特点与政府的"权力垄断性"关联起来，在任何一个国家、省（州）、地区、社区的地域内，提供相关服务的政府机构仅此一个，公众没有其他选择，只能监督期待政府做得更好。从各国实际情况看，公众监督和高期望值对政府运行的影响并不是直接和显性的，而是间接和隐形的，要靠各种有效的制度支持才可以维系。但有意思的是，这种"间接和隐性"的影响却给政府造成了一种错觉，认为公众的监督和期望是可以被忽视的。于是政府有意无意地选择忽视，于是事实上形成了对政府监督的不足，导致政府运行的低效和浪费。这种情况在公众高期待的背景下，进一步导致了社会各界对政府低效运行的怨气并长期积累。就城管的运行来说，公众对城管的不理解甚至痛恨，就来自于对城管工作不知情以及城管长期低效工作的信息反馈。

第三个方面：内部结构和运行特点。政府组织具有与营利性公司组织非常不同的四个内部运行特点，需要注意的是，这里指出的不是政府组织运行中的缺点。虽然这些特点可能有负面的效应，但它们是与政府本身不可分割的。

第一个特点为模糊甚至相互矛盾的政府运行目的。政府运行目标的模糊是因为政府所服务的对象是整个城市，而不是某一个社会群体（相比之下，以营利为目的的企业则是针对社会中某一特定的消费者群体）。政府服务对象范围广（不是人数），需求的范围也涉及许多方面。随着社会和经济的发展，社会成员的需求也会随之而增多。于是一个政府项目，比如一项有针对性的法规，在执行中往往可能会失去最初的目的。如前文提到的《意见》，在提到"严格队伍管理"的时候生硬地将安置军转干部的项目塞进来。《意见》的原意是通过提高执法队伍的素质，从而提高行政执法的质量，而妥善安置转业军人的任务本应与城管任务无关，导致最初的目的被模糊掉了。

第二个特点为政治周期。在美国，各级政府的工作重点往往会随着议会成员的变化而变化。许多美国地方政府议会的成员以4年为一届进行更换，如想连任，必须重新竞选。如此的轮换常常造成每一届政府的行政重点不同：高层换人导致重点项目也随之而改变，类似政策转向的情况在美国总统换届时也常见。在中国，由于各省市的书记和省长（市长）多是由中央或者上级机关任命的，而且经常异地调动，这些干部在工作中的个人施政特点更为突出。在许多城市中，新领导可能会侧重城市管理中的某一个方面，而他的继任者则会将另一个方面作为重点，导致了政府施政重心的变动。这一方面会有助于政府施政重点和风格的调整，照顾到更多的不同群体人们将政府领导的这种做法为"政绩工程"。

第三个特点为政府的决策过程缺乏弹性，一成不变。政府运行的这个特点是从上面提到的公共监督属性派生出来的。由于公众对政府过程的高度监督性，政府决策过程倾向于重复以前的决策，无论是否是遇到新的问题和挑战。在这个问题上，古今中外的政府尽皆如此。美国地方政府遇到经济困难，缺乏财政来源怎么办？增税，从纳税人身上"挤钱"。如果公众不同意，政府便会削减政府项目，减少服务。多少年来这个过程屡屡上演。中国政府也不例外。前面讲到的城市泊车问题，以及各地的"土地财政"，都是挖掘本地资源，解决经济困难的例子。政府习惯于利用现有资源的存量价值，在政府决策中，重复以前的决策永远是一个比较安全的做法。这导致政府的组织行为比较保守，不会主动创新，不适应较快的变化。

第四个特点为政府机构中的员工（公务员）缺乏工作动力。雷尼和瓦考夫基于美国政府和美国的私营企业的雇员进行的研究表明，三个主要因素影响了政府官员的工作质量和效率：一是政府永远不会破产倒台的属性——即所谓"铁饭碗"；二是缺乏有效的绩效评估方法——由于缺乏利润指标作为衡量指标，职工以及组织整体的效率就成为一个未知数;三是由于政府组织受到社区规模的限制,几乎没什么迅速增长的可能,导致政府雇员个人职业发展的可能性很少很难。类似的情况在中国也能观察到,内在动力的不足,导致政府办事人员的态度比私营工商企业的职工差。表 10-1 对这些特点进行了总结。

表 10-1 政府组织的特点

外部因素	组织环境因素	内部结构和运作
决定存在的因素不是竞争、市场、运作水平	• 政府是垄断性的社会权威 • 高度公众监督 • 高公众期望值	• 政府的目的有时相互矛盾、不清晰 • 政治周期 • 僵硬的决策过程、保守、不喜欢变化 • 职工缺乏工作动力

雷尼和瓦考夫提出的政府组织特点,在后来其他西方学者的研究中得到实证[1]。需要指出的是,西方特别是美国的学者,将利润视为营利组织的原动力。而作为私营组织内运营基本因素的人,也被视为一个能动的追求利益的因素。当然,美国是一个极端相信市场的社会,像弗里德曼那样的学者还主张政府应该完全让市场决定社会的运行[2]。但是,政府与非营利组织在缺乏明确的利润目标的情况下,组织运行的效率就会出问题,这一理论也间接地被我国的改革开放所证明。

政府组织的这些特点不只在美国政府中出现,实际上,只要是政府组织,这些特点就在起作用,所以我们形象地将这个特点称为政府运行中的"紧箍咒",对这些"紧箍咒"的理解对改进政府服务质量非常有帮助。但是当前我国的学术界对政府组织和营利性组织之间的区别重视不够,在实践中也有意无意的忽视这一特点。从另一个角度看,被视为中国经济支柱的央企和国企,也是一种广义的公共组织,头上也戴着这些"紧箍咒"。但是因为各种原因,很少有人针对这些"永远不会破、不会倒台"的营利组织的行为进行深层研究。

---

[1] Perry, J. L., & Rainey, H. D. (1988). The public–private distinction in organization theory: a critique and research strategy [J]. Academy of Management Review, 13 (2), 182–201.

[2] Friedman & Friedman, (1981). Free to choose. Chicago: Avon Books.

（二）"紧箍咒"控制下的行政执法

1. 反应迟钝的政府

作为一线的行政执法部门，城管运行的冲突性非常高，在政府所有的工作中，除了公、检、法三大执法司法机构之外，城管是另外一个会带来暴力伤亡的重要执法领域，城管运作中的各种问题包括震动社会的暴力执法问题也不是近几年才出现的。

城管行政执法是地方政府的职能，一旦发生暴力执法或者抗法事件，地方政府将负全责。于是事件发生后，各地方政府自然会全力处理发生的事件，这种反应虽然快，但从很多案例中我们看到，地方政府的处理更多的是基于避免事件扩大化和避免上级批评和处罚的利己冲动，努力去消除事件对当地造成的负面影响。虽然该事件息事宁人地处理了，却往往忽视了采取预防类似的事件再发生的措施。是看似"快"（反应）实为"迟钝"（效果）的行为。

中央政府与地方政府的关系、地方政府与地方政府之间的关系、政策和运作对象（公众）之间的关系，使得政府机构呈现出先天毛病：慢。尤其是当政府需要改变规则，进行制度学习和改进的时候，速度就更慢。

从局部或地方政府的角度看，地方政府原则上可以自行处理城市行政执法的事务，进行一些结构层面的改进（如城管的机构下沉、下游执法变成源头执法等等），但地方政府的改进往往只是运行层面的，注重一些技术、技巧的改进，而不能建立从源头根绝暴力行为的制度。

当然，单纯苛责地方政府有时候是不公平的，一个地方政府没有权限单独改变城管行政执法的法规和执法规程。2015年年底国务院发布的《意见》是中央政府对地方城管工作比较详细的建议，或者说是一个以"意见"形式出现的"指示"，但具体实施效果，还有待观察。

2. 缺乏激励的人事管理

政府组织的"紧箍咒"表现之一是缺乏动力激励机制，如果没有利润（利益）作为行为的动力，很难激励政府员工高效运行和为社区提供高质量的服务。在美国，尤其在地方政府一级，由于公众（纳税人）的高度监督体制，政府雇员的待遇一般，"高薪养才"的愿望根本行不通。原来的"铁饭碗"一说，也被2008年的经济大萧条打碎，政府裁员成了家常便饭，这样一来更没有激励政府雇员的手段。

我国城管亦是如此,我们已经在城管队伍中包括正式公务员和协勤的身上看到了这种"紧箍咒"起作用的方式。由于政府严格控制城管队伍的编制人数,正式城管的人数根本不足以提供能满足需要的城管服务。于是各地录用大批的协勤队员作为辅助力量,协勤实际上成为各地街头执法的主力。协勤的待遇比正式队员低,招录协勤人员的门槛(学历、经历)比较低,甚至几乎没有什么挑选标准。来应招做协勤的年轻人,工作就是为了找饭碗,也知道这是一个"朝不保夕"的职位,基本没有什么职业发展计划。谁能期待这样执法队伍能按照要求一丝不苟、敬业工作呢?所以我们也看到,各地暴力执法多是由协勤队员造成的。其原因无非就是:①协勤人数比正式城管多;②更重要的是,他们不在乎后果:大不了就是丢工作!

正式城管队员除了工作有保障和福利好一些,其他方面与并不比协勤有更多的优势。正如我们在调研中发现的,正式城管队员包括城管的中层干部,也感到职业安全感低,看不到职业发展前途。这条压在城管队员身上的"紧箍咒",在很大程度上并且是持续不断地影响了行政执法的质量。

除此之外,还有一个更重要的影响城管工作效率的问题,也就是模糊的执法目的。

(三) 模糊的执法目的

1. 美国外斯孟特市的交通违章摄像实例

由于公共组织不同于私营组织的特点,政府在决策和执法时往往产生相互矛盾的目的(见表10-1)。这种例子在中外俯仰皆是,先看一个美国的例子。

美国一些地方政府在主要路口设置违章拍照摄像头,其的功能与遍布中国的摄像头是一样的,但这种交通摄像功能在美国却不那么有效。原因如下:

第一,在美国的法治理念下,判定某人违法,应该是执法方和违法方双方都在场。一些州立法,要求凡是安装交通摄像头的地方,政府必须建立一个交通违章鉴别委员会,那些不同意摄像头取证的驾车人可以到委员会去申诉。

第二,为了准确判断违章的行为,就需要有专门的人员来检查、鉴别所有的违章录像,这样就增加了执法成本。为此,大部分装有摄像头功能的美国地方政府都将这项功能外包。如此一来,大部分罚款便被承包商赚走了,尽管各个地方政府都说这个功能的主要目的不是增加收入,但这的确是一个很好的财政来源。

第三,在美国的政治文化中,政府到处安装摄像头,在公众眼里等于是政府在监视公众的一举一动(尽管是在路口的交通摄像),这种被称为"大哥"(Big Brother)的政府行为在美国的政治文化中非常不受欢迎。

外斯孟特市议会已经考虑在市区内两三个主要交通干道的交叉口上安装交通摄像设备,但在议会讨论的时候,议员们意见不一致,为以后埋下失败的伏笔。争论了好几年后,外斯孟特市政府终于在 2009 年将交通摄像设备安装在两个主要路口。但在三年后,因饱受非议而最终将设备拆除,停止整个计划。

计划失败的原因包括以下几项:设备常常出故障;许多本来是违章的行为,但法庭拒绝接受;增加的人员工作量;申诉委员会的成员常常不能按时出席,从而导致执法失败。最重要的,也就是与本书有关的一个问题是,外斯孟特市政府律师,未能在法庭上证明这项运行的具体目的。

还有一个促使项目失败的重要原因,有几位市民和开车被罚的人将此项目告到法庭。他们认为:第一,交通摄像设备的安装,不但没能起到改善交通安全作用,反倒令许多人在黄灯的最后一秒加速,导致车祸。第二,增加了市政的财政负担。第三,市政府使用这种方法的目的就是为了增加税收,而不是为了社区的安全。这几位原告还拿出当年市议会开会的记录向法庭说明,市议会当时根本就没有明确的目的。在美国地方政府的运作中,类似例子很多。

2. 我国城管模糊的执法目的

我国行政执法运作也处处都体现了模糊的执法目的这个特点。除了前面我们提到的法规制定的目标在实际执行中背离原目的外,在实际的运作中,包括一些具体的小事情上,也体现了执法目的的模糊性。例如,城管对马路小广告的清理。城市中路边的栏杆、电线杆、树干都是粘贴小广告的好地方。尤其在主要交通干道和路口周围的电线杆和树干上,贴满了各式小广告。这些胡乱张贴的小广告,格式相异,大小尺寸不一,内容五花八门,严重破坏市容。同时这些小广告不在政府监管之下,很可能包括虚假信息。为此,清除小广告成了城管的一项重要任务。但是由于张贴的小广告经常使用一些非常粘的胶水,使城管的清除工作效率极低。为了能尽快清除小广告,城管队员就会简单地清扫一下,然后喷上黑漆,使得广告失效。其结果导致墙上出现了斑驳的印记,甚至比小广告还难看。

---

① 本文笔者之一曾经在一个外斯孟特市的路口处,因在红灯时右转没完全停下来而遭拍照,被罚 100 美元。

虽然这样做使得其广告的作用失效,但从市容角度看这种清理却是失败的。那么哪个目的才是主要的呢?

3. 城管的政治任务:顾全大局

我们在调研中发现,城管队员有一本学习"教材"——《城管执法操作实务》,由北京市城市管理综合行政执法局和北京市市政管理委员会培训中心联合编写,并由国家行政管理学院出版社发行。这本实务指南编辑撰写小组的成员都是北京市执法单位的干部,这本指南在很大程度上反映了他们的政治和行政层次的理念。

教材的第一部分就是讨论城管的执法原则,诸多原则的第一项为"城管执法的政治性原则"。请看下面这一段文字:政治性原则,通俗地说就是城管执法者应该懂得利害关系、局势、导致的后果,如果处理不好,会给政府首脑、城管执法形象及本人造成难以弥补的损失,导致较高的执法成本。平时经常说的讲政治,除了与"党中央保持高度统一""坚持四个坚持""三个代表""科学发展观"等观念以外,还应有政治和顾全大局的意识,即每位城管执法人员应将自己的执法行为与可能造成的政治影响、带来的负面社会效果紧密地联系起来,用一种发展的眼光推断出因为自己的不慎而可能导致的政治性损害。这种政治性损害包括引发社会群体性事件,引起政府领导人的关注,带来媒体负面报道,造成外国宾客的否定等严重的执法后果。

这段文字的指导意义非常明确:在执法中城管必须考虑政治大局或者有大局意识,其中包括政府首脑和城管执法形象,这项原则还将"外国宾客"的看法也包括进来。如此的执法原则掺进城管运行中,形成一个与城管执法平行的目的。这体现了政府组织执法运作的特点。

4. 构建和谐社会与行政执法

"构建社会主义和谐社会"这一治国理念是在 2004 年 9 月 19 日中国共产党第十六届中央委员会第四次全体会议上正式提出的,之后"和谐社会"便成为各级政府工作的指南。之所以提出这个概念,恰恰意味着这是当时我国社会上急需的理念。然而在提倡和谐十几年后,我国社会中不和谐的东西依旧很多。可能是由于媒体的集中报道,在政府与社会之间最不和谐的、最有爆发性的事物还要算城管的暴力执法和暴力抗法。

在大力推广和谐社会理念的同时,各级政府实际上将构建和谐社会的理念贯彻到政府各项实际工作中。如此的做法在许多工作中是正确的,但将"和谐"二字带进行政执法的运行中,就产生出一系列的问题,如我们在前文中介绍了许多城管执法的实例。实际上,在舆论比较关注暴力执法的案例同时,与之并行甚至更多出现的是执法不力、无效执法的例子。行政执法与构建和谐社会在某种程度上相互冲突。城管的工作非常具体,并且具有一定的冲突性,违章小贩对罚款或者暂扣(等于没收)的反应至少是不满。而且,执法方稍有处理不当,不满很快就会上升到暴力抗法、暴力执法。如果城管将构建和谐社会当作主要任务,行政执法最初的任务就变得不那么重要了,这是非常典型的政府运行目的之间的冲突。

当在大街上执法的城管队员在和谐面前感到困惑时,理论界更是从各个角度来讨论行政执法与构建与城管执法的重要关系,看看这段文字:"构建和谐社会是法治的目标,法治是构建和谐社会的必然路径选择。行政执法在法治中的重要地位决定了其对于构建和谐社会具有重要影响。因此,为了更好地发挥行政执法在构建和谐社会进程中的作用,必须对现行的行政执法进行改进,以适应构建和谐社会的需要。"①

很显然,此研究的作者认为行政执法是实现和谐社会的重要手段,再看另一份研究:"和谐社会既是城镇管理综合行政执法的大背景也是对其发展的一个总体要求。城镇管理的主要目的是协调、强化城镇功能,保证城镇发展计划的实施,促进城镇社会与人类的健康发展。在和谐社会理念下,城镇管理的完整概念应是城镇的综合和谐治理。"②

这两篇文章的作者都将构建和谐社会当作改进行政执法的关键,在两篇文章之间,更值得一提的是第二篇《论和谐的综合行政执法》。这篇文章的作者是一个基层执法的工作人员(吉林省长白山保护开发区综合执法支队),这位作者认为,如何将和谐社会的概念融合到行政执法中是改善执法的关键。

实际上,城管运作的本质是执法,是按照立法者的设计去具体实施和落实。构建和谐社会我国社会发展的目的,这一目的是通过各项制度设计和立法安排来实现的。城管的作用就在于通过执法来实现立法者构建的社会效应。所以我们要明确,城管的任务就是执法,如果立法有效,城管的执法行动可以实现社会和谐的效应,但这并不是说要靠城管去直接构建和谐社会。讲清这个问题很重要,是

---

① 周佑勇,王青斌. 和谐社会与行政执法的改进 [J]. 湖北社会科学, 2006: No 2, P. 30.
② 刘佳. 论和谐的综合行政执法 [J]. 现代交际, 2012: No. 9, P 22.

挖掘执法困境原因的主要场地。从深处讲，由于城管执法操作中的目标和责任过于宽泛，导致行政规制不完整、不配套，使得城管综合执法陷于法治和人治的夹缝之中。我们下一章要重点讨论这个问题。

三、缺乏有效的执法手段

按照前面叙述，城管市容方面的行政执法可以被分为以下几类，其中可用的执法手段和可能的结果如表 10-2 所示。

表 10-2 行政执法手段（部分）

执法领域	手段	结果
市容、违章设摊、烧烤、户外餐桌	劝说、暂扣、运动式扫荡；重点线、点保证	游击式违章行为、暂时合规、重复努力；暴力抗法执法、群体事件
违章建筑、违章搭建	劝说、走程序拆除、自愿或者强制拆除	民不举官不纠；效果甚微，大量违章建筑依然存在；暴力强拆抗拆、自焚；群体事件
违章贴小广告	城管队员清除、清洗	屡清屡贴，屡贴屡清

可见，城管们在运行中可使用的工具并不多。将行政执法的任务同创建和谐社会的大目标混同起来，结果之一是对本来就不多的执法手段进行了更多的限制。两部与城管与有关的大法《行政处罚法》和《行政强制法》与其说是赋予城管的执法权力，不如说是限制城管的执法权力。当然这样写并不是说我们对这种理念有意见，法律在社会上的作用就应该是在更大程度上限制政府的权力，就像国家最高法律《宪法》的目的就是将政府的权力关在笼子里。

但是鉴于目前我国社会发展的水平，作为执法对象的各个层次的社会群体似乎对各项行政规定不甚在乎。仅就市容执法上看，违章行为俯仰皆是。面对那些老大难的"钉子户"，城管队员基本上束手无策。劝说，无效；强制收摊，又会摆出来；进行暂扣——在老百姓眼中就是没收，就可能引起肢体冲突；"扫荡式"清理，只能短时间有效。

这里就提出来一个非常重要的问题：什么是有效的执法手段？如何保障执法有效性？以前我们经常说按照规定严格执法就会有效。但是在既要执法，又要考虑政治因素和构建和谐社会的时候，执法的力量被分散化了，执法的效果被削弱了。模糊的执法目的，削弱了执法的力量，也限制了执法手段的有效性。

第十一章 城管执法的未来走向

前文介绍了对城管的田野调查以及许多行政执法的案例,同时也在理论高度进行了延伸讨论,建立了研究城管执法的理论框架。得出结论:我国城市管理综合执法是条块分割的城市管理在末端的重新整合,是大部门改革的一种基层表现形式。我国城市管理综合执法的未来走向应该是实现一种全新的治理理念,而不是行政管理的权宜之举。这种治理理念明确政府的治理边界,强调执法的职业化和专业化,要对相应的制度、体制进行改革,明确以法执法是城市管理综合执法的根本出路。这里需要说明的是"以法执法"不是我们常讲的"依法执法"。依法执法强调执法的依据,要依据法律规范而不是任意妄为,以法执法强调的是执法的工具,要用法律作为执法的工具。

以法执法需要有一系列相伴随的观念和制度的改革,要界定政府与市场、社会的边界,明确法律是城管执法的唯一标准。为此要修正城管的责任定位,去掉以行政规章代法的传统做法,强化法和程序的作用,淡化领导作用,将城管队伍职业化,并对执法的自由裁量权进行限制,创新行政执法的手段。

一、发挥行业协会作用,界定政府与市场、社会的边界

虽然我国已经发展成为世界上第二大经济实体,各行各业的经济发展达到一个新的高度,但是作为行业自我约束自我管理的组织——行业协会并没有获得应有的认可,行业协会对社会治理和城市管理的作用更是有待发挥。如在建筑法规方面,《中华人民共和国建筑法》是 1997 年由全国人大通过、由中华人民共和国

主席签署发布的,其他相关建筑法规,包括国务院制定的行政法规、建设部等部委制定的行政规章、地方人大制定的地方法规和地方政府制定的地方规章,等等,很少体现行业协会的作用,在法规的制定中,我国行业协会的作用更是发挥很少。这一点与发达经济体有着很大的差异,诸如美国。美国没有一部由联邦政府制定的建筑法规,美国建筑法规中的各种技术指标分别由不同的非政府、非营利性的行业机构负责制定〔《国际建筑法规系列2004》(International Code Series,2004)〕。如建筑法规中有关电源、电路的规格、标准以及安装程序这些技术细节是由美国的"国家火灾防护协会"(National Fire Protection Association,NFPA)制定的。NFPA是一个典型的行业性组织,与政府系统毫无关系。更有意思的是,在美国的许多州,就NFPA的"电路安装规则"(Electric Code)所进行的培训是由电工工会提供的,承包商和政府的检查员都参加这个培训班。这种做法的优点在于电工行业与政府检查员双方所遵守的规则是相同的,同时电工工会也能敦促自己会员遵守相关的规则。同时电工的培训以及考试题都是有电工工会提供的,显示出行业协会和工会自律性和它们对政府运行的良性推动。地方商会也起到类似的作用,体现了美国政治体制中"小政府,大社会"的特点。

  我们也必须看到,在美国的体制中有一套完整的法律规章制度,为各种协会组织(又可称为利益集团)提供了严格的运作规范(包括公开性等程序化要求)和足够的作用空间。在我国,这类组织(目前形态尚不明确)的作用被忽略了。如我们在前文提到的治理城市中殡葬陋习的问题,如果能够将所有提供殡葬服务的公司组织起来统一培训,能够大大减少违章在主要路口焚烧的问题,也就能有效弥补目前的行政规定的条款。目前有关禁止那些殡葬陋习的行政条款形同虚设。

  我国餐饮业在行业协会问题上走的是一条"曲折道路",虽然有少数餐饮比如兰州拉面自发形成了初级形态的行业自治组织,但更多的餐饮类型并没有形成自己的行业协会。目前也出现了行业协会的变化的形式。在过去的30年间,许多中小规模餐馆和民间小吃通过加盟的方式形成连锁店。虽然各个加盟体的维系方式各有不同,但总体上尚未形成像麦当劳或者星巴克那些外来连锁店的严格的、自上而下的控制。我国的加盟店则仅仅从服务、食品、价格、店铺装饰方面实行标准化。这种加盟店实际上已近形成了某种意义上的行业协会,如果能利用这样的加盟店帮助城市管理的工作,城管执法效果会大幅度提高。

  在实践中,类似的方法已经被使用过。每当有像奥运会和大阅兵之类的重要活动,北京许多市民包括街道的退休人员都被调动起来,负责本街区的治安工作。由于他们熟悉自己生活多年的街道和居民,这种治安方法卓有成效。行政执法陷于困境的原因之一就是执法受众的非组织性与流动性,承认并允许小摊贩们依法自我组织、自我管理,会减轻政府单枪匹马执法的压力。

在当前我国的发展阶段,提出利用行业协会的正能量作用,提高行政执法效率是一个在理念上比较超前的建议。然而这应该是个比较务实的建议,因为当前的行政执法的现实是,政府计划部门(编制委),对城管队伍的规模和编制严格控制。2015年底《意见》也指示,协勤的人数应该逐渐减少,而且不能超过公务员城管的数量,这条"意见"折射出我国上级计划机构对基层城管执法运行所需人数认识的失缺程度。当然,这一规定也有计划部门的总体考虑,有其合理性的理由。这样一来,在不扩大城管队伍规模的情况下,欲提高城管运行效率必须另觅他径。发挥行业协会的作用,给行业协会赋权,政府购买由行业协会等组织提供社会服务就成为一种可行的选择。

二、明确法是治理的唯一标准

从理论上讲,约束执法受众和城管之间关系的应该仅仅是法律。执法者严格根据法律判定执法受众的行为是否违法,严格执法,违法必究。但是目前,在执法者和受众两者之间除了法律之外,又加入了若干变量,包括各种政治目标、社会目标、领导意志等,都被加入到行政执法的操作过程中。执法者单纯依照法律执法有可能与领导意志相背离,有可能因为与受众之间的冲突而影响社会和谐。如此种种考虑和顾虑,使得执法者畏首畏尾,执法对象也会利用执法者的顾忌而法外借势或故意闹大,于是行政执法变成一个在执法受众与城管之间的博弈过程,成为执法对象千方百计"钻空子""找门路""探虚实"的过程。譬如在目前的城管工作中,民族关系是一个重要的干扰因素。少数民族小贩很会打民族牌而且屡试不爽。执法关系的不正常导致了下面的问题:

第一,"暴力冲突"的负面利用。城管工作中的暴力冲突已引起举国关注,但民众关注的焦点一般是城管的暴力执法,而不是受众的暴力抗法。因为在普通民众的意识里,认为城管是强势组织,背后有地方政府的强大支持。城管的对象则为辛辛苦苦挣口饭吃的弱势群体,非常值得同情。这种"脸谱化"的城管对小摊贩的强霸行为成为大众的"刻板思维"。同时由于暴力事件具有一定的突发性，严重地影响地方政府和地方官员形象，甚至导致严重的政治后果。在中央努力构造和谐社会、规范政府行为的今天，政治正确成为地方官员的理性选择。因此，地方政府会选择严厉约束城管队员，甚至对执法对象一味让步，竭力避免冲突事件的发生，避免舆论的非议和谴责。这实际上给城管的执法对象送上了机会，他们不怕闹大，不再忌讳冲突，甚至敢于暴力抗法，发展成为聚众闹事。在城管和执法对象双方博弈的局势中，一方的"禁脔"，正是另一方的"筹码"，越是有超强震撼效应的冲突，对执法对象来说越是获得利益的机会。于是当冲突一方的城管被处罚之后，执法受众的违章行为依旧，政府也拿他们没有办法。城管队员则学会了便宜行事，不敢硬碰硬地解决违法问题，遇到"硬茬"躲着走。但是执法的任务还是要完成的，于是各种机变手段就不断花样百出，也带来了执法的不一视同仁现象，执法捡软的捏，带来了执法的不公正，损害了法律的尊严。

第二，执法尺度的不一致性。除了上面的由于执法者顾忌造成的执法不公之外，目前还存在着其他类型的执法不一致性。即便在一个城市中，各个区的执法力度、重点都不一样。有一些类似的违章案例理应按法律规定去处理，但是现实是，处理与不处理，怎么处理，很大程度上全凭领导的意志决定。街头的城管队员也在随意使用自由裁量权。执法受众非常了解执法的重点、时间、地点，为此，执法受众与城管甚至形成了某种"默契"。每逢重大事件，小贩自觉不出摊，不给城管找麻烦，同时也期待其城管在平时予以某种"照顾"。如此的"和谐"关系，虽然不会造成表面的矛盾，而受损伤的是法律尊严本身。

第三，城管的有效执法手段日趋匮乏。一般来说，在处理街头违章小贩的时候，城管队员最有效的做法是暂扣违章小贩的财产。一些小贩不懂法，以为暂扣是没收，于是就开始抗法。抗法闹大的结果是城管受到批评，于是下一次在实施暂扣的时候就会投鼠忌器，轻易不用。而且，即便小贩认可自己的财物被暂扣，不发生冲突，但按照既有的暂扣处理方式，头一天三轮车被扣，第二天去领回来，并没有对小贩起到太多警戒作用，其违章行为照旧。在建筑违章的处理中，由于处理程序的不合理设置，给违章业主有了借用的空间，违章业主会利用"处理程序"来拖延。在前面大型违章建筑的例子中，除了贪官的因素之外，许多开发商利用政府官员的政绩心理，在项目中作假，造成既成事实，这实际上是"绑架"了政府。

如上问题的解决实际上并不困难，严格按法律执法即可迎刃而解。但实施起来却困难，因为相对于政治影响、社会和谐、城市形象、民族团结、群众评价……法律和执行法律反倒成为非主要的考虑因素，行政执法的过程中，法律和执行法律被"搁浅"了。

如果各地政府能够按照法律（包括行政规章）办事，我国的城市面貌、建筑物安全系数、食品安全等有关城市建设的项目会变得很好。但是地方政府领导为何难以做到？真正实行依法执法，需要整个法律体系和政府治理体系的配合。因为如果将城管的工作单纯设定为执法，而不管执法带来的相应后果，那么执法带来的冲突必须由其他的机制去解决和协调。

三、破除以行政规章代法的习惯

从严格的法律角度讲，城管与其他城市管理执法人员执行的并不是真正意义上的法律（《宪法》《行政诉讼法》《行政强制法》等关于宗旨和行为规范的法律除外），而是政府自身制定的行政规章，或者绝大多数是政府规章。以行政规章替代法在我国有着悠久的传统，也是我国地方政府运行的普遍现象。从政府服务费到各类罚款额度，都是由政府机构自己决定。理论上讲，虽然政府行政规章制定的依据是相关的法律条款，但它们自身并不等于法律，只有各级人大制定的规范才是真正的法律。所有涉及公众利益问题的政策都应该由人大讨论，公众参与，最终形成法律去执行。

法律界和理论界有大量的文献讨论法与行政规章的区别和关系，我们仅讨论以行政规章替代法律的问题。

第一，决策程序问题。法律条款由全国或地方人大制定，从理论上讲，人大立法要经过一定的程序，听取公共的意见。政府机构制定的行政规章是政府机关自行制定的政策，这样的决策过程不为外界所知，这是非常重要的一点。以土地使用变性为例。在美国土地使用是议会批准的，以立法形式确定下来的，所有土地变性的申请都必须经过议会通过。我国目前的程序，是由管理机构外加一位主管的副市长决定，如此做法的漏洞显而易见。

第二，监督问题。当政府机关执行自己制定的条例和规定时，谁来制约政府机关，使其不在这之中获利呢？

第三，权威性问题。对于基层城管队员来说，执法还是执行行政规章在运行层面上有很大的差别；从执法受众的角度看，违法与违反行政规章区别也很大。

第四,制约作用问题。当上级领导给下级城管单位下指示时,依据的是行政规章还是法律,其作用差异很大。同样行政单位不执法与不执行行政规章之间的区别也很大,在前文拆除违章高层违章建筑例子中已经看到这一点。

我们希望在向全面法治发展的过程中,将以行政规章和规定代法的实践逐渐改正。全面以法执法可能会带来短期的阵痛,但可换来城市治理中的长治久安。

四、强化法和程序的作用,淡化领导主观意志

在行政执法过程中,特别是在土地和建筑管理中,"领导"角色是一个重要而且绕不开的问题。有的学者指出,城管执法特点包括运动性、人治管理、领导者权威性的体现、间歇性、临时性、反复性和无标准性,其中,决策者喜好主导执法决策的过程。①

从执法操作上来说,执法过程同时伴随着领导过程,具体的执法过程是由一线领导直接指挥和指导的,这是执法程序的必然要求。我们需要警惕和注意的是领导个人的过度的主观意志,特别是上级领导的不当干预。如果上级领导以行政权威为基础,直接干预行政执法,不遵循或打破既有的法定程序,会导致原有法治秩序的塌陷,使执法成为人治的过程,实际效果也并不好。比如,本书中T市夏季的"大扫荡""空中别墅"的业主与公安局长的家属斗法等案例都体现了领导意志的不当干预。

一个由领导意志掌控,突破(或不按照)法律规定的程序和步骤实施的执法项目,有时候确实能够雷厉风行,对眼前的棘手问题能够高效解决,但从长远来看,这种执法方式的效果并不像开始阶段那么有效。因为这种高效率来自于领导的权力资源和个人特点,而不是来自于法律执行过程。在某领导大力支持下取得了成效,但如果领导调任的话,原有的执法过程可能难以继续,已有的执法成果也可能得而复失。另外,领导主抓某件事情,往往只是单一强调执法的一个方面而忽视另一个方面,只是局部的点状解决,并没有做到执法的普遍性。有可能因为领导关注点的过度聚焦,而忽视了其他应该解决的问题。从这个意义上说,

---

① 邬艳丽,刘尧. 当代城管执法的问题与对策建议 [J]. 城市发展研究,2014,21 (8):114~119.

严格的以法执法如果能够正常运行，就不需要领导来干预。如果领导者重视以法执法，以法治代替人治，使以法执法成为常态，那才是真正的领导成功。

五、明确城管"执法者"的责任定位

城管的责任定位问题具有很深的政治和社会背景，在我国社会里，每一个社会成员都要求具有一定的历史责任和社会责任。新中国成立后，强调少年儿童的共产主义接班人的历史重任，成年人的实现共产主义的宏大历史责任，到今天依旧要求我们不忘初心。这样的理念被带到城管执法的过程中，每一个城管队员的任务就变得巨大而沉重。有学者（黄菊，2013）这样看待城管的责任："直接决定着公民的生活福利，当前还肩负着加强和创新社会管理的具体任务。"北京城管局编写的《城管执法操纵实务》将一线城管队员的任务描绘为具有高度的政治责任，他们在执法中必须时时考虑执法的社会效果和领导与政府的形象。

将如此沉重的政治任务和社会责任加诸每天在大街上执勤的城管队员身上，再加上构建和谐社会的宏大要求，城管队员们如何完成执法任务呢？因为执法就是依法纠正违法行为，对违法行为人说"不"，制止、纠正和惩戒违法行为本身就具有强烈的冲突性，执法者就应该直面冲突、不畏冲突。但如果发生了冲突，就可能带来很大的社会反响，影响社会和谐，甚至损害政府形象，那么面对可能的执法冲突，基层城管队员又如何选择呢？是执法还是不执法？严格还是不严格？城管队员又如何能够在执法任务与政治任务、社会责任、国家的前途之间合理权衡呢？这种权衡选择的结果是好还是不好，谁说了算，又是以哪个标准作为最主要的衡量标准呢？

保持任务和责任的一致性是管理的基本原理，城管的责任大于任务会导致他们执法难度加大，一旦执法遇到矛盾或冲突，就会畏首畏尾，选择退避。这样导致的结果一方面是执法失败，另一方面是会助长违法者强力抗法的不良社会风气。

城管执法只是社会管理末端的一个单纯的执法纠偏的环节，他们的角色是"执法者"，依法纠正违法违章行为应该是城管队员最重要的甚至是唯一的任务；而创建和谐社会，创造舒适、干净、安全的居住环境，保持良好的政府和人民关系，等等，这些都应该是立法（包括行政法规）者的责任，由立法机构考虑。

国家的前途、一代人的历史任务、社会责任分配都应该通过宏观立法来体现，由不同的社会组织主体来承担，这是社会分工和政府机构分工的基本要求。如果某项法律执行成本太高或者因为环境条件变化，而导致某项具体法律实施出现困难，应该由立法机构修改法律，而不是由基层城管队员来决定是否还按现行的法律条款执行，或者由城管队员判断和决定在多大程度上按照现行法律条款执行，这种做法实际上是将"立法"的责任转嫁给了基层执行人员。

六、将城管队伍职业化

重新界定城管的责任之后，城管队伍的职业化建设成为必然。这里提到的职业化不是指将城管转化为一个像消防队、医生、护士那样的具有特殊技术的专业领域，而是指将城管队伍的工作变成一种专门的职业。虽然就总体而言，城管的工作技术含量不高，不太需要高深的理论和精湛的技术（这一点也有不断改变的趋势），但是城管也应该职业化，将综合执法队伍的城管干部与队员转型成为专业的执法队伍，这个专业执法队伍应该通晓自己的执法依据以及处理的方式方法。

首先，应该在政府建制中给予城管执法队伍一个正式的位置，进行职业化建设，其他学者（如刘昕、刘颖、董克用，2010）也有类似的呼声。每一个职工的责任应是在个人水平上遵守职业道德，将本职工作做好。一个职业化城管队伍的核心就在于，每一成员将本职工作做好、依法执法、以法执法，以职业态度对待工作。这样，城管的执法水平就会显著提高。

其次，要从职业化的角度看待正式城管与协勤的问题，在执法能力和要求方面对二者一视同仁。仅仅从工作效率方面看，将公务城管与协勤城管区别对待的做法令人费解。实际上，协勤城管承担了城管事务中大部分工作，特别是在日常巡查中，协勤成为实际的执法主体。两类城管的区分主要在于编制问题，出于总体统筹考虑，政府无法安排更多的编制和拨出财政资金来雇用更多的公务员城管。2015年中央的《意见》建议将协勤的职位外包。这在其他国家有先例，比如美国地方政府的法典执行人员，常常有拿小时工资的非正式职工。但在我国，将执法一类执法事务外包，政治和法律风险更高，需慎重处置。

再次，将城管队伍转型为一支专业队伍需要经过系统和持续的培训。中央

2015年《意见》也强调培训的重要性,通过严格的培训,建立职业意识,清楚地定义岗位权责,并开展相应考核监督,协勤也可以规范地承担执法任务。

最后,城管队伍应该慎重参与任何与经济利益、土地开发有关的强拆活动,秉承公正的执法的立场,不做经营类的主体的维护者,保持城管队伍城市执法者的形象。

七、限制自由裁量权

"自由裁量权"是行政执法运行中的概念,是指国家赋予行政机关在法律法规允许的幅度和范围内所享有的有一定选择余地的处置权力。

自由裁量(Judicial Discretion)概念源于西方国家司法制度,在美国等案例法制度的国家中,法官量刑时有较大的选择权,法官在量刑时拥有的选择权就是自由裁量。美国警察由于在日常工作中遇到的情况复杂多变,也会有自由裁量的存在。但为了尽量避免警察滥用自由裁量权,各个地方政府都有非常严格的自由裁量运作标准及适用要求。

2004年,我国国务院发布《全面推进依法行政实施纲要》,其中专门提到对自由裁量权的行使要求:"行政机关行使自由裁量权的,应当在行政决定中说明理由,要切实解决行政机关违法行使权力侵犯人民群众切身利益的问题。"

行政执法是一个具有强制性的执法过程,当自由裁量权被任意使用时,强制性就会变得随机,出现执法过程中的"任意"和"枉法",不但导致执法对象的抵触和不满,也会使人们进而上升为对法律规定的不满和不尊,严重影响法律的公平性,损害法律的权威。

对城管执法来说,自由裁量权是不可避免的。但是我们必须对自由裁量权进行规范。城管自由裁量权的运用要注意两个问题。

第一,限制自由裁量的性质和范围。自由裁量权应该主要应用于在处罚的具体尺度上,而不应该在是否处理、是否惩罚之间做自由选择。是否处理、是否惩罚是由法律规定的,有明确的说法和界限,只要违法就要处罚,这个没有商量,没有自由裁量。例如,面对一个"屡教不改"的违章向工地外排放污水、污泥的开发商,城管队员的责任应该是按照法规对其进行处罚。在这个问题上,城管没有选择,或者说不应该有选择,城管的自由裁量权只体现在根据实际情况进行罚款的具体数额上。

第二，避免对自由裁量权的滥用。必须对不同的违法行为进行尽可能的细化界定，对执法的行为进行标准化的培训和规范，才能更好地减少对自由裁量权的滥用。这也正与前文所讲的职业化和专业化执法相关联。在执法实践中，如果不对某一具体违法行为的具体处罚额度进行细化，自由裁量权的尺度是很难掌握的。比如在处罚额度上，《T市市容和环境卫生管理条例》规定，可向工地外排放污水、污泥的开发商实施5000元以上、10000元以下的行政处罚。按照这个规定，城管在5000~10000元之间开具任何数额的罚金都属于执法的自由裁量权，这会不会导致城管滥用自由裁量权？为了避免这样的情况，有两种办法，一是可以规定一个固定的罚金数额（如10000元），对所有排放污水、污泥的施工单位均处以这个固定的罚金数额；二是分成几个档次，比如5000元、7000元、10000元三个档次，对每个档次的罚金对应的违法行为进行具体界定，使其具有可操作性和可验证性。

由于目前城管的管理相对粗放，城管执法的具体开展几乎都处在"自由裁量"的状态之中。例如，就市容问题看，面对从清晨5点就开始经营的违章早点摊，到深夜还在贩卖的小贩，城管队员随时都要面对"管与不管""罚与不罚"的选择。其实管与不管不应该在自由裁量权的范围内。在一线执法中，城管队员个人因素一直在影响自由裁量权的实施，如正式性、层级性、教育程度、纪律训练等（陈那波、卢施羽，2013）。我们在前文中介绍了许多执法的例子都与自由裁量有关。在处理违章建筑的时候，自由裁量权带来的问题更严重，在一些例子中，自由裁量甚至成了官员腐败的工具。

我们可以借助现代化的信息工具减少自由裁量空间，例如，在处理机动车违章的问题上，借助于遍布城市每一个角落的摄像头的帮助，交通警察在执法中很少使用自由裁量权了，这就是我们在上文屡次提到的有效的执法手段。

八、创新执法手段

城管执法中的暴力行为仅仅是执法困境的外在表现之一，即使消除了暴力执法和暴力抗法（如在联合清理的压力下，摊贩一般不选择直接对抗而是顺从），也不一定能够取得行政执法的良性效果。我们在观察和调研中发现，目前的城管

步出藩篱的路径探索

执法手段无法实现作用效果的长效和可持续。即便是刚刚整顿过的地区和街道，如果不进行持续的巡视，违章现象大概率会重复，在其他城市管理领域的情况（如违章建筑等）也是如此。

违章屡禁不止的原因很多，在诸多原因中，最具有根源性的是，面对法律的不敬畏心态。究其原因，是因为人为因素（领导意志、自由裁量、关系人情等"枉法"因素等）削弱了法律的威权性和惩戒性，导致违法违规不用承担后果，甚至会得到利益。以至于有人宣称，马不吃夜草不肥，越是奉公守法越吃亏。如何从根本上改变这种状况呢？本书认为，只有真正实现法治，建设法治社会，全面提高全社会的法律意识，树立法律的尊严，执法者以法执法，守法者自觉守法，才能真正使社会秩序走上坦途。

为此，城管执法模式和手段的改革创新势在必行。要通过重新设计执法的过程和手段，改变传统的行政执法模式，使法律在城管执法过程中得到公平、连贯的实施。

下面是我们建议的创新的执法方式，在前文的讨论中已经为这些建议做了铺垫。

（一）建立信用制度，将违法行为个人化，使每一个人对自己的行为负责

建立全社会的个人信用制度，并将城管执法的违法处罚列入信用监管体系。具体操作为：

第一，在市容整顿方面，利用每一个公民已有的身份证号，建立信用档案制度，作为执法的基础，需要从立法方面以及从具体操作逻辑和程序设计方面配合展开。

第二，将当事人违章行为与其信用档案建立关联。城管对违章行为可以罚款，并可重复罚款。对拒交罚款的，可通过法院记入个人信用档案。如果在设定期限内（如一年内）无重复违章，可到法庭申请将不良记录消除。

2016年6月27日，在习近平主持召开的中央全面深化改革领导小组第25次会议上，通过了《关于加快推进新失信被执行人信用监督、警示和惩戒机制建设的意见》。这一文件的目的就是构建"一处失信，处处受限"的信用惩戒大格局，让失信者寸步难行。由此可见，个人信用体系是一个很有效的执法工具。

(二) 发挥人大和法庭作用，以法为工具执法

要改变以往的城管执法缺乏依据和标准的情况，要以法执法，明确具体的执法法律，重新树立法律和法院的权威。具体做法包括：

第一，建立隶属于地方人大的城市管理立法审议和修订机构，对涉地方城市管理和综合执法的法律条文进行制定和修改；

第二，建议成立区县级的法庭，专门处理行政执法中的纠纷；

第三，只有法庭有权进行个人不良记录的录入与消除。

缺乏法律和法庭的支持是造成目前城管执法困境的原因之一。中央在2015年底发布的《意见》虽然意在解决行政执法中的问题，却没有提到加强法律、法庭的作用。目前城管执法的实践是依行政规章执法，而且执法行为终止于行政执法单位。在将行政规定转换为正式的立法后，如发生争议，请法庭裁决。以法庭作为一个制约，既可以缓冲直接矛盾冲突，也可以提高法律在民众行为中的约束力，提高法律的权威性和公信度。

(三) 以房产记录作为治理违章建筑的主要工具

彻底解决违章建筑、私搭乱建等现象必须综合施治，全面围堵，具体建议的方法为：

第一，改变城管执法方式，城管不再负责直接拆除、清理违章建筑，而是在取证的基础上给出罚单。

第二，城管要通过法庭在违章房产档案（或房本记录）中，录入一个违章罚款记录。这条罚款记录要附带高额度利息。并告知当事人，通知他主动拆除违章建筑，否则罚款利息自动启动累积模式。

第三，违建当事人负责自行拆除违建，并申请法庭消除罚款记录。法庭消除罚款记录的条件为：①自行拆除违章建筑，或者违章搭建的部分；②交纳罚款和利息。将来任何与房产有关的交易必须以此违章记录的清除为前提条件。

第四，此办法须通过立法实施。

这一项措施借鉴于美国房地产管理中留置权的做法（见第八章）。城管利用

房产本身作为执法工具会很有效。从法律角度看，这个方法的实质是以法律责任为约束，使得违章业主、承包商为自己的违法行为负责。目前，我国已经建立了非常详细的房产记录制度并且实现了全国统一联网，奠定了这项措施的技术基础。

（四）以人大监督和公开制度治理众多的违章开发商

违章开发对城市治理危害极大。目前的法规、条例（应该变为法律）、程序相当严格和详细，如果能够正常运行，可以有效地管理土地交易和建筑工程。

造成目前大量违章建筑的主要原因，是部分政府官员不作为甚至与违章开发商勾结，共同违法乱纪。为此应该在治理路径上寻求创新：

第一，人大监督与立法。建议地方人大设置专门的委员会，负责监督日常与土地开发项目有关的土地交易、变性使用、容积率变化等土地交易事宜；如果需要修改现行法律，地方人大可进行修改，以支持合法的土地变性与容积率改变的申请。

第二，公开信息，接受全民监督。通过立法将任何与土地开发的项目公开，包括土地变性、调正容积率的信息，接受全社会的监督。

结束语

中国城市化发展日新月异,城市管理也趋向复杂。城管成为城市管理的重要执行者,没有他们的辛勤工作,中国城市就不会有今天的面貌。

本书对城管的研究从市容开始,自从城市管理之初,市容就是城市的工作重点。但随着研究的展开,我们进一步发现,城市管理中的大问题不在于市容或者大街上的小贩,其他城市管理项目,如违章建筑问题更为突出。无论在涉案金额,还是背后体现的官员问题等方面,违章建筑更为严重,只不过违章建筑——特别是那些新开发的高层建筑的问题被漂亮的设计挡在人们的视野之外,公众对其严重性未加注意罢了。

类似的城市管理问题还有很多,例如,公共安全问题,超市里的升降电梯出问题造成安全隐患和生命、财产损伤;居民楼里的电梯事故使得居民失去双腿;从高层掉下来的玻璃窗砸伤路人;公交车失火烧死乘客等。如此高发的事故,直接原因不外乎产品质量、安装质量,操作员粗心,缺乏完善的工程质量验收检查,但背后的原因呢?

2016年夏季,许多中国的城市都在暴雨中变成汤池。某市的一个女学生居然摔倒并淹死在积水中,这不得不令我们注意到,在修建高楼大厦时,从设计到施工,雨水排泄的问题,都有意或者无意地被忽视了,为什么如此重要的问题会被忽视?

以上问题可以归纳为人们对规则的无视,以及规则的权威缺失。违章经营、违章建筑都是对城市管理法律法规的违背。规则权威缺位下导致的普遍无视规则是中国目前许多问题的根源,从这个角度看我们要解决的问题——城管工作所陷入的困境,同样是执法与执法受众双方不按规则、不按法律办事的结果。

早在2004年,邢兆良教授就指出中国的社会诚信度较低,而且"在社会诚信度低的状况下，是很难构建良好的政治秩序、经济秩序和道德秩序的，而这三种秩序的健康程度直接关系到社会的稳定发展"。7 年后，一份 2011 年的调查表明，目前中国社会中的诚信度仍然非常低。2016 年，中国大地上的失效疫苗、毒跑道等事件都指向低下的诚信，社会诚信度低的表现之一就是社会成员对社会规则的无视。

面对城管执法遇到的困境，学者们和政府高层的决策者都将分析和改善措施的重点放在城管队伍的建设、组织结构等方面，但实践证明效果并不好。实际上，将行政执法从困境中解脱出来的办法对于我们来说并不陌生。在习近平主席提出全面依法治国的时候，我们很容易就能看到解决问题的关键如下：①依法执法。②以法执法。但是在我们谈法律的作用时，无论是依据还是工具，都有一个实施的必要条件，这也正是我们在本文中屡次提到的习近平的全面依法治国中的"全面"二字。

在一个社会中实施法治，必须是"全面"的。换言之，实施范围必须是全社会，而不能是仅限于某些领域。这一点我们在交通法规的执行中就可以看出来，"全面"是法治的关键之一。

实施法治的另一个问题是，法律必须是执法的唯一依据，不能有其他的考虑，不能有其他的原则影响对法律的执行。和谐社会、照顾弱势群体，都应该是立法机构的问题，由立法者将这些原则体现到具体的法条中。将立法责任与执法责任混同起来，很容易导致城管的执法困境。我们在调研中看到，在遇到执法"钉子户"时，执法组织会采取一些亲民式的变通办法，为执法受众提供经济方面的帮助，用以换取他们不再违章设摊的承诺。这样做可能会取得效果（虽然这种效果往往不能持久），但也可能鼓励其他执法受众竞相效仿，采取相同的办法以获得相同的待遇。在有那么多低收入的小贩违章设摊的情况下，政府都能提供经济帮助吗？在我们在调研中遇到的实例中，T 市 X 街道通过发放低保、解决家人就业等方式暂时说服了 ZZ 道的残疾人不再出去摆摊，但是接踵而来的事情就是，"30 号"和"40 号"也到街道办去闹了。

在实践中，真正做到依法执法，以法为工具执法，需要社会权威有勇气面对初期的阵痛。从中国社会发展的历史上看，尚未经历过全面的法治建设。实施全面依法治国，落实法律面前人人平等，会面临艰难的路径，遇到极大的阻力，也会有一些阶层的成员觉得自己受到不公平的对待，但这也是不得不接受的成本和代价。目前城管行政执法已经到了理念变革的时代，是不得不改了，希望决策者正视目前的行政执法模式的实效，迈出勇敢的步伐。

参考文献

[1] Cox G. H., Rosenfeld R. A.. State and local government: Public life in America [M]. Belmont, CA: Wadsworth, Thomas Learning, Inc., 2001.

[2] Friedman, Friedman. Free to choose [M]. Chicago: Avon Books, 1981.

[3] Nice D. C.. Interest groups and policymaking in the American state [J]. Political Behavior, 1984, 6 (2).

[4] Perry J. L., Rainey H. D.. The public – private distinction in organization theory: A critique and research strategy [J]. Academy of Management Review, 1988, 13 (2): 182 – 201.

[5] Saffell D. C., Basehart H.. State and local government: politics and public policies [M]. New York: McGraw – Hill Higher Education. 2009: 99 – 100.

[6] Schneider M. T.. Interest – group size and legislative lobbying [J]. European Journal of Political Economy, 2014 (106): 29 – 41.

[7] 曹淑芹, 贾晋. 呼和浩特市城管执法的困境与对策 [J]. 前沿, 2009 (12): 169 – 171.

[8] 常改, 张兵. T 市街头食品的卫生现状与管理展望 [J]. 中国食品卫生杂志, 1989 (1): 9 – 12.

[9] 陈柏峰. 城管执法冲突的社会情境——以《城管来了》为文本展开 [J]. 法学家, 2013 (6): 15 – 32.

[10] 陈辉. 城市基层治理的双重困境与善治的路径选择 [J]. 南京师大学报 (社会科学版), 2013 (2): 23 – 29.

[11] 陈那波, 卢施羽. 场域转换中的默契互动——中国"城管"的自由裁量行为及其逻辑 [J]. 管理世界, 2013 (10): 62 – 80.

[12] 陈鹏. 法治环境下城市管理综合执法模式分析 [D]. 西南财经大学

硕士学位论文，2014.

［13］陈庆云．公共政策分析（第一版）［M］．北京：北京大学出版社，2006.

［14］陈水生．中国公共政策模式的变迁——基于利益集团的分析视角［J］．社会科学，2012（8）．

［15］陈水生．中国利益集团的成长逻辑与动力机制研究［J］．南京社会科学，2011（7）．

［16］陈尧．政治生活中利益集团的成因分析［J］．上海交通大学学报，2006（1）．

［17］陈振明．政治学［M］．福建：福建人民出版社，2002.

［18］程浩，黄卫平，汪永成．中国社会利益集团研究［J］．中国转型研究，2001（4）．

［19］段秀芳．关于中国"利益集团"的概念辨析［J］．中共南京市委党校党报，2008（3）．

［20］方雷．地方政府学概论［M］．北京：中国人民大学出版社，2015.

［21］冯伟林．利益集团在地方政府决策中的作用及应对策略［J］．贵州社会科学，2008（5）．

［22］高博．当代中国政治冲突问题研究［D］．辽宁师范大学硕士学位论文，2010.

［23］高洁如．城管执法理论研究［M］．北京：法律出版社，2014.

［24］顾海峰．谈城市管理综合执法中遭遇抗法的特点、原因及对策［D］．苏州大学，2007

［25］关山远．人民文摘［J/OL］．2013（9）．http：//paper．people．com．cn/rmwz/html/2013-09/01/content_1307448．htm．

［26］官爱玉．打响城市管理的"三大战役"——记大连市城市管理综合执法局［J］．城市开发，2001（10）：41-43.

［27］韩舸友．我国行政联合执法困境及改进研究［J］．贵州社会科学，2010，248（8）：53-56.

［28］贺荣．北京市综合行政执法有关问题的探索和思考［J］．法学杂志，2010（10）：94-97.

［29］衡霞．经济学视角：城管执法困境的分析［J］．经济体制改革，2007（3）：166-168.

[30] 黄菊. 街头官僚视角下我国基层行政执法公务员的执法困境 [J]. 长沙大学学报, 2013, 27 (1): 62-64.

[31] 江国华, 韩玉亭. 相对集中城市管理模式面临的困境及对策研究——以长沙市为视角 [J]. 北京社会科学, 2014 (11): 4-11.

[32] 江涌. 警惕部门利益膨胀 [J]. 瞭望, 2006 (41).

[33] 课题研发组. 城管执法操作实务 [M]. 北京: 国家行政学院出版社, 2006.

[34] 孔伟. 民国时期宁波摊贩管理与市容改善研究——以20世纪30年代前期为例 [J]. 黑龙江史志, 2008 (11): 10-11.

[35] 邰艳丽, 刘尧. 当代城管执法的问题与对策建议 [J]. 城市发展研究, 2014, 21 (8): 114-119.

[36] 李景鹏. 中国政治发展的理论研究纲要 [M]. 哈尔滨: 黑龙江人民出版社, 2000.

[37] 李坤. 城市管理综合执法中存在的问题及对策研究 [D]. 中央民族大学硕士学位论文, 2012.

[38] 李强. 当前中国社会的四个利益群体 [J]. 学术界, 2000 (82).

[39] 李琼, 徐彬. 利益集团的政府俘获、行政腐败与高行政成本 [J]. 西川师范大学学报 (社科版), 2011, 38 (3).

[40] 李云新, 朱嘉赞. "城管"与摊贩冲突的敏感性特征及治理策略——基于130个冲突事件的实证分析 [J]. 武汉理工大学学报 (社会科学版), 2015: 28 (4): 659-695.

[41] 厉以宁. 转型发展理论 [M]. 北京: 同心出版社, 1996.

[42] 林成西. 中国古代城市的商业管理 [J]. 文史杂志, 2006 (4): 31-34.

[43] 刘恩东. 中美利益集团与政府决策的比较研究 [D]. 中共中央党校国际战略研究所博士学位论文, 2008.

[44] 刘福元. 城管综合执法的自我管控机制建构——寻求良性执法的多维制度解 [J]. 理论月刊, 2016 (10): 114-119.

[45] 刘海岩. 空间与社会: 近代天津城市的演变 [M]. 天津: 天津社会科学出版社, 2003.

[46] 刘明厚. 我国城市管理制度的伦理困境及其破解 [J]. 理论导刊, 2011 (12): 7-10.

[47] 刘升. 从冲突到合谋：城管与摊贩的交往逻辑 [J]. 北京工业大学学报（社会科学版），2016（3）：1-7.

[48] 刘晓京. 对行政综合执法模式的几点思考 [J]. 中央政法管理干部学院学报，2001（1）：24-25.

[49] 刘昕，刘颖，董克用. 破解"城管困境"的战略性人力资源管理视角——基于对北京城市管理综合执法队伍的调查研究 [J]. 公共管理学报，2010，7（2）：37-46.

[50] 刘星. 论对利益集团的规制 [EB/OL]. 厦门大学学术典藏库，http://dspace.xmu.edu.cn/dspace/handle/2288/22515?show=full，2010.

[51] 刘彦昌. 聚集中国既得利益集团 [M]. 北京：中共中央党校出版社，2007.

[52] 刘珍. 天津市城市管理综合执法的困境与完善对策 [D]. 天津师范大学硕士学位论文，2012.

[53] 卢洪峰. 浅谈城市管理综合执法中对少数民族违法人员的执法 [EB/OL]. 百度文库，2015.

[54] 罗依平，任晓迪. 论强势利益集团对我国地方政府决策的影响 [J]. 内蒙古社会科学，2009（6）.

[55] 马建章. 关于城市管理综合执法改革试点的考察与分析 [J]. 城市问题，1999（3）：40-42.

[56] 孟德斯鸠，张雁深. 论法的精神（上）[M]. 北京：商务印书馆，1959.

[57] 莫于川，雷振. 从城市管理走向城市治理——《南京市城市治理条例》的理念与制度创新 [J]. 行政法学研究，2013（3）：56-62.

[58] 牛汝宝. 城市化进程中的流动摊贩治理研究 [D]，天津大学，2013.

[59] 潘淑岩. 城市管理综合执法的困境和解决思路 [J]. 中北大学学报（社会科学版），2013，29（6）.

[60] 彭顺勇. 城市管理综合执法中的权力冲突及其解决 [D]，湖南师范大学，2007.

[61] 青锋. 行政处罚权的相对集中：现实的范围及追问 [J]. 行政法学研究，2009（2）：10-15.

[62] 邵华. 论利益集团与政治均衡 [J]. 山东理工大学学报，2009（4）.

[63] 沈辉. 治理城市违法建筑的法律机制研究 [M]. 上海：同济大学出

版社，2013.

[64] 石柏林，付小飞．"善治"视野下的城市管理［J］．广西民族大学学报（哲学社会科学版），2008（5）：122-125.

[65] 宋超．城市管理相对集中行政处罚权应正确处理的几大关系［J］．行政论坛，2006（2）：56-57.

[66] 苏礼和．转型期地方政府与利益集团的利益博弈关系探析［J］．西安石油大学学报，2008（3）．

[67] 孙永怡．强势利益集团对公共政策过程的渗透及其防范［J］．中国行政管理，2007（9）．

[68] 王承艳．少数民族中心城市和谐行政执法方式的探索——以贵州省凯里市为例［J］．学理论，2012（20）．

[69] 王传干．行政综合执法机制改革研究［J］．西南政法大学学报，2012（6）：28-37.

[70] 王笛著．街头文化，成都公共空间、下层民众与地方政治（1870-1930）［M］．北京：中国人民大学出版社，2006.

[71] 王菲．城管执法困境分析——以崔英杰事件为例［J］．理论前沿，2011（7）：315-316.

[72] 王敬波．论我国城管执法体制改革及其法治保障［J］．行政法学研究，2015（2）：16-22.

[73] 王满传．孙文营和安森东．地方城市管理执法机构存在的问题和改革建议［J］．中国行政管理，2017（2）：143-145.

[74] 王浦劬．政治学基础［M］．北京：中央广播电视大学出版社，2004.

[75] 王伟光．利益论［M］．北京：人民出版社，2001.

[76] 王锡锌．中国行政执法困境的个案解读［J］．法学研究，2005（3）：37-49.

[77] 王雅琴，沈俊强著．城市管理监察综合行政执法之理论与实践［M］．北京：法律出版社，2013.

[78] 王仰文．生成逻辑与路径选择：风险社会城管执法困局的理性思考——基于政策冲突视角的分析［J］．江汉大学学报（社会科学版），2014（3）：16-21.

[79] 王毅．相对集中行政处罚权制度发展研究——以城市管理领域为例［J］．法学，2004（9）：35-42.

[80] 王永生. 论利益集团对中国公共政策的影响 [J]. 贵州社会科学, 2007 (7).

[81] 文力. 多元利益集团下的社会均衡 [J]. 中国改革, 2005 (11).

[82] 吴金群. 综合执法：行政执法的体制创新 [J]. 地方政府管理, 2000 (9)：21-24.

[83] 吴军飞. 我国城市管理综合执法问题探讨 [J]. 成都大学学报（社会科学版），2006 (5)：5-6.

[84] 吴凯. 城管综合执法：多视角分析与路径选择——以广州市为例 [J]. 行政与法, 2011 (3)：42-45.

[85] 夏俊生. 城市管理综合执法改革试点的启示——一个"大盖帽"比几个"大盖帽"管得好 [J]. 瞭望新闻周刊, 1998 (41)：24-25.

[86] 邢益民. 浅谈城管综合执法中对少数民族违法人员的执法问题 [J]. 城建监察, 2006 (4)：46-48.

[87] 徐继敏. 集中行政处罚权的价值与路径选择分析 [J]. 学术论坛, 2016 (3)：77-81.

[88] 徐蓉. 对城市管理执法体制改革的几点思考 [J]. 天津行政学院学报, 2000 (3)：58-60.

[89] 徐元善, 吕良辰. 论社会利益集团对政府决策的政治影响及对策设计 [J]. 理论探讨, 2014 (3).

[90] 燕继荣. 现代政治分析原理 [M]. 北京：高等教育出版社, 2004.

[91] 杨光斌, 李月军. 中国政治过程中的利益集团及其治理 [J]. 学海, 2008 (2).

[92] 杨靖. 中国利益集团研究综述 [M]. 理论与改革, 2010 (4).

[93] 杨书文. 大都市新区综合执法体制改革探讨——以天津市滨海新区为例 [J]. 上海城市管理, 2016 (2)：84-87.

[94] 杨书文. 中国城市管理综合执法体制研究 [M]. 天津：天津人民出版社, 2009.

[95] 叶敏. 城市基层治理的条块协调：正式政治与非正式政治——来自上海的城市管理经验 [J]. 公共管理学报, 2016 (2)：128-140.

[96] 叶晓川. 城管执法权的制度困境及其出路 [J]. 理论与改革, 2008 (3)：119-122.

[97] 俞宪忠. 关于利益集团分析的若干问题 [J]. 山东师大学报, 2000 (2).

[98] 袁翀. 实施综合执法是现代化城市管理的必由之路 [J]. 社科纵横, 2002（5）：36-37.

[99] 曾峻. 相对集中行政处罚权与中国行政执法体制的改革：以城市管理为例 [J]. 政治学研究, 2003（4）：85-94.

[100] 张本效, 王秀春. 城市管理面临的现实困境及其突破口 [J]. 城市问题, 2014（5）：79-84.

[101] 张步峰, 熊文钊. 城市管理综合行政执法的现状、问题及对策 [J]. 中国行政管理, 2014（7）：39-42.

[102] 张春兰, 孟月. 中国古代城市管理的滥觞与嬗变 [N]. 中国社会科学报, 2015-01-07.

[103] 张辉. 我国城市管理中"城管"的困境及辨析——基于市民社会的视角 [J]. 成都行政学院学报, 2010（168）：81-84.

[104] 张瑞, 柳红霞. 城市基层治理：矛盾、改革及其趋向——基于武汉市的实证考察 [J]. 社会主义研究, 2010（4）：69-73.

[105] 张小明, 曾凡飞. "大城管"模式下城市综合执法联动机制研究——以贵阳市为例 [J]. 中国行政管理, 2010（8）：72-76.

[106] 张小明. 论利益集团利益表达功能的实现与控制 [J]. 云南行政学院学报, 2013（5）.

[107] 张宇燕. 利益集团与制度非中性 [J]. 改革, 1994（2）.

[108] 周佑勇, 王青斌. 和谐社会与行政执法的改进 [J]. 湖北社会科学, 2006（2）：30.

附件

中共中央、国务院关于深入推进城市执法体制改革 改进城市管理工作的指导意见

(2015年12月24日)

改革开放以来,我国城镇化快速发展,城市规模不断扩大,建设水平逐步提高,保障城市健康运行的任务日益繁重,加强和改善城市管理的需求日益迫切,城市管理工作的地位和作用日益突出。各地区各有关方面适应社会发展形势,积极做好城市管理工作,探索提高城市管理执法和服务水平,对改善城市秩序、促进城市和谐、提升城市品质发挥了重要作用。但也要清醒看到,与新型城镇化发展要求和人民群众生产生活需要相比,我国多数地区在城市市政管理、交通运行、人居环境、应急处置、公共秩序等方面仍有较大差距,城市管理执法工作还存在管理体制不顺、职责边界不清、法律法规不健全、管理方式简单、服务意识不强、执法行为粗放等问题,社会各界反映较为强烈,在一定程度上制约了城市健康发展和新型城镇化的顺利推进。

深入推进城市管理执法体制改革,改进城市管理工作,是落实"四个全面"战略布局的内在要求,是提高政府治理能力的重要举措,是增进民生福祉的现实需要,是促进城市发展转型的必然选择。为理顺城市管理执法体制,解决城市管理面临的突出矛盾和问题,消除城市管理工作中的短板,进一步提高城市管理和公共服务水平,现提出以下意见。

一、总体要求

(一)指导思想。深入贯彻党的十八大和十八届二中、三中、四中、五中全会及中央城镇化工作会议、中央城市工作会议精神,以"四个全面"战略布局

为引领，牢固树立创新、协调、绿色、开放、共享的发展理念，以城市管理现代化为指向，以理顺体制机制为途径，将城市管理执法体制改革作为推进城市发展方式转变的重要手段，与简政放权、放管结合、转变政府职能、规范行政权力运行等有机结合，构建权责明晰、服务为先、管理优化、执法规范、安全有序的城市管理体制，推动城市管理走向城市治理，促进城市运行高效有序，实现城市让生活更美好。

（二）基本原则。

——坚持以人为本。牢固树立为人民管理城市的理念，强化宗旨意识和服务意识，落实惠民和便民措施，以群众满意为标准，切实解决社会各界最关心、最直接、最现实的问题，努力消除各种"城市病"。

——坚持依法治理。完善执法制度，改进执法方式，提高执法素养，把严格规范公正文明执法的要求落实到城市管理执法全过程。

——坚持源头治理。增强城市规划、建设、管理的科学性、系统性和协调性，综合考虑公共秩序管理和群众生产生活需要，合理安排各类公共设施和空间布局，加强对城市规划、建设实施情况的评估和反馈。变被动管理为主动服务，变末端执法为源头治理，从源头上预防和减少违法违规行为。

——坚持权责一致。明确城市管理和执法职责边界，制定权力清单，落实执法责任，权随事走、人随事调、费随事转，实现事权和支出相适应、权力和责任相统一。合理划分城市管理事权，实行属地管理，明确市、县政府在城市管理和执法中负主体责任，充实一线人员力量，落实执法运行经费，将工作重点放在基层。

——坚持协调创新。加强政策措施的配套衔接，强化部门联动配合，有序推进相关工作。以网格化管理、社会化服务为方向，以智慧城市建设为契机，充分发挥现代信息技术的优势，加快形成与经济社会发展相匹配的城市管理能力。

（三）总体目标。到2017年年底，实现市、县政府城市管理领域的机构综合设置。到2020年，城市管理法律法规和标准体系基本完善，执法体制基本理顺，机构和队伍建设明显加强，保障机制初步完善，服务便民高效，现代城市治理体系初步形成，城市管理效能大幅提高，人民群众满意度显著提升。

步出藩篱的路径探索

二、理顺管理体制

（四）匡定管理职责。城市管理的主要职责是市政管理、环境管理、交通管理、应急管理和城市规划实施管理等。具体实施范围包括：市政公用设施运行管理、市容环境卫生管理、园林绿化管理等方面的全部工作；市、县政府依法确定的，与城市管理密切相关、需要纳入统一管理的公共空间秩序管理、违法建设治理、环境保护管理、交通管理、应急管理等方面的部分工作。城市管理执法即是在上述领域根据国家法律法规规定履行行政执法权力的行为。

（五）明确主管部门。国务院住房和城乡建设主管部门负责对全国城市管理工作的指导，研究拟定有关政策，制定基本规范，做好顶层设计，加强对省、自治区、直辖市城市管理工作的指导监督协调，积极推进地方各级政府城市管理事权法律化、规范化。各省、自治区、直辖市政府应当确立相应的城市管理主管部门，加强对辖区内城市管理工作的业务指导、组织协调、监督检查和考核评价。各地应科学划分城市管理部门与相关行政主管部门的工作职责，有关管理和执法职责划转城市管理部门后，原主管部门不再行使。

（六）综合设置机构。按照精简统一效能的原则，住房城乡建设部会同中央编办指导地方整合归并省级执法队伍，推进市县两级政府城市管理领域大部门制改革，整合市政公用、市容环卫、园林绿化、城市管理执法等城市管理相关职能，实现管理执法机构综合设置。统筹解决好机构性质问题，具备条件的应当纳入政府机构序列。遵循城市运行规律，建立健全以城市良性运行为核心，地上地下设施建设运行统筹协调的城市管理体制机制。有条件的市和县应当建立规划、建设、管理一体化的行政管理体制，强化城市管理和执法工作。

（七）推进综合执法。重点在与群众生产生活密切相关、执法频率高、多头执法扰民问题突出、专业技术要求适宜、与城市管理密切相关且需要集中行使行政处罚权的领域推行综合执法。具体范围是：住房城乡建设领域法律法规规章规定的全部行政处罚权；环境保护管理方面社会生活噪声污染、建筑施工噪声污染、建筑施工扬尘污染、餐饮服务业油烟污染、露天烧烤污染、城市焚烧沥青塑料垃圾等烟尘和恶臭污染、露天焚烧秸秆落叶等烟尘污染、燃放烟花爆竹污染等的行政处罚权；工商管理方面户外公共场所无照经营、违规设置户外广告的行政处罚权；交通管理方面侵占城市道路、违法停放车辆等的行政处罚权；水务管理方面向城市河道倾倒废弃物和垃圾及违规取土、城市河道违法建筑物拆除等的行政处罚权；食品药品监管方面户外公共场所食品销售和餐饮摊点无证经营，以及违法回收贩卖药品等的行政处罚权。城市管理部门可以实施与上述范围内法律法规规定的行政处罚权有关的行政强制措施。到2017年年底，实现住房城乡建设领域行政处罚权的集中行使。上述范围以外需要集中行使的具体行政处罚权及相应的行政强制权，由市、县政府报所在省、自治区政府审批，直辖市政府可以自行确定。

（八）下移执法重心。按照属地管理、权责一致的原则，合理确定设区的市和市辖区城市管理部门的职责分工。市级城市管理部门主要负责城市管理和执法工作的指导、监督、考核，以及跨区域及重大复杂违法违规案件的查处。按照简政放权、放管结合、优化服务的要求，在设区的市推行市或区一级执法，市辖区能够承担的可以实行区一级执法，区级城市管理部门可以向街道派驻执法机构，推动执法事项属地化管理；市辖区不能承担的，市级城市管理部门可以向市辖区和街道派驻执法机构，开展综合执法工作。派驻机构业务工作接受市或市辖区城市管理部门的领导，日常管理以所在市辖区或街道为主，负责人的调整应当征求派驻地党（工）委的意见。逐步实现城市管理执法工作全覆盖，并向乡镇延伸，推进城乡一体化发展。

三、强化队伍建设

（九）优化执法力量。各地应当根据执法工作特点合理设置岗位，科学确定城市管理执法人员配备比例标准，统筹解决好执法人员身份编制问题，在核定的行政编制数额内，具备条件的应当使用行政编制。执法力量要向基层倾斜，适度提高一线人员的比例，通过调整结构优化执法力量，确保一线执法工作需要。区域面积大、流动人口多、管理执法任务重的地区，可以适度调高执法人员配备比例。

（十）严格队伍管理。建立符合职业特点的城市管理执法人员管理制度，优化干部任用和人才选拔机制，严格按照公务员法有关规定开展执法人员录用等有关工作，加大接收安置军转干部的力度，加强领导班子和干部队伍建设。根据执法工作需要，统一制式服装和标志标识，制定执法执勤用车、装备配备标准，到2017年年底，实现执法制式服装和标志标识统一。严格执法人员素质要求，加强思想道德和素质教育，着力提升执法人员业务能力，打造政治坚定、作风优良、纪律严明、廉洁务实的执法队伍。

（十一）注重人才培养。加强现有在编执法人员业务培训和考试，严格实行执法人员持证上岗和资格管理制度，到2017年年底，完成处级以上干部轮训和持证上岗工作。建立符合职业特点的职务晋升和交流制度，切实解决基层执法队伍基数大、职数少的问题，确保部门之间相对平衡、职业发展机会平等。完善基层执法人员工资政策。研究通过工伤保险、抚恤等政策提高风险保障水平。鼓励高等学校设置城市管理专业或开设城市管理课程，依托党校、行政学院、高等学校等开展岗位培训。

（十二）规范协管队伍。各地可以根据实际工作需要，采取招用或劳务派遣等形式配置城市管理执法协管人员。建立健全协管人员招聘、管理、奖惩、退出等制度。协管人员数量不得超过在编人员，并应当随城市管理执法体制改革逐步减少。协管人员只能配合执法人员从事宣传教育、巡查、信息收集、违法行为劝阻等辅助性事务，不得从事具体行政执法工作。协管人员从事执法辅助事务以及超越辅助事务所形成的后续责任，由本级城市管理部门承担。

四、提高执法水平

（十三）制定权责清单。各地要按照转变政府职能、规范行政权力运行的要求，全面清理调整现有城市管理和综合执法职责，优化权力运行流程。依法建立城市管理和综合执法部门的权力和责任清单，向社会公开职能职责、执法依据、处罚标准、运行流程、监督途径和问责机制。制定责任清单与权力清单工作要统筹推进，并实行动态管理和调整。到2016年年底，市、县两级城市管理部门要基本完成权力清单和责任清单的制定公布工作。

（十四）规范执法制度。各地城市管理部门应当切实履行城市管理执法职责，完善执法程序，规范办案流程，明确办案时限，提高办案效率。积极推行执法办案评议考核制度和执法公示制度。健全行政处罚适用规则和裁量基准制度、执法全过程记录制度。严格执行重大执法决定法制审核制度。杜绝粗暴执法和选择性执法，确保执法公信力，维护公共利益、人民权益和社会秩序。

（十五）改进执法方式。各地城市管理执法人员应当严格履行执法程序，做到着装整齐、用语规范、举止文明，依法规范行使行政检查权和行政强制权，严禁随意采取强制执法措施。坚持处罚与教育相结合的原则，根据违法行为的性质和危害后果，灵活运用不同执法方式，对情节较轻或危害后果能够及时消除的，应当多做说服沟通工作，加强教育、告诫、引导。综合运用行政指导、行政奖励、行政扶助、行政调解等非强制行政手段，引导当事人自觉遵守法律法规，及时化解矛盾纷争，促进社会和谐稳定。

（十六）完善监督机制。强化外部监督机制，畅通群众监督渠道、行政复议渠道，城市管理部门和执法人员要主动接受法律监督、行政监督、社会监督。强化内部监督机制，全面落实行政执法责任制，加强城市管理部门内部流程控制，健全责任追究机制、纠错问责机制。强化执法监督工作，坚决排除对执法活动的违规人为干预，防止和克服各种保护主义。

五、完善城市管理

（十七）加强市政管理。市政公用设施建设完成后，应当及时将管理信息移交城市管理部门，并建立完备的城建档案，实现档案信息共享。加强市政公用设施管护工作，保障安全高效运行。加强城市道路管理，严格控制道路开挖或占用道路行为。加强城市地下综合管廊、给排水和垃圾处理等基础设施管理，服务入廊单位生产运行和市民日常生活。

（十八）维护公共空间。加强城市公共空间规划，提升城市设计水平。加强建筑物立面管理和色调控制，规范报刊亭、公交候车亭等"城市家具"设置，加强户外广告、门店牌匾设置管理。加强城市街头流浪乞讨人员救助管理。严查食品无证摊贩、散发张贴小广告、街头非法回收药品、贩卖非法出版物等行为。及时制止、严肃查处擅自变更建设项目规划设计和用途、违规占用公共空间以及乱贴乱画乱挂等行为，严厉打击违法用地、违法建设行为。

（十九）优化城市交通。坚持公交优先战略，着力提升城市公共交通服务水平。加强不同交通工具之间的协调衔接，倡导步行、自行车等绿色出行方式。打造城市交通微循环系统，加大交通需求调控力度，优化交通出行结构，提高路网运行效率。加强城市交通基础设施和智能化交通指挥设施管理维护。整顿机动车交通秩序。加强城市出租客运市场管理。加强静态交通秩序管理,综合治理非法占道停车及非法挪用、占用停车设施,鼓励社会资本投入停车场建设,鼓励单位停车场错时对外开放,逐步缓解停车难问题。

(二十)改善人居环境。切实增加物质和人力投入,提高城市园林绿化、环卫保洁水平,加强大气、噪声、固体废物、河湖水系等环境管理,改善城市人居环境。规范建筑施工现场管理,严控噪声扰民、施工扬尘和渣土运输抛洒。推进垃圾减量化、资源化、无害化管理。加强废弃电器电子产品回收处理和医疗垃圾集中处理管理。大力开展爱国卫生运动,提高城市卫生水平。

(二十一)提高应急能力。提高城市防灾减灾能力,保持水、电、气、热、交通、通信、网络等城市生命线系统畅通。建立完善城市管理领域安全监管责任制,强化重大危险源监控,消除重大事故隐患。加强城市基础设施安全风险隐患排查,建立分级、分类、动态管理制度。完善城市管理应急响应机制,提高突发事件处置能力。强化应急避难场所、设施设备管理,加强各类应急物资储备。建立应急预案动态调整管理制度,经常性开展疏散转移、自救互救等综合演练。做好应对自然灾害等突发事件的军地协调工作。

(二十二)整合信息平台。积极推进城市管理数字化、精细化、智慧化,到2017年年底,所有市、县都要整合形成数字化城市管理平台。基于城市公共信息平台,综合运用物联网、云计算、大数据等现代信息技术,整合人口、交通、能源、建设等公共设施信息和公共基础服务,拓展数字化城市管理平台功能。加快数字化城市管理向智慧化升级,实现感知、分析、服务、指挥、监察"五位一体"。整合城市管理相关电话服务平台,形成全国统一的12319城市管理服务热线,并实现与110报警电话等的对接。综合利用各类监测监控手段,强化视频监控、环境监测、交通运行、供水供气供电、防洪防涝、生命线保障等城市运行数据的综合采集和管理分析,形成综合性城市管理数据库,重点推进城市建筑物数据库建设。强化行政许可、行政处罚、社会诚信等城市管理全要素数据的采集与整合,提升数据标准化程度,促进多部门公共数据资源互联互通和开放共享,建立用数据说话、用数据决策、用数据管理、用数据创新的新机制。

(二十三)构建智慧城市。加强城市基础设施智慧化管理与监控服务,加快市政公用设施智慧化改造升级,构建城市虚拟仿真系统,强化城镇重点应用工程建设。发展智慧水务,构建覆盖供水全过程、保障供水质量安全的智能供排水和污水处理系统。发展智慧管网,实现城市地下空间、地下综合管廊、地下管网管理信息化和运行智能化。发展智能建筑，实现建筑设施设备节能、安全的智能化管控。加快城市管理和综合执法档案信息化建设。依托信息化技术，综合利用视频一体化技术，探索快速处置、非现场执法等新型执法模式，提升执法效能。

六、创新治理方式

（二十四）引入市场机制。发挥市场作用，吸引社会力量和社会资本参与城市管理。鼓励地方通过政府和社会资本合作等方式，推进城市市政基础设施、市政公用事业、公共交通、便民服务设施等的市场化运营。推行环卫保洁、园林绿化管养作业、公共交通等由政府向社会购买服务，逐步加大购买服务力度。综合运用规划引导、市场运作、商户自治等方式，顺应历史沿革和群众需求，合理设置、有序管理方便生活的自由市场、摊点群、流动商贩疏导点等经营场所和服务网点，促创业、带就业、助发展、促和谐。

（二十五）推进网格管理。建立健全市、区（县）、街道（乡镇）、社区管理网络，科学划分网格单元，将城市管理、社会管理和公共服务事项纳入网格化管理。明确网格管理对象、管理标准和责任人，实施常态化、精细化、制度化管理。依托基层综合服务管理平台，全面加强对人口、房屋、证件、车辆、场所、社会组织等各类基础信息的实时采集、动态录入，准确掌握情况，及时发现和快速处置问题，有效实现政府对社会单元的公共管理和服务。

（二十六）发挥社区作用。加强社区服务型党组织建设，充分发挥党组织在基层社会治理中的领导核心作用，发挥政府在基层社会治理中的主导作用。依法建立社区公共事务准入制度，充分发挥社区居委会作用，增强社区自治功能。充分发挥社会工作者等专业人才的作用，培育社区社会组织，完善社区协商机制。推动制定社区居民公约，促进居民自治管理。建设完善社区公共服务设施，打造方便快捷生活圈。通过建立社区综合信息平台、编制城市管理服务图册、设置流动服务站等方式，提供惠民便民公共服务。

（二十七）动员公众参与。依法规范公众参与城市治理的范围、权利和途径，畅通公众有序参与城市治理的渠道。倡导城市管理志愿服务，建立健全城市管理志愿服务宣传动员、组织管理、激励扶持等制度和组织协调机制，引导志愿者与民间组织、慈善机构和非营利性社会团体之间的交流合作，组织开展多形式、常态化的志愿服务活动。依法支持和规范服务性、公益性、互助性社会组织发展。采取公众开放日、主题体验活动等方式,引导社会组织、市场中介机构和公民法人参与城市治理,形成多元共治、良性互动的城市治理模式。

（二十八）提高文明意识。把培育和践行社会主义核心价值观作为城市文明建设的根本任务,融入国民教育和精神文明创建全过程,广泛开展城市文明教育,大力弘扬社会公德。深化文明城市创建,不断提升市民文明素质和城市文明程度。积极开展新市民教育和培训,让新市民尽快融入城市生活,促进城市和谐稳定。充分发挥各级党组织和工会、共青团、妇联等群团组织的作用,广泛开展城市文明主题宣传教育和实践活动。加强社会诚信建设,坚持将公约引导、信用约束、法律规制相结合,以他律促自律。

七、完善保障机制

（二十九）健全法律法规。加强城市管理和执法方面的立法工作,完善配套法规和规章,实现深化改革与法治保障有机统一,发挥立法对改革的引领和规范作用。有立法权的城市要根据立法法的规定,加快制定城市管理执法方面的地方性法规、规章,明晰城市管理执法范围、程序等内容,规范城市管理执法的权力和责任。全面清理现行法律法规中与推进城市管理执法体制改革不相适应的内容,定期开展规章和规范性文件清理工作,并向社会公布清理结果,加强法律法规之间的衔接。加快制定修订一批城市管理和综合执法方面的标准,形成完备的标准体系。

（三十）保障经费投入。按照事权和支出责任相适应原则,健全责任明确、分类负担、收支脱钩、财政保障的城市管理经费保障机制,实现政府资产与预算管理有机结合,防止政府资产流失。城市政府要将城市管理经费列入同级财政预算,并与城市发展速度和规模相适应。严格执行罚缴分离、收支两条线制度,不得将城市管理经费与罚没收入挂钩。各地要因地制宜加大财政支持力度,统筹使用有关资金,增加对城市管理执法人员、装备、技术等方面的资金投入,保障执法工作需要。

（三十一）加强司法衔接。建立城市管理部门与公安机关、检察机关、审判机关信息共享、案情通报、案件移送等制度,实现行政处罚与刑事处罚无缝对接。公安机关要依法打击妨碍城市管理执法和暴力抗法行为，对涉嫌犯罪的，应当依照法定程序处理。检察机关、审判机关要加强法律指导，及时受理、审理涉及城市管理执法的案件。检察机关有权对城市管理部门在行政执法中发现涉嫌犯罪案件线索的移送情况进行监督，城市管理部门对于发现的涉嫌犯罪案件线索移送不畅的，可以向检察机关反应。加大城市管理执法行政处罚决定的行政和司法强制执行力度。

八、加强组织领导

（三十二）明确工作责任。加强党对城市管理工作的组织领导。各级党委和政府要充分认识推进城市管理执法体制改革、改进城市管理工作的重要性和紧迫性，把这项工作列入重要议事日程，按照有利于服务群众的原则，切实履行领导责任，研究重大问题，把握改革方向，分类分层推进。各省、自治区可以选择一个城市先行试点，直辖市可以全面启动改革工作。各省、自治区、直辖市政府要制定具体方案，明确时间步骤，细化政策措施，及时总结试点经验，稳妥有序推进改革。上级政府要加强对下级政府的指导和督促检查，重要事项及时向党委报告。中央和国家机关有关部门要增强大局意识、责任意识，加强协调配合，支持和指导地方推进改革工作。

（三十三）建立协调机制。建立全国城市管理工作部际联席会议制度，统筹协调解决制约城市管理工作的重大问题，以及相关部门职责衔接问题。各省、自治区政府应当建立相应的协调机制。市、县政府应当建立主要负责同志牵头的城市管理协调机制，加强对城市管理工作的组织协调、监督检查和考核奖惩。建立健全市、县相关部门之间信息互通、资源共享、协调联动的工作机制，形成管理和执法工作合力。

（三十四）健全考核制度。将城市管理执法工作纳入经济社会发展综合评价体系和领导干部政绩考核体系，推动地方党委、政府履职尽责。推广绩效管理和服务承诺制度，加快建立城市管理行政问责制度，健全社会公众满意度评价及第三方考评机制，形成公开、公平、公正的城市管理和综合执法工作考核奖惩制度体系。加强城市管理效能考核，将考核结果作为城市党政领导班子和领导干部综合考核评价的重要参考。

（三十五）严肃工作纪律。各级党委和政府要严格执行有关编制、人事、财经纪律，严禁在推进城市管理执法体制改革工作中超编进人、超职数配备领导干部、突击提拔干部。对违反规定的，要按规定追究有关单位和人员的责任。在职责划转、机构和人员编制整合调整过程中，应当按照有关规定衔接好人、财、物等要素，做好工作交接，保持工作的连续性和稳定性。涉及国有资产划转的，应做好资产清查工作，严格执行国有资产管理有关规定，确保国有资产安全完整。

（三十六）营造舆论环境。各级党委和政府要高度重视宣传和舆论引导工作，加强中央与地方的宣传联动，将改革实施与宣传工作协同推进，正确引导社会预期。加强对城市管理执法先进典型的正面宣传，营造理性、积极的舆论氛围，及时回应社会关切，凝聚改革共识。推进城市管理执法信息公开，保障市民的知情权、参与权、表达权、监督权。加强城市管理执法舆情监测、研判、预警和应急处置，提高舆情应对能力。住房城乡建设部、中央编办、国务院法制办要及时总结各地经验，切实强化对推进城市管理执法体制改革、提高城市管理水平相关工作的协调指导和监督检查。重大问题要及时报告党中央、国务院。中央将就贯彻落实情况适时组织开展专项监督检查。

后 记

我们这个对城市综合执法进行的研究,断断续续地进行了好几年。严格地说,我们至今还在关注城管执法的改革与运作。公共行政管理是个实践性非常强的领域,管理理论与实地的执法运作紧密融合。设立城市管理综合执法机构是我国城市管理的一个创新之举,在诸多的政府机构中,城管综合执法是一个类似公安民警的、与公众接触最为直接和密切的政府部门。这也是我们选择对城管执法进行研究,并采用了田野调查方式进行观察的原因。几个月的随队观察,使得我们对城市综合执法的认识经历了一个由感知到政府治理层面上的飞跃。这就是实证性研究的优点。

实证性研究固然非常有说服力,但其首要的困难就是找到相关组织接受学者来研究自己的运作。在此,我们首先要对接受我们研究的地方政府执法机构表示衷心的感谢!如果说我们的研究能对推动中国的城市管理改革有一些帮助的话,都是因为提供调研的组织机构对我们支持的结果。我们要特别需要感谢那些信任我们、支持我们,并帮助我们了解城管运作的干部和城管队员们。记得有一个城管中队长,为了能够向我们当面介绍他工作的情况,尽管因感冒而发烧,还是坚持和我们聊了将近半天。有一位办公室负责人为我们调研时"寒酸"的住宿而动容,执意要帮我们联系更好的居住条件。在此我们要感谢他们的热心和关心,从此也能看出综合执法一线工作人员对城管工作改革有着强烈的紧迫感和热切的期望。因为我们承诺不在研究中具体涉及所调研单位的组织机构名称及其管理干部和城管队员的名字,我们只好在此"匿名"感谢他们的诚挚帮助和大力支持!

在田野调查结束后,我们仍然分别与调研机构的干部和城管队员保持联系,就城管运作的发展进行探讨。这种研究后期的跟踪,使我们的研究能够反映调研单位综合执法的一些新进展,使得我们的结论和建议能够具有一定的现实性,希望能对我国地方政府的城管治理改革提供一点有益的借鉴。

是为跋。

作者于天大校园